7

Jul.

周国平论阅读

周国平 著

做大师的学生

浙江人民出版社

图书在版编目（CIP）数据

周国平论阅读：做大师的学生 / 周国平著. -- 杭州：浙江人民出版社，2022.9（2022.11重印）
ISBN 978-7-213-10743-6

Ⅰ．①周… Ⅱ．①周… Ⅲ．①散文集－中国－当代
Ⅳ．①I267

中国版本图书馆CIP数据核字（2022）第158925号

周国平论阅读 ： 做大师的学生
ZHOU GUOPING LUN YUEDU：ZUO DASHI DE XUESHENG
周国平 著

出版发行	浙江人民出版社（杭州市体育场路347号 邮编 310006）	
责任编辑	钱 丛	
责任校对	陈 春	
封面设计	胡崇峯	
电脑制版	飞鱼时光	
印 刷	嘉业印刷（天津）有限公司	
开 本	880毫米×1230毫米 1 / 32	
印 张	12	
字 数	295千字	
版 次	2022年9月第1版	
印 次	2022年11月第2次印刷	
书 号	ISBN 978-7-213-10743-6	
定 价	55.00元	

如发现印装质量问题，影响阅读，请与市场部联系调换。
质量投诉电话：010-82069336

序　言

　　本书汇编了我论述阅读的文字，选自迄今所发表的文章、随感和演讲。

　　全书分十二辑。第一辑谈阅读的意义，为什么要养成读书的爱好。第二辑谈读什么书，强调以阅读经典作品为主。第三至第七辑谈我读西方经典的体会，涉及的作家和作品包括文学巨擘、童话宝典、诗性哲人、大师文论和现代朝圣者。第八辑谈我品中国古典的体会。第九辑谈我读中国现当代作家的体会，他们是我心目中的昨天和今天的大家。第十辑汇集了我为国家图书馆历届文津图书奖所写的推荐语。第十一辑是关于阅读的随感选辑。第十二辑是关于阅读的讲座选辑。

　　我在阅读上的主张，我自己的阅读经验，归结为一句话，就是本书的书名所提示的——做大师的学生。

　　人是要过精神生活的，这是人和动物的最根本区别。如何才能拥有高品质的精神生活？人类的精神生活已经形成了一个悠久的传统，这个传统的主要载体就是书籍，尤其是伟大思想家和作家所写的经典作品，其中集中了人类两千多年来创造的最宝贵的精神财富。因此，读经典是进入人类精神生活传统，从而使自己过高品质精神生活的最重要途径。

倘若幸运，你在成长道路上也许会遇到好老师，但是，你会发现，好老师之所以好，往往是因为他从大师那里吸取了营养，而他往往还会把你引到他倾心的大师面前。所以，即使不幸运，你没有遇到好老师，也就不算什么了，大师就在图书馆的书架上，你直接去找大师就是了。

直接向大师学习，这是一条捷径，并且使你的阅读有一个很高的起点。经典作品的数量也非常多，你要从中逐渐找到最适合你的那个部分，找到和你的心性最相近的若干位大师。学习是最需要有主动性的事情，做大师的学生尤其如此。有效的阅读是自我成长的过程，读大师的书是为了更好地走自己的路。一开始，你是大师的学生，越来越熟悉了，你会感觉大师也是你的朋友，所表达的正是你的心声。你的心灵中有若干位亦师亦友的大师，你会多么充实。有一天你发现，你已经变成一个更好的自己，阅读的最大收获莫过于此了。

本书初版于2015年，此次再版，增补了若干新的文章。

周国平

2022年2月

目　录

第六辑

大师工作室

第九辑

昨天和今天的大家

第十辑

文津荐书

第十一辑

读书小语

第十二辑

讲座选辑

第一辑

快乐阅读

读书的癖好

　　人的癖好五花八门，读书是其中之一。但凡人有了一种癖好，也就有了看世界的一种特别眼光，甚至有了一个属于他的特别的世界。不过，和别的癖好相比，读书的癖好能够使人获得一种更为开阔的眼光，一个更加丰富多彩的世界。我们也许可以据此把人分为有读书癖的人和没有读书癖的人，这两种人生活在很不相同的世界上。

　　比起嗜书如命的人来，我只能勉强算作一个有一点读书癖的人。根据我的经验，人之有无读书的癖好，在少年甚至童年时便已见端倪。那是一个求知欲汹涌勃发的年龄，不必名著佳篇，随便一本稍微有趣的读物就能点燃对书籍的强烈好奇。回想起来，使我发现书籍之可爱的不过是上小学时读到的一本普通的儿童读物，那里面讲述了一个淘气孩子的种种恶作剧，逗得我不停地捧腹大笑。从此以后，我对书不再是视若不见，而是刮目相看了，我眼中有了一个书的世界，看得懂看不懂的书都会使我眼馋心痒，我相信其中一定藏着一些有趣的事情，等待我去见识。随着年龄增长，所感兴趣的书的种类当然发生了很大的变化，对书的兴趣则始终不衰。现在我觉得，一个人读什么书诚然不是一件次要的事情，但前提还是要有读书的爱好，而只要真正爱读书，就迟早会找到自己的书中知己的。

读书的癖好与所谓的刻苦学习是两回事，它讲究的是趣味。所以，一个认真做功课和背教科书的学生，一个埋头从事专业研究的学者，都称不上是有读书癖的人。有读书癖的人所读之书必不限于功课和专业，毋宁说更爱读课外和专业之外的书籍，也就是所谓的闲书。当然，这并不妨碍他对自己的专业产生浓厚的兴趣，做出伟大的成就。英国哲学家罗素便是一个在自己的专业上做出了伟大的成就的人，然而，正是他最热烈地提倡青年人多读"无用的书"。其实，读"有用的书"即教科书和专业书固然有其用途，可以获得立足于社会的职业技能，但是读"无用的书"也并非真的无用，那恰恰是一个人精神生长的领域。从中学到大学再到研究生，我从来不是一个很用功的学生，上课偷读课外书乃至逃课是常事。我相信许多人在回首往事时会和我同感：一个人的成长基本上得益于自己读书，相比之下，课堂上的收获显得微不足道。我不想号召现在的学生也逃课，但我国的教育现状确实令人担忧。中小学本是培养对读书的爱好的关键时期，而现在的中小学教育却以升学率为唯一追求目标，为此不惜将超负荷的功课加于学生，剥夺其课外阅读的时间，不知扼杀了多少孩子现在和将来对读书的爱好。

那么，一个人怎样才算养成了读书的癖好呢？我觉得倒不在于读书破万卷，一头扎进书堆，成为一个书呆子。重要的是一种感觉，即读书已经成为生活的基本需要，不读书就会感到欠缺和不安。宋朝诗人黄山谷有一句名言："三日不读书，便觉语言无味，面目可憎。"林语堂解释为：你三日不读书，别人就会觉得你语言无味，面目可憎。这当然也说得通，一个不爱读书的人往往是乏味的因而不让人喜欢的。不过，我认为这句话主要还是说自己的感觉：你三日不读书，你就会自惭形秽，羞于对人说话，觉得没脸见人。如果你有这样的感觉，你就必定是个有读书癖的人了。

有一些爱读书的人，读到后来，有一天自己会拿起笔来写书，我也是其中之一。所以，我现在成了一个作家，也就是以写作为生的人。我承认我从写作中也获得了许多快乐，但是，这种快乐并不能代替读书的快乐。有时候我还觉得，写作侵占了我的读书的时间，使我蒙受了损失。写作毕竟是一种劳动和支出，而读书纯粹是享受和收入。我向自己发愿，今后要少写多读，人生几何，我不该亏待了自己。

1997年6月

愉快是基本标准

读了大半辈子书，倘若有人问我选择书的标准是什么，我一定会毫不犹豫地回答：愉快是基本标准。一本书无论专家们说它多么重要，排行榜说它多么畅销，如果读它不能使我感到愉快，我就宁可不去读它。

人做事情，或是出于利益，或是出于性情。出于利益做的事情，当然就不必太在乎是否愉快。我常常看见名利场上的健将一面叫苦不迭，一面依然奋斗不止，对此我完全能够理解。我并不认为他们的叫苦是假，因为我知道利益是一种强制力量，而就他们所做的事情的性质来说，利益的确比愉快更加重要。相反，凡是出于性情做的事情，亦即仅仅为了满足心灵而做的事情，愉快就都是基本的标准。属于此列的不仅有读书，还包括写作、艺术创作、艺术欣赏、交友、恋爱、行善，等等，简言之，一切精神活动。如果在做这些事情时不感到愉快，我们就必须怀疑是否有利益的强制在其中起着作用，使它们由性情生活蜕变成了功利行为。

读书唯求愉快，这是一种很高的境界。关于这种境界，陶渊明做了最好的表述："好读书，不求甚解。每有会意，便欣然忘食。"不过，我们不要忘记，在《五柳先生传》中，这句话前面的一句话是："闲静少言，不慕荣利。"可见要做到出于性情而读书，其前提是必须有真性情。那些躁动不安、事事都想发表议论的人，那些渴慕荣利的人，一心以求解的本领和真理在握的姿态夸耀于人，哪里肯甘心于自个儿会意的境界。

以愉快为基本标准，这也是在读书上的一种诚实的态度。无论什么书，只有你读时感到了愉快，使你产生了共鸣和获得了享受，你才应该承认它对于你是一本好书。在这一点上，毛姆说得好："你才是你所读的书对于你的价值的最后评定者。"尤其是文学作品，本身并无实用，唯能使你的生活充实，而要做到这一点，前提是你喜欢读。没有人有义务必须读诗、小说、散文。哪怕是专家们同声赞扬的名著，如果你不感兴趣，便与你无干。不感兴趣而硬读，其结果只能是不懂装懂，人云亦云。相反，据我所见，凡是真正把读书当作享受的人，往往能够直抒己见。譬如说，蒙田就敢于指责柏拉图的对话录和西塞罗的著作冗长拖沓，坦然承认自己欣赏不了，博尔赫斯甚至把弥尔顿的《失乐园》和歌德的《浮士德》称作最著名的引起厌倦的方式，宣布乔伊斯作品的费解是作者的失败。这两位都是学者型的作家，他们的博学无人能够怀疑。我们当然不必赞同他们对于那些具体作品的意见，我只是想借此说明，以读书为乐的人必有自己鲜明的好恶，而且对此心中坦荡，不屑讳言。

我不否认，读书未必只是为了愉快，出于利益的读书也有其存在的理由，例如学生的做功课和学者的做学问。但是，同时我也相信，在好的学生和好的学者那里，愉快的读书必定占据着更大的比重。我还相信，与灌输知识相比，保护和培育读书的愉快是教育的更重要的任务。所以，如果一种教育使学生不能体会和享受读书的乐趣，反而视读书为完全的苦事，我们便可以有把握地判断它是失败的了。

1998年6月

人与书之间

弄了一阵子尼采研究，不免常常有人问我："尼采对你的影响很大吧？"有一回我忍不住答道："互相影响嘛，我对尼采的影响更大。"其实，任何有效的阅读不仅是吸收和接受，同时也是投入和创造。这就的确存在人与他所读的书之间相互影响的问题。我眼中的尼采形象掺入了我自己的体验，这些体验在我接触尼采著作以前就已产生了。

近些年来，我在哲学上的努力似乎有了一个明确的方向，就是要突破学院化、概念化状态，使哲学关心人生根本，把哲学和诗沟通起来。尼采研究无非为我的追求提供了一种方便的学术表达方式而已。当然，我不否认，阅读尼采著作使我的一些想法更清晰了，但同时起作用的还有我的气质、性格、经历等因素，其中包括我过去的读书经历。

有的书改变了世界历史，有的书改变了个人命运。回想起来，书在我的生活中并无此类戏剧性效果，它们的作用是日积月累的。我说不出对我影响最大的书是什么，也不太相信形形色色的"世界之最"。我只能说，有一些书，它们在不同方面引起了我的强烈共鸣，在我的心灵历程中留下了痕迹。

中学毕业时，我报考北大哲学系，当时在我就学的上海中学算爆了个冷门，因为该校素有重理轻文传统，全班独我一人报考文科，而我一直是班里数学课代表，理科底子并不差。同学和老师差不多用一种怜悯的眼光看我，惋惜我误入了歧途。我不以为然，心想我反正不能一辈子生活在与人生无关的某个专业的小角落里。怀着囊括人类全部知识的可笑的贪欲，我选择哲学这门"凌驾于一切科学的科学"，这门不是专业的专业。

然而，哲学系并不如我想象的那般有意思，刻板枯燥的哲学课程很快就使我厌烦了。我成了最不用功的学生之一，"不务正业"，耽于课外书的阅读。上课时，课桌上摆着艾思奇编的教科书，课桌下却是托尔斯泰、陀思妥耶夫斯基、屠格涅夫、易卜生，等等，读得入迷。老师课堂提问点到我，我站起来问他有什么事，引得同学们哄堂大笑。说来惭愧，读了几年哲学系，哲学书没读几本，读得多的却是小说和诗。我还醉心于写诗、写日记，积累感受。现在看来，当年我在文学方面的这些阅读和习作并非徒劳，它们使我的精神趋向发生了一个大转变，不再以知识为最高目标，而是更加珍视生活本身，珍视人生的体悟。这一点认识，对于我后来的哲学追求是重要的。

我上北大正值青春期，一个人在青春期读些什么书可不是件小事，书籍、友谊、自然环境三者构成了心灵发育的特殊氛围，其影响毕生不可磨灭。幸运的是，我在这三方面遭遇俱佳，卓越的外国文学名著、才华横溢的挚友和优美的燕园风光陪伴着我，启迪了我的求真爱美之心，使我越发厌弃空洞丑陋的哲学教条。如果说我学了这么多年哲学而仍未被哲学败坏，则应当感谢文学。

我在哲学上的趣味大约是受文学熏陶而形成的。文学与人生有不解之缘，看重人的命运、个性和主观心境，我就在哲学中寻找类似的东西。最早使我领悟哲学之真谛的书是古希腊哲学家的一本著作残篇集，赫拉克利特的"我寻找过自己"，普罗塔哥拉的"人是万物的尺度"，苏格拉底的"未经思索的人生不值得一过"，犹如抽象概念迷雾中耸立的三座灯塔，照亮了久被遮蔽的古老哲学航道。我还偏爱具有怀疑论倾向的哲学家，例如笛卡儿、休谟，因为他们教我对一切貌似客观的绝对真理体系怀着戒心。可惜的是，哲学家们在批判早于自己的哲学体系时往往充满怀疑精神，一旦构筑自己的体系却又容易陷入独断论。相比之下，文学艺术作品就更能保持多义性、不确定性、开放性，并不孜孜于给宇宙和人生之谜一个终极答案。

长期的文化禁锢使得我这个哲学系学生竟也无缘读到尼采或其他现代西方人的著作。上学时，只偶尔翻看过萧赣译的《查拉图斯特拉如是说》，因为是用文言翻译的，译文艰涩，未留下深刻印象。直到大学毕业以后很久，才有机会系统阅读尼采的作品。我的确感觉到一种发现的喜悦，因为我对人生的思考、对诗的爱好以及对学院哲学的怀疑都在其中找到了呼应。一时兴发，我搞起了尼采作品的翻译和研究，而今已三年有余。现在，我正准备同尼采告别。

读书犹如交友，再情投意合的朋友，在一块耽得太久也会腻味的。书是人生的益友，但也仅止于此，人生的路还得自己走。在这路途上，人与书之间会有邂逅、离散、重逢、诀别、眷恋、反目、共鸣、误解，其关系之微妙，不亚于人与人之间，给人生添上了如许情趣。也许有的人对一本书或一位作家一见倾心，爱之弥笃，乃至白头偕老。我在读书上却没有如此坚贞专一的爱情。倘若临终时刻到来，我相信使我含恨难舍的不仅有亲朋好友，还一定有若干册体己好书。但尽管如此，我仍不愿同我所喜爱的任何一本书或一位作家厮守太久，受染太深，丧失了我自己对书、对人的影响力。

1988年5月

爱书家的乐趣

一

上大学时，一位爱书的同学有一天突然对我说："谁知道呢，也许我们一辈子别无成就，到头来只是染上了戒不掉的书癖。"我从这自嘲中听出一种凄凉，不禁心中黯然。诚然，天下之癖，无奇不有，嗜书不过是其中一癖罢了。任何癖好，由旁人观来，都不免有几分可笑、几分可悲，书癖也不例外。

有一幅题为《书痴》的版画，画面是一间藏书室，四壁书架直达天花板。一位白发老人站在高高梯凳顶上，胁下、两腿间都夹着书，左手持一本书在读，右手从架上又抽出一本。天花板有天窗，一缕阳光斜射在他的身上和书上。

如果我看见这幅画，就会把它揣摩成一幅善意的讽刺画。偌大世界，终老书斋的生活毕竟狭窄得可怜。

然而，这只是局外人的眼光，身在其中者会有全然不同的感想。叶灵风先生年轻时见到这幅画，立刻"深刻地迷恋着这张画面上所表现的一切"，毫不踌躇地花费重金托人从辽远的纽约买来了一张原版。

读了叶先生的三集《读书随笔》，我能理解他何以如此喜欢这幅画。叶先生自己就是一个"书痴"，或用他的话说，是一位"爱书家"，购书、藏书、品书几乎成了他毕生的主要事业。他完完全全是此道中人，从不像我似的有时用局外人的眼光看待书痴。他津津乐道和书有关的一切，举凡版本印次、书中隽语、作家逸事、文坛掌故，他都用简洁的笔触娓娓道来，如数家珍。借他的书话，我仿佛不但参观了他的藏书室，而且游览了他的既单纯又丰富的精神世界，领略了一位爱书家的生活乐趣。于是我想，人生在世的方式有千百种而每个人只能选择一种，说到底谁的生活都是狭窄的。一个人何必文垂千秋，才盖天下，但若能品千秋之文，善解盖世之才，也就算不负此生了。尤当嗜权嗜物恶癖风行于世，孰知嗜书不是一种洁癖，做爱书家不是淡泊中的一种执着，退避中的一种追求呢？

二

叶先生自称"爱书家"，这可不是谦辞。在他眼里，世上合格的爱书家并不多。学问家务求"开卷有益"，版本家挑剔版本格式，所爱的不是书，而是收益或古董。他们都不是爱书家。

爱书家的读书，是一种超越了利害和技术的境界。就像和朋友促膝谈心，获得的是精神上的安慰。叶先生喜欢把书比作"友人"或伴侣。他说常置案头的"座右书"是些最知己的朋友，又说翻开新书的心情就像在寂寞的人生旅途上为自己搜寻新的伴侣，而随手打开一本熟悉的书则像是不期而遇一位老友。他还借吉辛之口叹息那些无缘再读一遍的好书如同从前偶然邂逅的友人，倘若临终时记起它们，"这最后的诀别之中将含着怎样的惋惜"！可见爱书家是那种把书和人生亲密无间地结合起来的人，书在他那里有了生命，像活生生的人一样牵扯着他的情怀，陪伴着他的人生旅程。

凡是真正爱书的人，想必都领略过那种澄明的心境。夜深人静，独坐灯下，摊开一册喜欢的书，渐觉尘嚣远遁，杂念皆消，忘却了自己也获得了自己。然而，这种"心境澄澈的享受"不易得。对于因为工作关系每天离不开书的职业读书人来说，更是难乎其难。就连叶先生这样的爱书家也觉得自己常常"并非在读书，而是在翻书、查书、用书"，以致在某个新年给自己许下大愿："今年要少写多读。如果做不到，那么，就应该多读多写。万万不能只写不读。"

这是因为以读书为精神的安慰和享受，是需要一种寂寞的境遇的。由于寂寞，现实中缺少或远离友人，所以把书当友人，从书中找安慰。也由于寂寞，没有纷繁人事的搅扰，所以能沉醉在书中，获得澄明的享受。但寂寞本身就不易得，这不但是因为社会的责任往往难于推辞，而且是因为人性中固有不甘寂寞的一面。试看那些叫苦不迭的忙人，一旦真的门庭冷落，清闲下来，我担保十有八九会耐不住寂寞，缅怀起往日的热闹时光。人只要有法子靠实际的交往和行动来排遣寂寞，他就不肯求诸书本。只有到了人生的逆境，被剥夺了靠交往和行动排遣寂寞的机会，或者到了人生的困境，怀着一种靠交往和行动排遣不了的寂寞，他才会用书来排遣这无可排遣的寂寞。如此看来，逆境和困境倒是有利于读书的。叶先生说："真正的爱书家和藏书家，他必定是一个在广阔的人生道路上尝遍了哀乐，而后才走入这种狭隘的嗜好以求慰藉的人。"我相信这是叶先生的既沉痛又欣慰的自白。一个人终于成了爱书家，多半是无缘做别的更显赫的"家"的结果，但他却也品尝到了别的更显赫的"家"所无缘品尝的静谧的快乐。

三

爱书家不但嗜爱读书，而且必有购书和藏书的癖好。那种只借书不买书的人是称不上爱书家的。事实上，在书的乐趣中，购和藏占了相当一部分。爱书的朋友聚到一起，说起自己购得一本好书时的那份得意，听到别人藏有一本好书时的那股羡慕，就是明证。

叶先生对于购书的癖好有很准确的描述："有用的书，无用的书，要看的书，明知自己买了也不会看的书，无论什么书，凡是自己动了念要买的，迟早总要设法买回来才放心。"由旁人看来，这种锲而不舍的购书欲简直是偏执症，殊不料它成了书迷们的快乐的源泉。购书本身是一种快乐，而寻购一本书的种种艰难曲折似乎化为价值添加到了这本书上，强化了购得时的快乐。

书生多穷，买书时不得不费斟酌，然而穷书生自有他的"穷开心"。叶先生有篇文字专谈逛旧书店的种种乐趣，如今旧书业萧条已久，叶先生谈到的诸如"意外的发现"之类的乐趣差不多与我们无缘了。然而，当我们偶尔从旧书店或书市廉价买到从前想买而错过或嫌贵而却步的书时，我们岂不也感到过节一般的快乐，那份快乐简直不亚于富贾一举买下整座图书馆的快乐？自己想来不禁哑然失笑，因为即使在购买别的商品时占了大十倍的便宜，我们也绝不会这般快乐。

由于在购书过程中倾注了心血，交织着情感，因此，爱书的人即使在别的方面慷慨大度，对于书却总不免有几分吝啬。叶先生曾举一例：中国古代一位藏书家在所藏每卷书上都盖印曰"借书不孝"，以告诫子孙不可借书与人。这当然是一个极端的例子，但我们每个爱书的人想必都体会过借书与人时的复杂心情，尤其是自己喜欢的书，一旦借出，就朝夕盼归，万一有去无回，就像死了一位亲人一样，在心中为它筑了一座缅怀的墓。可叹世上许多人以借钱不还为耻，却从不以借书不还为耻，其实在借出者那里，后者给他造成的痛苦远超过前者，因为钱是身外之物，书却是他的生命的一部分。

　　爱书家的藏书，确是把书当作了他的生命的一部分。叶先生发挥日本爱书家斋藤昌三的见解，强调"书斋是一个有机体"，因为它是伴随主人的精神历程而新陈代谢、不断生长的。在书斋与主人之间，有一个共生并存的关系。正如叶先生所说："架上的书籍不特一本一本的跟收藏人息息相关，而且收藏人的生命流贯其中，连成一体。"这与某些"以藏书的丰富和古版的珍贵自满"的庸俗藏书家是大异其趣的。正因为此，一旦与主人断绝了关系，书斋便解体，对于别人它至多是一笔财产，而不再是一个有机体。那位训示子孙以"借书不孝"的藏书家昧于这层道理，所以一心要保全他的藏书，想借此来延续他死后的生命。事实上，无论古今，私人书斋是难于传之子孙的，因为子孙对它已不具有它的主人曾经具有的血肉相连的感情。这对于书斋主人来说，倒不是什么了不得的憾事，既然生命行将结束，那和他生死与共的书斋的使命应该说是圆满完成了。

四

叶先生的《读书随笔》不单论书的读、购、藏，更多的篇幅还是论他所读过的一本本具体的书，以及爱书及人，论他所感兴趣的一个个具体的作家。其中谈及作家的奇癖乖行，例如十九世纪英国作家的吸鸦片成风，纪德的同性恋及其在作品中的自我暴露，普鲁斯特的怕光、怕冷、怕声音乃至于要穿厚大衣点小灯坐在隔音室里写作，这些固可博人一笑。但是，谈及人和书的命运的那些篇什又足令人扼腕叹息。

作家中诚有生前即已功成名就、人与书俱荣的幸运儿，然更不乏穷困潦倒一生、只留下身后名的苦命人。诗人布莱克毕生靠雕版卖艺糊口，每当家里分文不名，他的妻子便在吃饭时放一只空餐盆在他面前，提醒他拿起刻刀挣钱。汤普生在一家鞋店做帮工，穷得买不起纸，诗稿都写在旧账簿和包装纸上。吉辛倒是生前就卖文为生，但入不敷出，常常挨饿，住处简陋到没有水管，每天只好潜入图书馆的盥洗室漱洗，终遭管理员发现而谢绝。只是待到这些苦命作家撒手人间，死后终被"发现"，生前连一碗粥、一片面包也换不到的手稿便突然价值千金，但得益的是不相干的后人。叶先生叹道："世上最值钱的东西是作家的原稿，但是同时也是最不值钱的。"人亡书在，书终获好运，不过这好运已经和人无关了。

作家之不能支配自己的书的命运，还有一种表现，就是有时自己寄予厚望的作品被人遗忘，不经意之作却得以传世。安徒生一生刻意经营剧本和长篇小说，视之为大树，而童话只是他在余暇摆弄的小花小草，谁知正是这些小花小草使他在文艺花园里获得了不朽地位。笛福青壮年时期热衷从政经商，均无成就，到六十岁屈尊改行写小说，不料《鲁滨孙漂流记》

一举成名，永垂史册。

真正的好作品，不管如何不受同时代人乃至作者自己的重视，它们在文化史上大抵终能占据应有的地位。里尔克说罗丹的作品像海和森林一样，有其自身的生命，而且随着岁月继续在生长中。这话也适用于为数不多的好书。绝大多数书只有短暂的寿命，死在它们的作者前头，和人一起被遗忘了。只有少数书活得比人长久，乃至活在世世代代的爱书家的书斋里，——也就是说，被组织进他们的有机体，充实了他们的人生。

爱书家的爱书纯属个人爱好，不像评论家的评书是一种社会责任，因而和评论家相比，爱书家对书的选择更不易受权势或时尚左右。历史上常常有这样的情形：一本好书在评论界遭冷落或贬斥，却被许多无名读者热爱和珍藏。这种无声的评论在悠长的岁月中发挥着作用，归根结底决定了书籍的生命。也许，这正是爱书家们在默默无闻中对于文化史的一种参与？

1989年9月

青春期的阅读

　　青春期是人生最美妙的时期。恋爱是青春期最美妙的事情。我说的恋爱是广义的，不只是对异性的憧憬和眷恋，更未必是某个男生与某个女生之间的卿卿我我。荷尔蒙所酿造的心酒是那么浓郁，醉意常在，万物飘香。随着春心萌动，少男少女对世界和人生都是一种恋爱的心情，眼中的一切都闪放着诱人的光芒。在这样的心情中，一个人倘若有幸发现了一个书的世界，就有了青春期最美妙的恋爱——青春期的阅读。

　　回想起来，我的青春期的最重大事件是对书的迷恋，这使我终身受益。从中学开始，我的课余时间都是在阅览室里度过的，看的多半是课外书。阅览室的墙上贴着高尔基的语录："我扑在书籍上，就像饥饿的人扑在面包上一样。"当时真是觉得，这句话无比贴切地表达了我的心情。现在想，觉得不够贴切了，因为它只表达了读书的饥渴感，没有表达出那种如痴如醉的精神上的幸福感。

　　青春期的阅读真正具有恋爱的性质，那样纯洁而痴迷。书的世界里，一本本尚未翻开的书，犹如一张张陌生女郎的谜样面影，引人遐想，招人赏析。每翻开一本新书，心中期待的是一次新的奇遇，一场新的销魂。人的一生中，以后再不会有如此纯洁而痴迷的阅读了，成年人的阅读几乎不可避免地被功利、事务、疲劳损害。但是，一个人在青春期是否有过这种充满激情的阅读经验，这一点至关重要，其深远的影响必定会在后来的人生中显示出来。青春期是精神生长的关键期，也是养成阅读习惯的关键期，二者之间有着内在的联系。通过青春期的阅读，一个人真正发现的是人类的一个丰富多彩的精神生活世界，品尝到了在这个世界里漫游的快乐。从此以后，这个世界在他的人生地图上就有了牢不可破的位置，会不断地向他发出召唤。相反，有些人在学生时代只把力气用在功课和考试上，毫无自主阅读的兴趣，那结果是什么，你们看一看那些走出校门后不再读书的人就知道了。

学习是一辈子的事情。事实上，在我迄今所读的书中，当学生时读的只占很小一部分，绝大部分是在走出校门后读的。我相信，其他爱读书的人一定也是如此。我还相信，他们基本上也是在年少时代为一辈子的读书打下了基础。这个基础，一是产生了强烈而持久的阅读兴趣，二是形成了自己的阅读眼光和品位。

看一个学生的心智素质好不好，我就看他是否具备了两种能力，一是快乐学习的能力，二是自主学习的能力。简言之，就是喜欢学习和善于自学。这样的能力，一方面诚然也可以体现在功课上，比如探索出一套有效的方法，能够比较轻松地对付考试。但是，另一方面，我认为更重要的是体现在课外阅读上，课外阅读是学生个性和禀赋自由发展的主要空间，素质优秀的学生是一定不会舍弃这个空间的。我由此得出了一个衡量学生素质的简明尺度，就是看课外阅读在他的全部学习中所占的比重有多大。我坚信，一个爱读书、会读书的学生，即使功课稍差，他将来的作为定能超过那种功课全优但毫无自主阅读兴趣的学生。同样，衡量一所学校的教育水准，我也要看是否有浓厚的阅读风气，爱读书、会读书的学生占的比重有多大。如果只是会考试，升名校率高，为此搭进了学生们的全部时间和精力，那不能算是好学校，一个恰当的名称叫"应试能校"。

2011年7月

做一个真正的读者

　　读者是一个美好的身份。每个人在一生中会有各种其他的身份，例如学生、教师、作家、工程师、企业家等，但是，如果不同时也是一个读者，这个人就肯定存在着某种缺陷。一个不是读者的学生，不管他考试成绩多么优秀，本质上不是一个优秀的人才。一个不是读者的作家，我们有理由怀疑他作为作家的资格。在很大程度上，人类精神文明的成果是以书籍的形式保存的，而读书就是享用这些成果并把它们据为己有的过程。质言之，做一个读者，就是加入到人类精神文明的传统中去，做一个文明人。在某种意义上，一个民族的精神素质取决于人口中高趣味读者的比例。相反，对于不是读者的人来说，凝聚在书籍中的人类精神财富等于不存在，他们不去享用和占有这笔宝贵的财富，一个人唯有在成了读者以后才会知道，这是多么巨大的损失。历史上有许多伟大的人物，在他们众所周知的声誉背后，往往有一个人所不知的身份，便是终身读者，即一辈子爱读书的人。

　　然而，一个人并不是随便读点什么就可以被称作读者的。在我看来，一个真正的读者应该具备以下特征——

第一，养成了读书的癖好。也就是说，读书成了生活的必需，真正感到不可缺少，几天不读书就寝食不安，自惭形秽。如果你必须强迫自己才能读几页书，你就还不能算是一个真正的读者。当然，这种情形绝非刻意为之，而是自然而然的，是品尝到了阅读的快乐之后的必然结果。事实上，每个人天性中都蕴含着好奇心和求知欲，因而都有可能依靠自己去发现和领略阅读的快乐。遗憾的是，某些功利至上的学校正在无情地扼杀人性中这种最宝贵的特质。在这种情形下，我只能向有识见的教师和家长反复呼吁，请你们尽最大可能保护孩子的好奇心，能保护多少是多少，能抢救一个是一个。我还要提醒那些聪明的孩子，在达到一定年龄之后，你们要善于向现行教育争自由，学会自我保护和自救。

第二，形成了自己的读书趣味。世上书籍如汪洋大海，再热衷的书迷也不可能穷尽，只能尝其一瓢，区别在于尝哪一瓢。读书是一件非常私人的事情，喜欢读什么书，不论范围是宽是窄，都应该有自己的选择，体现了自己的个性和兴趣。其实，形成个人趣味与养成读书癖好是不可分的，正因为找到了和预感到了书中知己，才会锲而不舍，欲罢不能。没有自己的趣味，仅凭道听途说东瞧瞧、西翻翻，连兴趣也谈不上，遑论癖好。针对当今图书市场的现状，我要特别强调，千万不要追随媒体的宣传只读一些畅销书和时尚书，倘若那样，你绝对成不了真正的读者，永远只是文化市场上的消费大众而已。须知时尚和文明完全是两回事，一个受时尚支配的人仅仅生活在事物的表面，貌似前卫，本质上却是一个野蛮人，唯有扎根于人类精神文明土壤中的人才是真正的文明人。

第三，有较高的读书品位。一个真正的读者具备基本的判断力和鉴赏力，仿佛拥有一种内在的嗅觉，能够嗅出一本书的优劣，本能地拒斥劣书，倾心好书。这种能力部分地来自阅读的经验，但更多地源自一个人灵魂的品质。当然，灵魂的品质是可以不断提高的，读好书也是提高的途径，二者之间有一种良性循环的关系。重要的是一开始就给自己确立一个标准，每读一本书，一定要在精神上有收获，能够进一步开启你的心智。只要坚持这个标准，灵魂的品质和对书的判断力就自然会同步得到提高。一旦你的灵魂足够丰富和深刻，你就会发现，你已经上升到了一种高度，不再能容忍那些贫乏和浅薄的书了。

能否成为一个真正的读者，青少年时期是关键。经验证明，一个人在这个时期倘若没有养成读好书的习惯，以后再要培养就比较难了，倘若养成了，则必定终身受用。青少年对未来有种种美好的理想，我对你们的祝愿是，在你们的人生蓝图中千万不要遗漏了这一种理想，就是立志做一个真正的读者，一个终身读者。

2004年7月

我的读书旨趣

　　我的读书旨趣有三个特点。第一，虽然我的专业是哲学，但我的阅读范围不限于哲学，始终喜欢看"课外书"，而我从文学作品和各类人文书籍中同样学到了哲学。第二，虽然我的阅读范围很宽，但对书籍的选择却很挑剔，以读经典名著为主，其他的书只是随便翻翻，对媒体宣传的畅销书完全不予理睬。第三，虽然读的是经典名著，但我喜欢把它们当作闲书来读，不端做学问的架子，而我确实在读经典名著中得到了最好的消遣。我的经验告诉我，大师绝对比追随者可爱无比也更加平易近人，直接读原著是通往智慧的捷径。这就像在现实生活中，真正的伟人总是比那些包围着他们的秘书和仆役更容易接近，困难恰恰在于怎样冲破这些小人物的阻碍。可是，在阅读中不存在这样的阻碍，经典名著就在那里，任何人想要翻开都不会遭到拒绝，那些爱读平庸书籍的人其实是自甘于和小人物周旋。

　　直接与大师交流，结识和欣赏人类历史上那些最优秀的灵魂，真是人生莫大的享受。有时候，我会拿起笔来，写下自己的收获，这就是我的写作。所以，我的写作实际上是我的阅读的一个延伸。曾有人问我，阅读和写作在我的生活中各扮演什么角色，我脱口说：阅读是我的情人，写作是我的妻子。事后一想，对这句话可有多种理解。妻子是由情人转变过来的，我的写作是由我的阅读转变过来的，这是一解。阅读是浪漫的精神游历，写作是日常的艰苦劳动，这又是一解。最后，鉴于写作已成为我的职业，我必须警惕不让它排挤掉阅读的时间，倘若我写得多读得少，甚至只写不读，我的写作就会沦为毫无生气的职业习惯，就像没有爱情的婚姻一样。对于我来说，这是最重要的一解，我要铭记不忘。

2006年8月

我的好书观

我心目中的好书有以下特点：

第一，读了以后，会使我产生强烈的冲动，自己也想写点什么，哪怕所写的东西表面上与这本书似乎毫无关系。它给我的是一种氛围，一种心境，使我仿佛置身于一种合宜的气候里，心中潜藏的种子因此发芽破土了。

第二，一本好书会唤醒我的血缘本能，使我辨认出我的家族渊源。书籍世界里是存在亲族谱系的，同谱系中的佼佼者既让我引以自豪，也刺激起了我的竞争欲望，使我也想为家族争光。

第三，遥远谱系中的好书不会使我产生仿效和竞争的欲望，但会使我感到欣赏的愉悦，就像欣赏一种陌生的异国风光。

第四，有分量的好书往往使人的精神发生变化，在多数情况下是继续生长，变得苗壮和丰盈，在少数情况下是摧毁然后重建。

第五，卡尔维诺列举经典作品的特征，有两点最为精辟：一部经典作品是一本每次重读都像初读那样带来发现的书；一部经典作品是一本即使初读也好像是在重温的书。可以用这两个尺度来鉴定那些最好的好书，即伟大的书。

2007年12月

三不主义

　　我读书的方式和习惯有三个特点，可以叫作三不主义：第一，不务正业，博览群书；第二，不走弯路，直奔大师；第三，不求甚解，为我所用。

　　第一个特点是不务正业、博览群书。当然，博览群书是一个好听的说法，我的意思是我不受自己专业的限制，什么书都看。从上高中开始就是这样，上大学就更是这样，我上的是北大哲学系，其实我大量看的是文学书，上课的时候也经常偷偷看，那时候特别喜欢俄罗斯文学，西方文学也看。从我当时读书的比例来说，课内花的时间非常少，也就是四分之一，四分之三是课外书，而课外书里面一大半都是文学书。我自己觉得，一个人到世界上来，没有谁规定你必须干什么，我考上了哲学系，后来哲学成了我的专业，这完全是偶然的，我没有必要受那个限制。实际上读文科，文史哲真的是不分家的，没有严格的界限，都是精神生活的组成部分。好的文学作品、历史著作，其中一定也有哲学。一个人最重要的还是让自己完整一点，没有必要受专业的限制。

　　这一点到后来也没有变，离开学校以后，我在社科院哲学研究所从事哲学工作，我们所对我仍然有这个评价，说周国平不务正业。当然我也搞哲学研究，这碗饭还是要吃的，比如写过关于尼采的著作，主要是两本，《尼采：在世纪的转折点上》和《尼采与形而上学》，还翻译了尼采的一些作品。这是我的专业，我也做，当然也是喜欢的，和我的爱好是完全一致的。在这之外，我还写了很多所谓的哲理散文，别人问我，你到底是作家还是学者，我说这重要吗，一点儿不重要。我首先是一个人，我怎么做舒服，觉得是作为一个完整的人活着，我就怎么做，这是我的一个主要的标准。

第二个特点是不走弯路、直奔大师。虽然我爱读书，什么书都看，但是无论文学也好，哲学也好，历史也好，我都是瞄准了经典大师，以看他们的书为主。我真的感到，那些大师和一般仅仅比较聪明、有点才华的人的区别太大了。一个人一辈子能够用来读书的时间是很有限的，像我这样毕业以后可以说是以读书为职业的人，我都觉得一辈子能够读的书是很有限的，既然这样，你就不要把时间浪费在那些比较平庸的书上了，就应该直接去找大师。我读的书，大部分是死人写的，读活人的比较少。可是，我觉得这些已经死去的大师其实还活着，甚至比我们这些活人更有生命力。

其实，经典作品的数量也非常多，够你读的了，这些东西是经过了时间检验的，一般不会让你失望。当然，经典里面有些书你不一定喜欢，但是你应该也一定能够找到你喜欢的，可以把经典作为主要的选择范围，从中找到适合你的好书。现在出版物太多了，你自己去找的话，费了很大的工夫，读了很多平庸的书，好不容易才发现一点好东西，这个太浪费了。我是考虑到成本，要节省成本，这是一个效益问题。你不看现在新出的书，可能会错过一点好东西，这个损失可能会有，但比较起来小得多。如果你把时间花在从一般的书里筛选，在平庸的书里打转，反而把有了定评的经典作品荒废掉了，这个损失大得多。

有的人说经典著作很难读，怎么办？我的办法是不求甚解、为我所用，这就是我要说的第三个特点。我做一个课题，当然必须在相关的书籍上下功夫，认真地弄清楚它们的含义。可是，一般的阅读，作为个人的一种精神生活，即使读的是经典，也没有必要去死抠含义是什么。如果在读的过程中你对某些内容不感兴趣，或者读不懂，你可以跳过去，或者就似懂非懂地了解个大概。慢慢地，在这个不求甚解的阅读过程中，你是在受熏陶，你的人文素养是在提高，你理解经典的资源是在不断积累。这个过程你不知道，实际上在悄悄进行，终有一天，你会发现你读那些书丝毫不困难了，读起来非常愉快，可以把它们当闲书一样读了。

这个过程实际上也是为我所用的过程。读书到底是为了什么？如果排除做学问这个很实际的目的，不把自己放在学者的位置上，我想读书无非是为了吸取精神营养，让自己丰富起来，让自己的精神素质能够生长得好。我自己感觉，读书最愉快的时候是什么时候？就是在读的过程中，你在所读的书中发现了自己，原来你也有这种体验、这个思想，也有这个好东西，跟大师是一样的。原先你还不太清楚，没有仔细去想，大师促使你发现了这个东西，把你本来已经有但自己还不清楚的东西给唤醒了，使它变得清晰了，然后你就可以让它更丰满，这样一个过程也就是你的精神成长的过程。所以，阅读本质上是一个自我发现的过程，而这个过程充满了惊喜和愉悦。

2012年11月

图书馆是最踏实的文化事业

——在坪山图书馆开馆仪式上的致辞

今天，坪山图书馆迎来了开馆的日子。受聘担任首任馆长，于我是一件很荣幸的事，我会努力尽职。坪山图书馆的首任馆长由谁来当，这有很大的偶然性。但是我相信，有一件事情是必然的，就是坪山图书馆一定会办成一个好的图书馆。

为什么呢？因为这是深圳，这是坪山。深圳是中国最年轻的城市，坪山又是深圳最年轻的行政区，充满朝气，生机勃勃，给各种创新和试验提供了广阔的空间。

坪山区委区政府把文化建设作为全区发展的重点，又把图书馆建设作为文化建设的重点，我从中看到的是远见和胸怀，是一个爱文化、懂文化的领导班子。

图书馆是人类最古老的文化事业，图书馆的历史与人类有文字记载的文明史基本同步。人类创造的精神财富，绝大部分是以书籍的形式保存在图书馆里的。

图书馆也是一个民族最踏实、最造福民众的文化事业，一个民族的文化自信，在很大程度上体现在拥有历史悠久、品质优良的图书馆上。

作为一个城市、一个地区，是否拥有一个藏书精当、使用效率高、受当地群众喜爱的公共图书馆，是衡量这个城市和地区整体文化水平的一个可靠标志。我相信，坪山图书馆会是这样一个图书馆。

从我本人来说，我一生受益于图书馆，受益于书籍，对图书馆深怀感恩之心。

长期担任阿根廷国家图书馆馆长的大作家博尔赫斯有一句名言：天堂应该是图书馆的模样。这句话形象地说出了爱书人对图书馆的情感。人生最好的境界，是心灵的丰富、愉悦、宁静，要进入这个境界，最有效、最简单、最不花钱的方法是什么？就是在图书馆里坐下来，翻开一本书。

今天在座的我的好朋友、全国政协常委会副秘书长朱永新先生也有一句名言：一个人的精神发育史，就是他的阅读史。我自己的经历与这句话完全契合。图书馆是我少年时代梦想开始的地方，我是在书籍的熏陶下，形成自己的人生理想和价值观，成为今天这样一个我的。

我一直是图书馆的受惠者，现在让我当这个馆长，正是给了我一个机会，使我得以回报社会，通过我的工作，让广大人群成为受惠者。

自从受聘为馆长，我一直在问自己：我能为坪山图书馆做什么？我的什么阅读经验和资源可以和一个公共图书馆的文化需求对接？思考的结果是，我的工作重点应该放在大众阅读的组织和引导上面，让经典走进大众，让阅读成为时尚。

图书馆不只是一个存放和借还图书的物理性实体，它更应该是一个营造阅读风气和培养读书品位的精神性主体。图书馆应该主动做事情，不但要满足公众现有的需求，而且要创造新的更美好的需求。

坪山图书馆的办馆理念是开启人生的智慧，传承精神的高贵，那么，开启智慧的钥匙在哪里？精神传承的血脉在哪里？主要就在那些经典作品和优秀书籍里。这是一个宝库，我们要让更多的读者发现这个宝库，享受这个宝库。

为此需要做一系列工作，包括配书讲究品质，中外经典名著和当代优秀书籍尽可能配齐，并设立专门的推荐区域，包括举办高质量的读书讲坛和组织群众性的读书活动，等等，在这里我就不具体说了。

深圳人是最爱书的，购书量在全国城市中占首位。每次到深圳做读书活动，眼前满是洋溢着热情和欢笑的年轻脸庞，令我倍感温暖。

我希望看到，有一天，在深圳，坪山人是最爱书的，坪山的读书氛围最浓厚。

我还希望看到，有一天，坪山浓厚的读书氛围把深圳和全国的许多爱书人吸引到这里来，和坪山人进行交流。

总之，我希望看到的情景是：坪山人爱读书，爱书人聚坪山。

2019年3月

第二辑

瞄准经典

经典和我们

我的读书旨趣，第一是把人文经典当作主要读物，第二是用轻松的方式来阅读。

读什么书，取决于为什么读。人之所以读书，无非有三种目的。一是为了实际的用途，例如因为职业的需要而读专业书籍，因为日常生活的需要而读实用知识。二是为了消遣，用读书来消磨时光，可供选择的有各种无用而有趣的读物。三是为了获得精神上的启迪和享受，如果是出于这个目的，我觉得读人文经典是最佳选择。

人类历史上产生了那样一些著作，它们直接关注和思考人类精神生活的重大问题，因而是人文性质的，同时其影响得到了许多世代的公认，已成为全人类共同的财富，因而又是经典性质的。我们把这些著作称作人文经典。在人类精神探索的道路上，人文经典构成了一种伟大的传统，任何一个走在这条路上的人都无法忽视其存在。

认真地说，并不是随便读点什么都能算是阅读的。譬如说，我不认为背功课或者读时尚杂志是阅读。真正的阅读必须有灵魂的参与，它是一个人的灵魂在一个借文字符号构筑的精神世界里的漫游，是在这漫游途中的自我发现和自我成长，因而是一种个人化的精神行为。什么样的书最适合这样的精神漫游呢？当然是经典，只要我们翻开它们，便会发现里面藏着一个个既独特又完整的精神世界。

一个人如果并无精神上的需要，读什么倒是无所谓的，否则就必须慎于选择。也许没有一个时代拥有像今天这样多的出版物，然而，很可能今天的人们比以往任何时候都阅读得少。在这样的时代，一个人尤其必须懂得拒绝和排除，才能够进入真正的阅读。这是我主张坚决不读二三流乃至不入流读物的理由。

图书市场上有一件怪事，别的商品基本上是按质论价，唯有图书不是。同样厚薄的书，不管里面装的是垃圾还是金子，价钱都差不多。更怪的事情是，人们宁愿把可以买回金子的钱用来买垃圾。至于把宝贵的生命耗费在垃圾上还是金子上，其间的得失就完全不是钱可以衡量的了。

古往今来，书籍无数，没有人能够单凭一己之力从中筛选出最好的作品来。幸亏我们有时间这位批评家，虽然它也未必绝对智慧和公正，但很可能是一切批评家中最智慧和最公正的一位，多么独立思考的读者也不妨听一听它的建议。所谓经典，就是时间这位批评家向我们提供的建议。

对经典也可以有不同的读法。一个学者可以把经典当作学术研究的对象，对某部经典或某位经典作家的全部著作下考证和诠释的功夫，从思想史、文化史、学科史的角度进行分析。这是学者的读法。但是，如果一部经典只有这一种读法，我就要怀疑它作为经典的资格，就像一个学者只会用这一种读法读经典，我就要断定他不具备大学者的资格一样。唯有今天仍然活着的经典才配叫作经典，它们不但属于历史，而且超越历史，仿佛有一颗不死的灵魂在其中永存。正因为如此，在阅读它们时，不同时代的个人都可能感受到一种灵魂觉醒的惊喜。在这个意义上，经典属于每一个人。

作为普通人，我们如何读经典？我的经验是，无论《论语》还是《圣经》，无论柏拉图还是康德，不妨就当作闲书来读。也就是说，阅读的心态和方式都应该是轻松的。千万不要端起做学问的架子，刻意求解。读不懂不要硬读，先读那些读得懂的、能够引起自己兴趣的著作和章节。这里有一个浸染和熏陶的过程，所谓人文修养就是这样熏染出来的。在不实用而有趣这一点上，读经典的确很像是一种消遣。事实上，许多心智活泼的人正是把这当作最好的消遣。能否从阅读经典中感受到精神的极大愉悦，这差不多是对心智品质的一种检验。不过，也请记住，经典虽然属于每一个人，但永远不属于大众。我的意思是说，读经典的轻松绝对不同于读大众时尚读物的那种轻松。每一个人只能作为有灵魂的个人，而不是作为无个性的大众，才能走到经典中去。如果有一天你也陶醉于阅读经典这种美妙的消遣，你就会发现，你已经距离一切大众娱乐性质的消遣多么遥远。

经典是人类精神财富的一个宝库，它就在我们身旁，其中的财富属于我们每一个人。阅读经典，就是享用这笔宝贵的财富。凡是领略过此种享受的人都一定会同意，倘若一个人活了一生一世，从未踏进这个宝库，那是遭受了多么巨大的损失啊。

2003年2月

读永恒的书

　　人类所创造的精神财富是通过各种物质形式得以保存的，其中最重要的一种形式就是文字。因而，在我们日常的精神活动中，读书便占据着很大的比重。据说最高的境界是无文字之境，真正的高人如同村夫野民一样是不读人间之书的，这里姑且不论。一般而言，我们很难想象一个关注精神生活的人会对书籍毫无兴趣。尤其在青少年时期，心灵世界的觉醒往往会表现为一种勃发的求知欲，对书籍产生热烈的向往。"我扑在书籍上，就像饥饿的人扑在面包上一样。"高尔基回忆他的童年时所说的这句话，非常贴切地表达了读书欲初潮来临的心情。一个人在早年是否经历过这样的来潮，在一定程度上透露和预示了他的精神素质。

　　然而，古今中外，书籍不计其数，该读哪些书呢？从精神生活的角度出发，我们也许可以极粗略地把天下的书分为三大类。一是完全不可读的书，这种书只是外表像书罢了，实际上是毫无价值的印刷垃圾，不能提供任何精神的启示、艺术的欣赏或有用的知识。在今日的市场上，这种以书的面目出现的假冒伪劣产品比比皆是。二是可读可不读的书，这种书读了也许不无益处，但不读却肯定不会造成重大损失和遗憾。世上的书，大多属于此类。我把一切专业书籍也列入此类，因为它们只对有关的专业人员才可能是必读书，对于其余人却不是必读的，至多是可读可不读的。三是必读的书。所谓必读，是就精神生活而言，即每一个关心人类精神历程和自身生命意义的人都应该读，不读便会是一种欠缺和遗憾。

应该说，这第三类书在书籍的总量中只占极少数，但绝对量仍然非常大。它们实际上是指人类文化宝库中的那些不朽之作，即所谓的经典名著。对于这些伟大作品不可按学科归类，不论它们是文学作品还是理论著作，都必定表现了人类精神的某些永恒内涵，因而具有永恒的价值。在此意义上，我称它们为永恒的书。要确定这类书的范围是一件难事，事实上不同的人就此开出的书单一定会有相当的出入。不过，只要开书单的人确有眼光，就必定会有一些最基本的好书被共同选中。例如，他们绝不会遗漏掉《论语》《史记》《红楼梦》这样的书，柏拉图、莎士比亚、托尔斯泰这样的作家。

在我看来，真正重要的倒不在于你读了多少名著，古今中外的名著是否读全了，而在于要有一个信念，便是非最好的书不读。有了这个信念，即使你读了许多并非最好的书，你仍然会逐渐找到那些真正属于你的最好的书，并且成为它们的知音。事实上，对于每个具有独特个性和追求的人来说，他的必读书的书单绝非照抄别人的，而是在他自己阅读的过程中形成的，这个书单本身也体现出了他的个性。正像罗曼·罗兰在谈到他所喜欢的音乐大师时说的："现在我有我的贝多芬了，犹如已经有了我的莫扎特一样。一个人对他所爱的历史人物都应该这样做。"

费尔巴哈说：人就是他所吃的东西。至少就精神食物而言，这句话是对的。从一个人的读物大致可以判断他的精神品级。一个在阅读和沉思中与古今哲人文豪倾心交谈的人，与一个只读明星逸闻和凶杀故事的人，他们当然有着完全不同的内心世界。我甚至要说，他们也是生活在完全不同的外部世界上的，因为世界本无定相，它对于不同的人呈现不同的面貌。列车上，地铁里，我常常看见人们捧着形形色色的小报，似乎读得津津有味，心中不免为他们惋惜。天下好书之多，一辈子也读不完，岂能把生命浪费在读这种无聊的东西上。我不是故作清高，其实我自己也曾拿这类流行报刊来消遣，但结果总是后悔不已。读了一大堆之后，只觉得头脑里乱糟糟又空洞洞，没有得到任何有价值的东西。歌德做过一个试验，半年不读报纸，结果他发现，与以前天天读报相比，没有任何损失。所谓新闻，大多是过眼烟云的人闹的一点儿过眼烟云的事罢了，为之浪费只有一次的生命确实是不值得的。

1996年7月

直接读原著

叔本华在《作为意志和表象的世界》第二版序中说："只有从那些哲学思想的首创人那里，人们才能接受哲学思想。因此，谁要是向往哲学，就得亲自到原著那肃穆的圣地去找永垂不朽的大师。"对于每一个有心学习哲学的人，我要向他推荐叔本华的这一指点。

叔本华是在谈到康德时说这句话的。在康德死后两百年，我们今天已经能够看明白，康德在哲学中的作用真正是划时代的，根本扭转了西方哲学的发展方向。近两百年西方哲学的基调是对整个两千年西方形而上学传统的反省和背叛，而这个调子是康德一锤敲定的。叔本华从事哲学活动时，康德去世不久，但他当时即已深切地感受到康德哲学的革命性影响。用他的话说，那种效果就好比给盲人割治翳障的手术，又可看作"精神的再生"，因为它"真正排除掉了头脑中那天生的、从智力的原始规定而来的实在论"，这种实在论"能教我们搞好一切可能的事情，就只不能搞好哲学"。使他恼火的是当时在德国占据统治地位的是黑格尔哲学，青年们的头脑已被其败坏，无法再追随康德的深刻思路。因此，他号召青年们不要从黑格尔派的转述中，而要从康德的原著中去了解康德。

　　叔本华一生备受冷落，他的遭遇与和他同时代的官方头号哲学家黑格尔适成鲜明对照。但是，因此把他对黑格尔的愤恨完全解释成个人的嫉妒，我认为是偏颇的。由于马克思的黑格尔派渊源，我们对于黑格尔哲学一向高度重视，远在康德之上。这里不是讨论这个复杂问题的地方，我只想指出，至少叔本华的这个意见是对的：要懂得康德，就必须去读康德的原著。广而言之，我们要了解任何一位大哲学家的思想，都必须直接去读原著，而不能通过别人的转述，哪怕这个别人是这位大哲学家的弟子、后继者或者研究他的专家和权威。我自己的体会是，读原著绝对比读相关的研究著作有趣，在后者中，一种思想的原创力量和鲜活生命往往被消解了，只剩下了一副骨架、躯体某些局部的解剖标本，以及对于这些标本的博学而冗长的说明。

　　常常有人问我，学习哲学有什么捷径，我的回答永远是：有的，就是直接去读大哲学家的原著。之所以说是捷径，是因为这是唯一的途径，走别的路只会离目的地越来越远，最后还是要回到这条路上来。能够回来算是幸运的呢，常见的是丧失了辨别力，从此迷失在错误的路上了。有一种普遍的误解，即认为可以从各种哲学教科书中学到哲学，似乎哲学最重要、最基本的东西都已经集中在这些教科书里了。事实恰恰相反，且不说那些从某种确定的教条出发论述哲学和哲学史的教科书，它们连转述也称不上，我们从中所能读到的东西和哲学毫不相干。即使那些认真的教科书，我们也应记住，它们至多是转述，由于教科书必然要涉及广泛的内容，其作者不可能阅读全部的相关原著，因此它们常常还是转述的转述。一切转述都必定受转述者的眼界和水平的限制，在第二手乃至第三手、第四手的转述中，思想的原创性递减，平庸性递增，这么简单的道理应该是无须提醒的吧。

哲学的精华仅仅在大哲学家的原著中。如果让我来规划哲学系的教学，我会把原著选读列为唯一的主课。当然，历史上有许多大哲学家，一个人要把他们的原著读遍，几乎是不可能的，也是不必要的。以一本简明而客观的哲学史著作为入门索引，浏览一定数量的基本原著，这个步骤也许是省略不掉的。在这过程中，如果没有一种原著引起你的相当兴趣，你就趁早放弃哲学，因为这说明你压根儿对哲学就没有兴趣。倘非如此，你对某一个大哲学家的思想产生了真正的兴趣，那就不妨深入进去。可以期望，无论那个大哲学家是谁，你都将能够通过他而进入哲学的堂奥。不管大哲学家们如何观点相左、个性各异，他们中的每一个人都必能把你引到哲学的核心，即被人类所有优秀的头脑思考过的那些基本问题，否则就称不上是大哲学家了。

叔本华有一副愤世嫉俗的坏脾气，他在强调读原著之后，接着就对只喜欢读第二手转述的公众开骂，说由于"平庸性格的物以类聚"，所以"即使是伟大哲人所说的话，他们也宁愿从自己的同类人物那儿去听取"。在我们的分类表上，叔本华一直是被排在坏蛋那一边的，加在他头上的恶名就不必细数了。他肯定不属于最大的哲学家之列，但算得上是比较大的哲学家。如果我们想真正了解他的思想，直接读原著的原则同样适用。尼采读了他的原著，说他首先是一个真实的人。他自己也表示，他是为自己而思考，决不会把空壳核桃送给自己。我在他的著作中的确捡到了许多饱满的核桃，如果听信教科书中的宣判而不去读原著，把它们错过了，岂不可惜？

2002年11月

因为它在那里

我"发现"了一套好书：中国商务印书馆和美国不列颠百科全书公司1995年合作出版的《西方名著入门》。之所以说"发现"，是因为不曾看见大小报刊宣传它，而它比绝大多数被宣传得很热闹的书有价值多了。事实上它一直默默无闻，初印3000册，迄今没有重印。全书共9卷，收入了西方自古至今文学、社会科学、自然科学、哲学各门类的中短篇名作，其中有相当部分是首次译介的。

这套书原是为西方读者准备的，编者在书首写有篇幅甚长的序和导言，交代编书的意图。读后觉得，其意图对于我们亦非无的放矢。

现代社会是一个娱乐社会。随着工作时间的缩短和闲暇的增加，现代人把越来越多的时间用于娱乐。所谓娱乐，又无非是一种用钱买来、由时髦产品提供、由广告逼迫人们享用的东西。如果不包含这些因素，人们便会觉得自己不是在娱乐。在娱乐中，人们但求无所用心，彻底放松。花费昂贵和无所用心成了衡量娱乐之品级的尺度，进而又成了衡量生活之质量的尺度，如果一个人把许多时间耗在豪华的俱乐部或度假村里，他就会被承认是一个体面的人士。当然，这样的人是不读书的，至少是不读世界名著的，因为那不太费钱却需要用心。

如果闲暇的时间越来越多，甚至超过了工作的时间，那么，我们确实可以认为，一个人的生活质量将越来越取决于他如何消度闲暇。正是在这个意义上，该书的编者提出教育目标发生了变化的命题。过去，教育的目标是为职业做准备。现在，教育应该为人们能够有意义地利用闲暇时间做准备。也就是说，应该使人们有能力在闲暇时间过一种有头脑的生活，而不是无所用心的生活。在编者看来，阅读名著无疑最有助于实现这个目标。

名著之为名著，就因为其作者如同圣伯夫形容苏格拉底和蒙田那样，是"拥抱所有国家和所有时代"的，他们的作品触及了某些人类共同感兴趣的重大问题，表达了某些最根本的思想。正由于此，它们不会是普通人所无法理解的。有了这一点基本的信心，编者便劝告读者在阅读时尽量把注意力放在读懂的内容上，而不要受阻于不懂的地方。我很赞赏编者的这一劝告。我相信，越是读伟大的作品，五柳先生"好读书不求甚解"的原则就越是适用。读名著原是为了获得享受，在享受中自然而然地得到熏陶和教益，而刻意求解的读法往往把享受破坏无遗，也就消解了在整体上受熏陶的心理氛围。

从前的时代，由于印刷的困难，一个人毕生只能读到不多的几本书，于是反复阅读，终身受用不尽。现在不同了，出版物如汪洋大海，席卷而来。每月都有许多新书上架，即使浅尝辄止，仍是目不暇接。印刷业的发达必然导致阅读的浮躁。哪怕明知名著的价值非一般书所可比拟，也沉不下心来读它们，很容易把它们看作众多书中的一种罢了。回想起来，真是舍本求末，损失莫大矣。那么，此刻，这套《西方名著入门》摆在面前，唤醒了我对名著的眷恋，使我决心回到它们那里。

有人问一位登山运动员为何要攀登珠穆朗玛峰，得到的回答是："因为它在那里。"别的山峰不存在吗？在他眼里，它们的确不存在，他只看见那座最高的山。爱书者也应该有这样的信念：非最好的书不读。让我们去读最好的书吧，因为它在那里。

1997年7月

让经典作家成为顶级大 V

　　今天的时代，人们已经习惯于从网上接收信息，许多人处在"永远在线"的状态，把可以自由支配的时间全都用在互联网上了。当此之时，我要提醒人们，人类创造了互联网，但上帝也有自己的互联网，我们不可只上人类的互联网，不再上上帝的互联网，把上帝借之向人类传递的最重要的信息给屏蔽掉了。

　　上帝的互联网是一个比喻，我指的是两个方面：由一个方面来看是大自然，由另一个方面来看是人类的心灵世界。二者不可分离，若无人类的心灵世界，大自然只是一堆死的物质。自古以来，大自然孕育着人类的心灵，人类的心灵也感悟着大自然，如此形成了一个充满意义的超级互联网。中国古代哲学对这个互联网有一个名称，叫作"天人合一"。孔子说"闻道"，庄子说"独与天地精神往来"，佛家说"明心见性"，其实都是在教导我们上这个互联网。由于这个超级互联网的存在，人类有了哲学、宗教、文学，有了悠久而常新的精神生活传统。

　　人类历史上不断诞生了一些伟大的心灵，他们善于感应自然、体悟心性，接收上帝的信息，并且通过自己的作品传达接收到的信息，他们被称作经典作家。经典作家是上帝的互联网上的网络高手，读他们的作品，可以使我们对上帝的信息形成一个概念，从而自己也学会接收上帝的信息。每个经典作家仿佛都用其作品建立了一个自媒体，只要你愿意，就可以加关注，成为其粉丝。你当然不必也不可能成为所有经典作家的粉丝，可是，倘若你一个也没加，总是追随凡俗世界里的大 V，你的精神境界便堪忧。经典作家理应成为拥有最多粉丝的顶级大 V，倘若他们普遍受冷落，这个时代的精神境界便堪忧。

互联网的好处是信息资源共享，然而，要享受到这个好处，你第一必须知道自己要什么，第二要具备相当的鉴别能力。现在的普遍情况是，人们上网只是被动地接收信息，这些信息也许常常与自己的生活和心灵生长毫无关系，结果就只是把自己变成了海量信息的一个通道。这恰恰说明，在互联网时代，至关重要的是为自己的精神生长打下一个好的底子，而阅读经典正是打底子的最好法子。一方面，在这些伟大心灵的熏陶下，你给自己的人生确立了一个明确的精神目标，从而知道自己要什么，就不会没头没脑地沉溺在信息的汪洋大海里了。另一方面，你品尝到了真正的精神佳肴，精神味觉自然变得敏锐而精致，从而具备良好的鉴别能力，知道自己不要什么，就不会对网络上大量无价值的信息产生兴趣了。总之，用经典打好底子，你清楚了自己要什么和不要什么，你就能够对互联网用其利不受其害了。

在互联网时代，知识更新迅速，有人由此断言经典作品已经过时，我的这篇短文是一个回应。须知人文经典的核心不是知识，而是人生的真理，其中凝聚了人类精神生活的精华。一个人倘若未尝经历过经典的洗礼，对人类精神生活的传统毫无概念，就很容易被知识的更新弄得眼花缭乱、六神无主。总之，阅读经典是心灵生长的必由之径，在互联网时代更是如此。你只有经常上上帝的互联网，才不会在人类的互联网世界里迷失方向。

2015年11月

让经典成为通识

中国正处在社会转型时期，前进中也暴露了诸多问题，显示了改革的艰难。分析所有这些问题，我们可以发现，在转型时期的中国，我们最缺少、最需要的东西，一是信仰，二是法治。事实已经证明，没有精神文化转型和社会秩序转型的配套，经济转型绝不可能孤立地成功。然而，要真正解决信仰和法治的问题，实依赖于国民素质的普遍提高。一个有信仰的民族，必由精神素质优良的个体组成。一个法治健全的社会，必由具备公民觉悟的成员建立和维护。因此，归根到底，中国的前途将取决于国民整体素质的提高。

提高素质，就是要使我们身上那些人之为人的属性——这就是"素质"的含义——健康生长，成为人性意义上的优秀的人。人是凭借精神属性成其为人的。按照通常的划分，精神属性可分为知、情、意三个方面，亦即理性思维、情感体验、道德实践这三种精神能力。人类的这些精神能力在极其漫长的自然进化过程中形成了其生物学的基础，而后在相当漫长的文明演进过程中展现出来并得到发展。作为人类的一员，每一个个体的人通过种族的遗传即已具备这些精神能力的生物学基础，在此意义上，我们说它们是人性中固有的禀赋。然而，它们尚处于种子的状态，唯有在人类文化的环境中，种子才会发芽，潜在的禀赋才能生长为现实的能力。

文化环境不是物理学意义上的环境，对它的理解不能局限于当下的一时一地。几千年来，人类的精神探索形成了一个伟大的传统，这个传统既包容了，又超越了一切时代和民族，对于人类每一个有心提高自己精神素质的成员来说，它都是最广阔也是最深刻的文化环境。那么，我们到哪里去寻找这个传统呢？我的回答是：到经典著作中去，因为经典著作正是这个传统的最重要载体。把人们引领到经典著作的宝库里，让大家了解、熟悉、领悟存在于其中的传统，受其浸染，加入到人类精神探索的伟大进程中去，在我看来，不可能有比这更有效的国民素质教育的途径了。

具体地说，与精神属性的三个方面相对应，国民素质教育也可分为智育、美育、德育三个方面，而在这三个方面，经典著作都是极好的教材。

智育的目标是培育自由、独立的头脑。在这方面，经典作家是最好的榜样。他们首先是伟大的自由思想者，不受成见束缚，勇于开拓前人未至的新领域，敢于挑战众人皆信的旧学说。尤其在社科领域，权力、利益、习俗、舆论往往具有巨大的势力，阻挠着他们对真理的追求和认识，而他们能够不为所动，坚定地听从理性的指引。从他们的著作中，我们学到的不只是一些社科知识，更是追求真理的勇气、智性生活的习惯和独立思考的能力。

美育的目标是培育美丽、丰富的心灵。在这方面，文学艺术作品诚然是基本的教育资源，但人文和社科经典著作也能给我们以美好的熏陶。我们会发现，凡大思想家绝不是单面人和书呆子，他们从事研究的领域不同，性格各异，但大多具有鲜明的个性和丰富的内心世界，对于人类情感每每有或博大精深或微妙细致的体验。这一点也体现在文风上，许多经典作家是表达的大师，读他们的作品，只要真正读进去了，你绝不会觉得枯燥，只会感到是一次愉快的精神旅行。

德育的目标是培育善良、高贵的灵魂。在这方面，经典作家尤能给我们良多启示。人文和社会科学的研究对象是人和社会，在这个领域中，起支配作用的不只是理性思考和实证观察，更是价值定向和理想愿景。每一位思想家都心怀提升人类向更好状态发展的愿望，一切思考最终都指向最基本的价值问题：怎样的人生是好的人生？怎样的社会是好的社会？虽然价值观正是最充满争议的领域，但是，通过阅读经典，自觉地思考这些问题，有助于我们确立自己的人生坐标，做一个有道德、有信仰的人。

2009年3月

幸福的醒客

"醒客悦读文库"从西方人文经典译著中选择比较轻松易读的文本，按照作者分册出版。这套丛书的宗旨是"经典文本，轻松阅读"，颇合我读书的旨趣，我曾为之作序。现在，第一批18种已出，第二批也即出，我很乐意做进一步的推荐。

丛书名"醒客悦读"的英文是"Thinker Readings"，把"Thinker"（思想者）译作"醒客"，是音义两恰的妙译。听说最早把"Thinker"译为"醒客"的是我的朋友萧瀚，万圣书屋还用作了咖啡座的名称。我曾戏言：我来给你们写一篇《醒客宣言》，号召"全世界醒客联合起来"。当然，这只是戏言。思想者是安静的，何至于闹这么大的动静。思想者也寻求同道，但不是靠呐喊。在庄严的图书馆里，在夜读者的灯光下，在超越时空的灵魂相遇中，醒客的联合一直在进行着，未尝有过间断。

中国的屈原，希腊的赫拉克利特，都早已把思想者喻为醒着的人，而把不思想的人喻为昏睡或烂醉之徒。众人皆醉，唯我独醒，这诚然是痛苦的。但是，做一个醒客，自有其清醒中的幸福。英国哲学家约翰·穆勒有言：幸福与满足是两回事，不满足的人比满足的猪幸福，不满足的苏格拉底比满足的傻瓜幸福。人和猪的区别就在于，人有灵魂，猪没有灵魂。苏格拉底和傻瓜的区别就在于，苏格拉底的灵魂醒着，傻瓜的灵魂昏睡着。灵魂生活开始于不满足。不满足什么？不满足于像动物那样活着。正是在这不满足之中，人展开了对意义的寻求，创造了丰富的精神世界。那么，何以见得不满足的人比满足的猪幸福呢？穆勒说，因为前者的快乐品质更高，内容更丰富，但唯有兼知两者的人才能做出判断。也就是说，如果你是一头满足的猪，跟你说了也白说。我不是骂任何人，因为我相信，每个人身上都藏着一个不满足的苏格拉底。

人为万物之灵，灵就灵在人能思想。在上天赋予人的诸般能力中，最特别、最宝贵的就是思想的能力。赫拉克利特说："思想是最大的优点。"这其实是绝大多数哲学家的共识。在巴门尼德笔下，太阳车载着思想者行进在光明大道上，而不思想者则始终停留在黑暗之中。亚里士多德视沉思活动为完美的幸福，因为它最为自足，不依赖于外部条件，就此而论最接近神的活动。帕斯卡尔把人譬作一枝会思想的芦苇，人纵然是脆弱的生命，却因思想而区别于其他一切生命。笛卡儿干脆说："我思故我在。"我们或许可以引申说，一个人唯有充分运用了上天赋予的思想能力，才是真正作为人而存在。爱因斯坦把独立思考的能力称作"大自然不可多得的恩赐"，人因此而获得了内在的自由，能够不受权力、社会偏见以及未经审视的常规和习惯的支配。从本质上言之，思想是人之为人的高级属性，思想的快乐是享受人的高级属性的快乐。一个人一旦深尝到这种快乐，再也改不掉思想的习惯，他就成了一个思想者，从此以后，他在自己身上就有了一个永不枯竭的快乐源泉。

在醒客的快乐中，一项莫大的快乐是阅读人文经典。人类精神始终在追求某些永恒的价值，这种追求已经成为一个伟大的传统，而人文经典则是这个传统的主要载体。人文经典是一座圣殿，它就在我们身边，一切时代的思想者正在那里聚会，我们只要走进去，就能聆听到他们的嘉言隽语。就最深层的精神生活而言，时代的区别并不重要，无论是两千年前的先贤，还是近百年来的今贤，都同样古老，也都同样年轻。每一部经典作品都扎根在人类精神生活的至深土壤之中，正因为如此，所以能够在不同时代的个人的心灵中抽出新芽。卡尔维诺列举经典作品的特征，有两点最为精辟：一部经典作品是一本每次重读都像初读那样带来发现的书；一部经典作品是一本即使初读也好像是在重温的书。阅读经典之妙趣，正在于发现和重温的双重喜悦。

思想离不开传统。置身于传统之外，没有人能够成为思想者。做一个思想者，意味着以自己的方式参与到人类精神传统中去，成为其中积极的一员。对于每一个个体来说，这个传统一开始是外在于他的，他必须去把它"占为己有"，而阅读经典便是"占为己有"的最基本的途径。

这么说来，阅读经典是成为一个真正的醒客的必由之路了。不过，走在这条路上，未必总是艰难跋涉，也完全可以轻松漫步。林语堂曾经戏言：大师带学生往往不是在课堂上，而是在沙龙里，抽着大烟斗闲聊，烟雾缭绕中就把学生熏陶出来了。现在这套丛书正像是一个沙龙，让你听大师们聊天，并且逐渐加入他们的聊天，在快乐阅读中成为一个幸福的醒客。

阅读经典，就是在今天成为一个醒客，就是今天的醒客与历史上那些伟大的醒客对话。这时候你会发现，其实你并不孤独，存在着一个醒客的世界，这个世界超越历史的变迁和人间的喧哗而长存，把一切时代的思想者联结成一个整体。我祝愿你走进这个世界，与伟大的醒客们为伍，尽兴品尝思想的快乐。

2007年11月

名著在名译之后诞生

当今图书市场上的一个显著现象是，由于世界文学经典名著已无版权问题，出版成本低，而对这类书的需求又是持续不断的，销售有保证，因此，为了赚取利润，许多书商包括一些出版社匆忙上阵，纷纷组织对原著毫无研究的译手快速制作，甚至抄袭拼凑，出现了大量选题重复、粗制滥造的所谓的名著译本。问题的严重性在于，这些粗劣制品的泛滥必定会对大批青少年读者造成误导，甚至从此堵塞了他们走向真正的世界文学的道路。

从什么样的译本读名著，这可不是一件小事。在一定的意义上可以说，名著是在名译之后诞生的。当然，这不是说，在有好的中译本之前，名著在作者自己的国家和在世界上也不存在。然而，确确实实地，对于不能直接读原著的读者来说，任何一部名著都是在有了好译本之后才开始存在的。譬如说，有了朱生豪的译本，莎士比亚才在中国诞生，有了傅雷的译本，罗曼·罗兰才在中国诞生，有了叶君健的译本，安徒生才在中国诞生，有了汝龙的译本，契诃夫才在中国诞生，如此等等。毫无疑问，有了名译并不意味着不能再有新的译本，只要新的译本真正好，仍会得到公认而成为新的名译，例如在朱生豪之后，梁实秋所译的莎士比亚，在郭沫若之后，绿原所译的《浮士德》，也都同样成了名译。可是，我想特别强调的是，一部名著如果没有好的译本，却有了坏的译本，那么，它就不但没有在中国诞生，相反可以说是未出生就被杀死了。坏译本顶着名著的名义，实际上所展示的是译者自己的低劣水平，其后果正是剥夺了原著在读者心目中本应占有的光荣位置，代之以一个面目全非的赝品。尤其是一些现代名著，包括哲学、社会科学方面的重要著作，到了某些译者手下竟成了完全不知所云的东西。遇见这种情形，我们可以有把握地断定，正由于这些译者自己读不懂原著，结果便把无人读得懂的译本给了大家。只要我们直接去读原著，一定会发现原著其实明白易懂得多。

一部译著之能够成为名译，绝不是偶然的。从前的译家潜心于翻译某一个作家的作品，往往是出于真正的喜爱乃至偏爱，以至于终生玩味之，不但领会其神韵，而且浸染其语言风格，所以能最大限度地提供汉语的对应物。傅雷有妙论：理想的译文仿佛是原作者的中文写作。钱锺书谈到翻译的"化"境时引述了一句话，与傅雷所言有异曲同工之妙：好的译作仿佛是原著的投胎转世。我想，之所以能够达于这个境界，正是因为喜爱，在喜爱的阅读中被潜移默化，结果原作者的魂好像真的投胎到这个译者身上，不由自主地说起中文来了。这样产生的译著成功地把世界名著转换成了我们民族的精神财富，于是能够融入我们的文化进程，世代流传下去。名译之为名译，此之谓也。在今天这个浮躁的时代，这样的译家是越来越稀少了。常见的情形是，首先瞄准市场的行情，确定选题，然后组织一批并无心得和研究的人抢译，快速占领市场。可以断言，用这种方式进行翻译，哪怕译的是世界名著，如此制作出来的东西即使不是垃圾，至多也只是迟早要被废弃的代用品罢了。

2003年1月

第三辑

文学巨擘

世上本无奇迹

——读笛福《鲁滨孙漂流记》

　　《鲁滨孙漂流记》出版二百周年之际，弗吉尼亚·伍尔夫发表感想说，她觉得这本书像是一部万古常新的无名氏作品，而不像是若干年前某个人的精心之作，因此，要庆祝它的生日，就像庆祝史前巨石柱的生日一样令人感到奇怪。这话道出了我们读某些经典名著时的共同感觉。当然，即使在经典名著中，这样的作品也是不多的，而《鲁滨孙漂流记》也许是最有代表性的一部。

　　故事本身是人尽皆知的，它涉及一桩奇遇：鲁滨孙在荒无人烟的孤岛上生活了二十八年，终于活着回到了人群中。可是，知道这个故事与读这本书完全是两回事。如果你仅仅知道故事梗概而不去读这本书，你将错过最重要的东西。一部伟大的小说，其所以伟大之处不在故事本身，而在对故事的叙述。在笛福笔下，鲁滨孙的孤岛奇遇是由许许多多丝毫不是奇遇的具体事件和平凡细节组成的，他只是从容道来，丝毫不加渲染，一切都好像是事情自己在那里发生着。他的叙事语言朴实、准确，宛若自然天成，因此极有力量，使我们几乎不可能怀疑他所叙述的事情的真实性。我们仿佛身临其境地看到，只身落在荒岛上的鲁滨孙怎样由惊恐而到渐渐适应，在习惯了孤独以后，又怎样因为在沙滩上发现人的脚印而感到新的惊恐。我们看到他为了排除寂寞，怎样辛勤地营建自己的小窝，例如怎样花费四十二天工夫把一棵大树做成一块简陋的搁板。我们会觉得，这一切都是十分真实的，倘若我们落入那个境遇里，我们也会那样反应和那样做。鲁滨孙能够在孤岛上活下来，靠的不是超自然的奇迹，而是生存本能和一点好运气罢了。

在过去的评论中，人们常常强调笛福是资产阶级的代言人，小说的主旨是鼓吹勤劳求生和致富。在我看来，即使这部小说含有道德训诫的意思，也绝非如此肤浅。在现实生活中，笛福是一个很入世的人，曾经经商、从政、办刊物，在每一个领域都折腾得很厉害，大起大落，最后失败得也很惨，是一个喜欢折腾又历尽坎坷的人。他自己总结说："谁也没有经受过这么多命运的拨弄，我曾经十三回穷了又富，富了又穷。"到了晚年，他才开始写小说。使我感到有趣的是，就是这样一个人，却借了鲁滨孙的眼光，表达了对俗世的一种超脱和批评的立场。在远离世界并且毫无返回希望的情形下，鲁滨孙发现自己看世界的眼光完全变了。他的眼光的变化，我认为最有价值的是两点。一个是对财富的看法。由于他碰巧落在一个物产丰富的岛上，加上他的勤勉，他称得上很富有了。可是他发现，财富再多，他所能享受的也只是自己能够使用的部分，而这个部分是非常有限的，其余多出的部分对于他没有任何实际价值。由此他意识到，世人的贪婪乃是出于虚荣，而非出于真实的需要。另一个是对宗教的看法。如果说他还是一个基督徒的话，他的宗教信仰也变得极其单纯了，仅限于从上帝的仁慈中寻求活下去的勇气和安宁的心境。由此他回想人世间宗教上的一切烦琐的争执，看破了它们的毫无意义。我相信在这两点认识中包含着某种基本的真理。世上种种纷争，或是为了财富，或是为了教义，不外乎利益之争和观念之争。当我们身在其中时，我们不免很看重。但是，我们每一个人都迟早要离开这个世界，并且绝对没有返回的希望。在这个意义上，我们不妨也用鲁滨孙的眼光来看一看世界，这会帮助我们分清本末。我们将发现，我们真正需要的物质产品和真正值得我们坚持的精神原则都是十分有限的，在单纯的生活中包含着人生的真谛。

孤岛遐想是现代人喜欢做的一个游戏。只身一人漂流到了一座孤岛上，这种情景对于想象力是一个刺激。不过，我们的想象力往往底气不足，如果没有某种浪漫的奇迹来救助，便难以为继。最后，也就只好满足于带什么书去读、什么音乐去听之类的小情调而已。在鲁滨孙的孤岛上也没有奇迹。那里不是桃花源，没有乌托邦式的社会实验。那里不是伊甸园，没有女人和艳遇。鲁滨孙在他的孤岛上所做的事情在人类历史上其实是经常发生的，这就是凭借从一个文明社会中抢救出的少许东西，重新开始建立这个文明社会。世上本无奇迹，但世界并不会因此而失去了魅力。我甚至相信，人最接近上帝的时刻不是在上帝向人显示奇迹的时候，而是在人认识到世上并无奇迹却仍然对世界的美丽感到惊奇的时候。

阅读书目：

笛福：《鲁滨孙漂流记》，方原译，人民文学出版社，1978年版。

1998年1月

064

天才的命运

——谈歌德和拜伦

　　一八二三年夏季，拜伦从热那亚渡海，向烽火四起的希腊进发，准备献身于他心目中的圣地的解放战争。出发前夕，仿佛出于偶然，他给歌德捎去一张便函。歌德赋诗作答。拜伦还来得及写一封回信。这样，十九世纪的两位诗坛泰斗，诗歌奥林匹斯山上的酒神和日神，终于赶在死神之前沟通了彼此的倾慕。

　　当时，歌德已是七十四岁高龄，在马里耶巴德最后一次堕入情网。魏玛小朝廷的这位大臣一生中不断恋爱，又不断逃避。他有许多顾忌，要维护他的责任、地位、声望和心理平衡。但是，他内心深处非常羡慕拜伦的自由不羁的叛逆精神。这一回，他手中拿着拜伦的信，在拜伦形象的鼓舞下，决心向年仅十九岁的意中人求婚。

　　可是，颇具讽刺意味的是，那位使他鼓起勇气走向爱情的英国勋爵，此时尽管正当盛年，只有三十五岁，却已经厌倦了爱情，也厌倦了生命，决心走向死亡。不到一年，果然客死希腊。歌德是个老少年，而拜伦，如同他自己所说，是个年轻的老人。临终前，他告诉医生："我对生活早就腻透了。你们挽救我的生命的努力是徒劳的。我来希腊，正是为了结束我所厌倦的生存。"

在拜伦的个性中，最触目惊心的特征便是这深入骨髓的厌倦病。他又把这个特征投射到创作中，从哈洛尔德到唐璜，他的主人公无一例外都患有这种病。他的妻子，那位有严格的逻辑头脑、被他讥称为"平行四边形公主"的安娜贝拉，关于他倒下过一句中肯的断语："正是对单调生活的厌倦无聊，把这类心地最善良的人逼上了最危险的道路。"他自己也一再悲叹："不论什么，只要能治好我这可恶的厌倦病就行！"为了逃避无聊，他把自己投入惊世骇俗的爱情、浪漫的旅行和狂热的写作之中。然而，这一切纵然使他登上了毁和誉的顶峰，仍不能治愈他的厌倦病。他给自己做总结："我的一生多少是无聊的，我推测这是气质上的问题。"

气质上的问题——什么气质？怎么就无聊了？

无聊实在是一种太平常的情绪，世上大约没有谁不曾品尝过个中滋味。但是，无聊和无聊不同。有浅薄的无聊，也有深刻的无聊。前者犹如偶感风寒，停留在体表，很容易用随便哪种消遣将它驱除。后者却是一种浸透灵魂的毒汁，无药可治。拜伦患的就是这么一种致命的疾患。

叔本华说，生命是一团欲望，欲望不满足便痛苦，满足便无聊，人生就在痛苦和无聊之间摇摆。他把无聊看作欲望满足之后的一种无欲望状态，可说是只知其一不知其二。因为，即使酒足饭饱的无聊，也并非纯粹的满足状态，这时至少还有一种未满足的欲望，便是对于欲望的欲望。完全无欲望是一种恬静状态，无聊却包含着不安的成分。人之所以无聊不是因为无欲望，而是因为不能忍受这无欲望的状态，因而渴望有欲望。何况除了肉体欲望之外，人还有精神欲望，后者实质上是无限的。这种无限的精神欲望尤其体现在像拜伦这样极其敏感的人身上，他们内心怀着对精神事物的永不满足的欲求，由于无限的欲望不可能通过有限的事物获得满足，结果必然对一切业已到手的东西很容易感到厌倦。对他们来说，因为欲望不能满足而导致的痛苦和因为对既有事物丧失欲望而导致的无聊不是先后交替，而是同时并存的。他们的无聊直接根源于不满足，本身就具有痛苦的性质。拜伦自己对此有清醒的认识，他在《恰尔德·哈洛尔德游记》中写道："有一种人的灵魂动荡而且燃着火焰，它不愿在自己狭隘的躯壳里居停，却总喜欢做非分的幻想和憧憬……这种心灵深处的热狂，正是他和他的同病者们不可救药的致命伤。"我相信这种形而上的激情乃是一切天才的特质，而由于这种激情永无满足的希望，深刻的无聊也就是一切天才不能逃脱的命运了。

表面看来，歌德的个性和拜伦截然相反。然而，只要读一读《浮士德》便可知道，他们之间的相同处要远比相异处更多也更本质。浮士德就是一个灵魂永远不知满足的典型。"他在景仰上界的明星，又想穷极下界的欢狂，无论是在人间或是天上，没一样可满足他的心肠。"歌德让他用与拜伦描述哈洛尔德极其相似的语言如此自白："我的心境总觉得有一种感情，一种烦闷，寻不出一个名字来把它命名。我便把我的心思向宇宙中驰骋，向一切的最高的辞藻追寻。我这深心中燃烧着的火焰，我便名之为无穷，为永恒。永恒，这难道是一种魔性的欺骗？"毫无疑问，在浮士德和哈洛尔德的灵魂中燃着的是同一种火焰，这同一种火焰逼迫他们去做相似的求索。

在"子夜"这一场，匮乏、罪过、患难都不能接近浮士德，唯独忧郁不召而来，挥之不去，致使浮士德双目失明。歌德的这个安排是意味深长的。忧郁是典型的拜伦式气质。歌德曾经表示："我们需要刺激，没有它就不能抵御忧郁。"但是，一切不知满足的灵魂终归都逃脱不了忧郁，歌德通过浮士德的结局终于也承认了这一点。那么，什么是忧郁呢？难道忧郁不正是激情和厌倦所生的孩子吗？

在拜伦身上，激情和厌倦都是一目了然的。歌德不同，他总是用理性来调节激情，抑制厌倦。不过，在他不知疲倦的广泛卓绝的活动背后，他的厌倦仍有蛛丝马迹可寻。他在七十岁时的一封信中针对自己写道："一个人在青年时代就感到世界是荒谬的，那么他怎么能再忍受四十年呢？"据说全凭他有一种天赋，即愿望。可是，"愿望是个奇怪的东西，它每天在愚弄我们"。难怪在他最亲近的人心目中，他是个厌世者、怀疑主义者。其实，老年歌德由衷地同情拜伦，同样透露了这一层秘密。

然而，最有力的证据还是要到他的作品中去寻找。在我看来，浮士德和靡非斯特都是歌德灵魂的化身。如果说拜伦的主人公往往集激情和厌倦于一身，那么，歌德却把他灵魂中的这两个方面分割开来，让浮士德代表永不满足的激情，靡非斯特代表看破一切的厌倦。浮士德和少女跳舞，迷恋于少女的美，唱道："从前做过一个好梦儿，梦见一株苹果树，两颗优美的苹果耀枝头，诱我登上树梢去。"靡非斯特便和老妪跳舞，把这美的实质拆穿，唱道："从前做过一个怪梦儿！梦见一株分杈树，有个什么东西在杈中，虽臭也觉有滋味。"浮士德凝望海潮涨落，偶然注意到："波浪停止了，卷回海底，把骄傲地达到的目的抛弃，但时间一到，又重演同样的游戏。"对于这无意义的重复，浮士德感到苦闷，遂产生围海造田的念头，决心征服"奔放的元素的无目的的力"，靡非斯特却嘲笑说："这于我并不是什么新闻，千百年来我已经把它认清。"浮士德不倦地创造，在他徒劳地想把握这创造的成果的瞬间，终于倒下死去，此时响起合唱："已经过去了。"靡非斯特反驳道："为什么说过去？过去和全无是同义词！永恒的创造毫无意义！凡创造物都被驱入虚无里！已经过去了——这话是什么意思？那就等于说，从来不曾有过。"对于浮士德的每一个理想主义行为，靡非斯特都在一旁做出虚无主义的注解。从靡非斯特对浮士德的嘲讽中，我们难道听不出歌德的自嘲？

过去等于全无。生命一旦结束，就与从来不曾活过没有区别。浮士德式的灵魂之所以要不安地寻求，其隐秘的动机正是逃脱人生的这种虚无性质。"永恒之女性，引我们飞升。"那个引诱我们不知疲倦地追求的女性，名字就叫永恒。但是，歌德说得明白，这个女性可不是凡间女子，而是天上的圣母、女神。所以，我们一日不升天，她对于我们就始终是一个可望不可即的幻影。

精神一面要逃避无常，企求永恒，另一面却又厌倦重复，渴慕新奇。在自然中，变是绝对的，不变是相对的。绝对的变注定了凡胎肉身的易朽。相对的不变造就了日常生活的单调。所以，无常和重复原是自然为人生立的法则。但精神不甘于循此法则，偏要求绝对的不变——永恒，偏难忍相对的不变——重复，在变与不变之间陷入了两难。

其实，自然中并无绝对的重复。正如潮汐是大海的节奏一样，生命也有其新陈代谢的节奏。当生命缺乏更高的目的时，我们便把节奏感受为重复。重复之荒谬就在于它是赤裸裸的无意义。重复像是永恒的一幅讽刺画，简直使人对永恒也丧失了兴趣。对于那些不安的灵魂来说，重复比无常更不堪忍受。精神原是为逃脱无常而不倦地追求永恒，到后来这不倦的追求本身成了最大的需要，以致当追求倦怠之时，为了逃脱重复，它就宁愿扑向无常，毁灭自己。歌德在回忆录里谈到，有个英国人为了不再每天穿衣又脱衣而上吊了。拜伦指出有一些狂人，他们宁可战斗而死，也不愿"捱到平静的老年，无聊而凄凉地死去"。许多大作家之所以轻生，多半是因为发现自己的创造力衰退，不能忍受生命愈来愈成为一种无意义的重复。无聊是比悲观更致命的东西，透彻的悲观尚可走向宿命论的平静或达观的超脱，深刻的无聊却除了创造和死亡之外别无解救之道。所以，悲观哲学家叔本华得以安享天年，硬汉子海明威却向自己的脑袋扳动了他最喜欢的那支猎枪的扳机。

但是，我要说，一个人能够感受到深刻的无聊，毕竟是幸运的。这是一种伟大的不满足，它催促人从事不倦的创造。尽管创造也不能一劳永逸地解除深刻的无聊，但至少可以使人免于浅薄的无聊和浅薄的满足。真正的创造者是不会满足于自己既已创造的一切成品的。在我看来，一个人获得了举世称羡的成功，自己对这成功仍然不免产生怀疑和厌倦，这是天才的可靠标志。

阅读书目：

歌德：《浮士德》，郭沫若译，人民文学出版社，1959年版；

拜伦：《恰尔德·哈洛尔德游记》，杨熙龄译，上海译文出版社，1990年版。

1991年2月

在维纳斯脚下哭泣

——读海涅的诗

一八四八年五月，海涅五十一岁，当时他流亡巴黎，贫病交加，久患的脊髓病已经开始迅速恶化。怀着一种不祥的预感，他拖着艰难的步履，到罗浮宫去和他所崇拜的爱情女神告别。一踏进那间巍峨的大厅，看见屹立在台座上的维纳斯雕像，他就禁不住号啕痛哭起来。他躺在雕像脚下，仰望着这个无臂的女神，哭泣良久。这是他最后一次走出户外，此后瘫痪在床八年，于五十九岁溘然长逝。

海涅是我十八岁时最喜爱的诗人，当时我正读大学二年级，对于规定的课程十分厌烦，却把这位德国诗人的几本诗集拿在手里翻来覆去地吟咏，自己也写了许多海涅式的爱情小诗。可是，在那以后，我便与他阔别了，三十多年里几乎没有再去探望过他。最近几天，因为一种非常偶然的机缘，我又翻开了他的诗集。现在我已经超过了海涅最后一次踏进罗浮宫的年龄，这个时候读他，就比较懂得他在维纳斯脚下哀哭的心情了。

海涅一生写得最多的是爱情诗，但是他的爱情经历说得上悲惨。他的恋爱史从他爱上两个堂妹开始,这场恋爱从一开始就是无望的,两姐妹因为他的贫寒而从未把他放在眼里,先后与凡夫俗子成婚。然而,正是这场单相思成了他的诗才的触媒,使他的灵感一发而不可收拾,写出了大量脍炙人口的诗歌,奠定了他在德国的爱情诗之王的地位。可是,虽然在艺术上得到了丰收,屈辱的经历却似乎在他的心中刻下了永久的伤痛。在他诗名业已大振的壮年,他早年热恋的两姐妹之一的苔莱丝特意来访他,向他献殷勤。对于这位苔莱丝,当年他曾献上许多美丽的诗,最有名的一首据说先后被音乐家们谱成了250种乐曲,我把它引在这里——

你好像一朵花,

这样温情,美丽,纯洁;

我凝视着你,我的心中

不由得涌起一阵悲切。

我觉得,我仿佛应该

用手按住你的头顶,

祷告天主永远保你

这样纯洁,美丽,温情。

真是太美了。然而,在后来的那次会面之后,他写了一首题为《老蔷薇》的诗,大意是说:她曾是最美的蔷薇,那时她用刺狠毒地刺我,现在她枯萎了,刺我的是她下巴上那颗带硬毛的黑痣。结语是:"请往修道院去,或者去用剃刀刮一刮光。"把两首诗放在一起,其间的对比十分残忍,无法相信它们是写同一个人的。这首诗实在恶毒得令人吃惊，不过我知道，它同时也真实得令人吃惊，最诚实地写下了诗人此时此刻的感觉。

对两姐妹的爱恋是海涅一生中最投入的情爱体验，后来他就不再有这样的痴情了。我们不妨假设，倘若苔莱丝当初接受了他的求爱，她人老珠黄之后下巴上那颗带硬毛的黑痣还会不会令他反感？从他对美的敏感来推测，恐怕也只是程度的差异而已。其实，就在他热恋的那个时期里，他的作品就已常含对美易消逝的忧伤，上面所引的那首名诗也是例证之一。不过，在当时的他眼里，美正因为易逝而更珍贵，更使人想要把它挽留住。他当时是一个痴情少年，而痴情之为痴情，就在于相信能使易逝者永存。对美的敏感原是这种要使美永存的痴情的根源，但是，它同时意味着对美已经消逝也敏感，因而会对痴情起消解的作用，在海涅身上发生的正是这个过程。后来，他好像由一个爱情的崇拜者变成了一个爱情的嘲讽者，他的爱情诗出现了越来越强烈的自嘲和讽刺的调子。嘲讽的理由却与从前崇拜的理由相同，从前，美因为易逝而更珍贵，现在，却因此而不可信，遂使爱情也成了只能姑妄听之的谎言。这时候，他已名满天下，在风月场上春风得意，读一读《群芳杂咏》标题下的那些猎艳诗吧，真是写得非常轻松潇洒，他好像真的从爱情中拔出来了。可是，只要仔细品味，你仍可觉察出从前的那种忧伤。他自己承认："尽管饱尝胜利滋味，总缺少一种最要紧的东西"，就是"那消失了的少年时代的痴情"。由对这种痴情的怀念，我们可以看出海涅骨子里仍是一个爱情的崇拜者。

在海涅一生与女人的关系中，事事都没有结果，除了年轻时的单恋，便是成名以后的逢场作戏。唯有一个例外，就是在流亡巴黎后与一个他名之为玛蒂尔德的鞋店女店员结了婚。我们可以想见，在他们之间毫无浪漫的爱情可言。海涅年少气盛时曾在一首诗中宣布，如果他未来的妻子不喜欢他的诗，他就要离婚。现在，这个女店员完全不通文墨，他却容忍下来了。后来的事实证明，在他瘫痪卧床以后，她不愧是一个任劳任怨的贤妻。在他最后的诗作中，有两首是写这位妻子的，读了真是令人唏嘘。一首写他想象自己的周年忌日，妻子来上坟，他看见她累得脚步不稳，便嘱咐她乘车回家，不可步行。另一首写他哀求天使，在他死后保护他的孤零零的遗孀。这无疑是一种生死相依的至深感情，但肯定不是他理想中的爱情。在他穷困潦倒的余生，爱情已经成为一种遥远的奢侈。

即使在诗人之中，海涅的爱情遭遇也应归于不幸之列。但是，我相信问题不在于遭遇的幸与不幸，而在于他所热望的那种爱情是根本不可能实现的。在他的热望中，世上应该有永存的美，来保证爱的长久，也应该有长久的爱，来保证美的永存。在他五十一岁的那一天，当他拖着病腿走进罗浮宫的时候，他在维纳斯脸上看到的正是美和爱的这个永恒的二位一体，于是最终确信了自己的寻求是正确的。但是，他为这样的寻求已经筋疲力尽，马上就要倒下了。这时候，他一定很盼望女神给他以最后的帮助，却瞥见了女神没有双臂。米罗的维纳斯在出土时就没有了双臂，这似乎是一个象征，表明连神灵也没有在人间实现最理想的爱情的那种力量。当此之时，海涅是为自己也为维纳斯痛哭，他哭他对维纳斯的忠诚，也哭维纳斯没有力量帮助他这个忠诚的信徒。

阅读书目：

海涅:《诗歌集》，钱春绮译，上海译文出版社，1982年版；

海涅:《诗歌集》，钱春绮译，新文艺出版社，1957年版。

2001年1月

走进一座圣殿

一

那个用头脑思考的人是智者，那个用心灵思考的人是诗人，那个用行动思考的人是圣徒。倘若一个人同时用头脑、心灵、行动思考，他很可能是一位先知。

在我的心目中，圣埃克苏佩里就是这样一位先知式的作家。

圣埃克苏佩里一生只做了两件事——飞行和写作。飞行是他的行动，也是他进行思考的方式。在那个世界航空业起步不久的年代，他一次次飞行在数千米的高空，体味着危险和死亡，宇宙的美丽和大地的牵挂，生命的渺小和人的伟大。高空中的思考具有奇特的张力，既是性命攸关的投入，又是空灵的超脱。他把他的思考写进了他的作品，但生前发表的数量不多。他好像有点儿吝啬，要把最饱满的果实留给自己，留给身后出版的一本书，照他的说法，他的其他著作与它相比只是习作而已。然而他未能完成这本书，在他最后一次驾机神秘地消失在海洋上空以后，人们在他留下的一只皮包里发现了这本书的草稿，书名叫《要塞》。

经由马振骋先生从全本中摘取和翻译，这本书的轮廓第一次呈现在了我们面前。我是怀着虔敬之心读完它的，仿佛在读一个特殊版本的《圣经》。在圣埃克苏佩里生前，他的亲密女友B夫人读了部分手稿后告诉他："你的口气有点儿像基督。"这也是我的感觉，但我觉得我能理解为何如此。圣埃克苏佩里写这本书的时候，他心中已经有了真理，这真理是他用一生的行动和思考换来的，他的生命已经转变成这真理。一个人用一生一世的时间见证和践行了某个基本真理，当他在无人处向一切人说出它时，他的口气就会像基督。他说出的话有着异乎寻常的重量，不管我们是否理解它或喜欢它，都不能不感觉到这重量。这正是箴言与隽语的区别，前者使我们感到沉重，逼迫我们停留和面对，而在读到后者时，我们往往带着轻松的心情会心一笑，然后继续前行。

《圣经》是有许多不同的版本的，在每一思考最高真理的人那里都有一个属于他的特殊版本。在此意义上，《要塞》就是圣埃克苏佩里版的《圣经》。圣埃克苏佩里自己说："上帝是你的语言的意义。你的语言若有意义，向你显示上帝。"我完全相信，在写这本书时，他看到了上帝。在读这本书时，他的上帝又会向每一个虔诚的读者显示，因为也正如他所说："一个人在寻找上帝，就是在为人人寻找上帝。"圣埃克苏佩里喜欢用石头和神殿作譬：石头是材料，神殿才是意义。我们能够感到，这本书中的语词真有石头一样沉甸甸的分量，而他用这些石头建筑的神殿确实闪放着意义的光辉。现在让我们走进这一座神殿，去认识一下他的上帝亦即他见证的基本真理。

二

沙漠中有一个柏柏尔部落，已经去世的酋长曾经给予王子许多英明的教诲，全书就借托这位王子之口宣说人生的真理。当然，那宣说者其实是圣埃克苏佩里自己，但是，站在现代的文明人面前，他一定感到自己就是那支游牧部落的最后的后裔，在宣说一种古老的即将失传的真理。

全部真理围绕着一个中心问题：生命的意义是什么？因为，人必须区别重要和紧急，生存是紧急的事，但领悟神意是更重要的事。因为，人应该得到幸福，但更重要的是这得到了幸福的是什么样的人。

沙漠和要塞是书中的两个主要意象。沙漠是无边的荒凉，游牧部落在沙漠上建筑要塞，在要塞的围墙之内展开了自己的生活。在宇宙的沙漠中，我们人类不正是这样一个游牧部落？为了生活，我们必须建筑要塞。没有要塞，就没有生活，只有沙漠。不要去追究要塞之外那无尽的黑暗。"我禁止有人提问题，深知不存在可能解渴的回答。那个提问题的人，只是在寻找深渊。"明白这一真理的人不再刨根问底，把心也放在围墙之内，爱那嫩芽萌生的清香，母羊剪毛时的气息，怀孕或喂奶的女人，传种的牲畜，周而复始的季节，把这一切看作自己的真理。

换一个比喻来说，生活像汪洋大海里的一只船，人是船上的居民，把船当成了自己的家。人以为有家居住是天经地义的，再也看不见海，或者虽然看见，仅把海看作船的装饰。对人来说，盲目凶险的大海仿佛只是用于航船的。这不对吗？当然对，否则人如何能生活下去。

那个远离家乡的旅人，占据他心头的不是眼前的景物，而是他看不见的远方的妻子儿女。那个在黑夜里乱跑的女人，"我在她身边放上炉子、水壶、金黄铜盘，就像一道道边境线"，于是她安静下来了。那个犯了罪的少妇，她被脱光衣服，拴在沙漠中的一根木桩上，在烈日下奄奄待毙。她举起双臂在呼叫什么？不，她不是在诉说痛苦和害怕，"那些是厩棚里普通牲畜得的病。她发现的是真理"。在无疆的黑夜里，她呼唤的是家里的夜灯、安身的房间、关上的门。"她暴露在无垠中无物可以依傍，哀求大家还给她那些生活的支柱：那团要梳理的羊毛，那只要洗涤的盆儿，这一个，而不是别个，要哄着入睡的孩子。她向着家的永恒呼叫，全村都掠过同样的晚间祈祷。"

我们在大地上扎根，靠的是日常生活中的牵挂、责任和爱。在平时，这一切使我们忘记死亡。在死亡来临时，对这一切的眷恋又把我们的注意力从死亡移开，从而使我们超越死亡的恐惧。

人跟要塞很相像，必须限制自己，才能找到生活的意义。"人打破围墙要自由自在，他也就只剩下了一堆暴露在星光下的断垣残壁。这时开始无处存身的忧患。""没有立足点的自由不是自由。"那些没有立足点的人，他们哪儿都不在，竟因此自以为是自由的。在今天，这样的人岂不仍然太多了？没有自己的信念，他们称这为思想自由。没有自己的立场，他们称这为行动自由。没有自己的女人，他们称这为爱情自由。可是，真正的自由始终是以选择和限制为前提的，爱上这朵花，也就是拒绝别的花。一个人即使爱一切存在，仍必须为他的爱找到确定的目标，然后他的博爱之心才可能得到满足。

三

生命的意义在最平凡的日常生活之中，但这不等于说，凡是过着这种生活的人都找到了生命的意义。圣埃克苏佩里用譬喻向我们讲述这个道理。定居在绿洲中的那些人习惯了安居乐业的日子，他们的感觉已经麻痹，不知道这就是幸福。他们的女人蹲在溪流里圆而白的小石子上洗衣服，以为是在完成一桩家家如此的苦活。王子命令他的部落去攻打绿洲，把女人们娶为己有。他告诉部下：必须千辛万苦在沙漠中追风逐日，心中怀着绿洲的宗教，才会懂得看着自己的女人在河边洗衣其实是在庆祝一个节日。

我相信这是圣埃克苏佩里最切身的感触，当他在高空出生入死时，地面上的平凡生活就会成为他心中的宗教，而身在其中的人的麻木不仁在他眼中就会成为一种亵渎。人不该向要塞外无边的沙漠追究意义，但是，"受威胁是事物品质的一个条件"，要领悟要塞内生活的意义，人就必须经历过沙漠。

日常生活到处大同小异，区别在于人的灵魂。人拥有了财产，并不等于就拥有了家园。家园不是这些绵羊、田野、房屋、山岭，而是把这一切联结起来的那个东西。那个东西除了是在寻找和感受着意义的人的灵魂，还能是什么呢？"对人唯一重要的是事物的意义。"不过，意义不在事物之中，而在人与事物的关系之中，这种关系把单个的事物组织成了一个对人有意义的整体。意义把人融入一个神奇的网络，使他比他自己更宽阔。于是，麦田、房屋、羊群不再仅仅是可以折算成金钱的东西，在它们之中凝结着人的岁月、希望和信心。

"精神只住在一个祖国，那就是万物的意义。"这是一个无形的祖国，肉眼只能看见万物，领会意义必须靠心灵。上帝隐身不见，为的是让人睁开心灵的眼睛，睁开心灵眼睛的人会看见他无处不在。母亲哺乳时在婴儿的吮吸中，丈夫归家时在妻子的笑容中，水手航行时在日出的霞光中，看到的都是上帝。

那个心中已不存在帝国的人说："我从前的热忱是愚蠢的。"他说的是真话，因为现在他没有了热忱，于是只看到零星的羊、房屋和山岭。心中的形象死去了，意义也随之消散。不过人在这时候并不觉得难受，与平庸妥协往往是在不知不觉中完成的。心爱的人离你而去，你一定会痛苦。爱的激情离你而去，你却丝毫不感到痛苦，因为你的死去的心已经没有了感觉痛苦的能力。

有一个人因为爱泉水的歌声，就把泉水灌进瓦罐，藏在柜子里。我们常常和这个人一样傻。我们把女人关在屋子里，便以为占有了她的美。我们把事物据为己有，便以为占有了它的意义。可是，意义是不可占有的，一旦你试图占有，它就不在了。那个凯旋的战士守着他的战利品，一个正裸身熟睡的女俘，面对她的美丽只能徒唤奈何。他捕获了这个女人，却无法把她的美捕捉到手中。无论我们和一个女人多么亲近，她的美始终在我们之外。不是在占有中，而是在男人的欣赏和倾倒中，女人的美便有了意义。我想起了海涅，他终身没有娶到一个美女，但他把许多女人的美变成了他的诗，因而也变成了他和人类的财富。

四

所以，意义本不是事物中现成的东西，而是人的投入。要获得意义，也就不能靠对事物的占有，而要靠爱和创造。农民从麦子中取走滋养他们身体的营养，他们向麦子奉献的东西才丰富了他们的心灵。

"那个走向井边的人，口渴了，自己拉动吱吱咯咯的铁链，把沉重的桶提到井栏上，这样听到水的歌声以及一切尖厉的乐曲。他口渴了，使他的行走、他的双臂、他的眼睛也都充满了意义，口渴的人朝井走去，就像一首诗。"而那些从杯子里喝现成的水的人却听不到水的歌声。坐滑竿——今天是坐缆车——上山的人，再美丽的山对于他也只是一个概念，并不具备实质。"当我说到山，意思是指让你被荆棘刺伤过，从悬崖跌下过，搬动石头流过汗，采过上面的花，最后在山顶迎着狂风呼吸过的山。"如果不用上自己的身心，一切都没有意义。贪图舒适的人，实际上是在放弃意义。

你心疼你的女人，让她摆脱日常家务，请保姆代劳一切，结果家对她就渐渐失去了意义。"要使女人成为一首赞歌，就要给她创造黎明时需要重建的家。"为了使家成为家，需要投入时间。现在人们舍不得把时间花在家中琐事上，早出晚归，在外面奋斗和享受，家就成了一个旅舍。

爱是耐心，是等待意义在时间中慢慢生成。母爱是从一天天的喂奶中来的。感叹孩子长得快的都是外人，父母很少会这样感觉。你每天观察院子里的那棵树，它就渐渐在你的心中扎根。有一个人猎到一头小沙狐，便精心喂养它，可是后来它逃回了沙漠。那人为此伤心，别人劝他再捉一头，他回答："捕捉不难，难的是爱，太需要耐心了。"

是啊，人们说爱，总是提出种种条件，埋怨遇不到符合这些条件的值得爱的对象。也许有一天遇到了，但爱仍未出现。那一个城市非常美，我在那里旅游时曾心旷神怡，但离开后并没有魂牵梦萦。那一个女人非常美，我邂逅她时几乎一见钟情，但错过了并没有日思夜想。人们举着条件去找爱，但爱并不存在于各种条件的哪怕最完美的组合之中。爱不是对象，爱是关系，是你在对象身上付出的时间和心血。你培育的园林没有皇家花园美，但你爱的是你的园林而不是皇家花园。你相濡以沫的女人没有女明星美，但你爱的是你的女人而不是女明星。也许你愿意用你的园林换皇家花园，用你的女人换女明星，但那时候支配你的不是爱，而是欲望。

爱的投入必须全心全意，如同自愿履行一项不可推卸的职责。"职责是连接事物的神圣纽结，除非你看来是绝对的需要，而不是游戏，你才能建成你的帝国、神庙或家园。"就像掷骰子，如果不牵涉你的财产，你就不会动心。你玩的不是那几颗小小的骰子，而是你的羊群和金银财宝。在玩沙堆的孩子眼里，沙堆也不是沙堆，而是要塞、山岭或船只。只有你愿意为之而死的东西，你才能够借之而生。

五

当你把爱投入到一个对象上面，你就是在创造。创造是"用生命去交换比生命更长久的东西"。这样诞生了画家、雕塑家、手工艺人，等等，他们工作一生是为了创造自己用不上的财富。没有人在乎自己用得上用不上，生命的意义反倒是寄托在那用不上的财富上。那个瞎眼、独腿、口齿不清的老人，一说到他用生命交换的东西，就立刻思路清晰。突然发生了地震，人们害怕的不是死亡，而是自己的作品的毁灭，那也许是一只亲手制造的银壶、一条亲手编结的毛毯，或一篇亲口传唱的史诗。生命的终结诚然可哀，但最令人绝望的是那本应比生命更长久的东西竟然也同归于尽。

　　文化与工作是不可分的。那种只会把别人的创造放在自己货架上的人是未开化人，哪怕这些东西精美绝伦，他们又是鉴赏的行家。文化不是一件谁的身上都能披的斗篷。对于一切创造者来说，文化只是完成自己的工作，以及工作中的艰辛和欢乐。每个人生活中最重要的部分是自己所热爱的那项工作，他借此而进入世界，在世上立足。有了这项他能够全身心投入的工作，他的生活就有了一个核心，他的全部生活围绕这个核心组织成了一个整体。没有这个核心的人，他的生活是碎片，譬如说，会分裂成两个都令人不快的部分，一部分是折磨人的劳作，另一部分是无所用心的休闲。

　　顺便说一说所谓的"休闲文化"。一个醉心于自己的工作的人，他不会向休闲要求文化。对他来说，休闲仅是工作之后的休整。"休闲文化"大约只对两种人有意义，一种是辛苦劳作但从中体会不到快乐的人，另一种是没有工作要做的人，他们都需要用某种特别的或时髦的休闲方式来证明自己也有文化。我不反对一个人兴趣的多样性，但前提是有自己热爱的主要工作，唯有如此，当他进入别的领域时，才可能添入自己的一份意趣，而不只是凑热闹。

　　创造会有成败，这不重要，重要的是保持创造的热忱。有了这样的热忱，无论成败都是在为创造做贡献。还是让圣埃克苏佩里自己来说，他说得太精彩："创造，也可以指舞蹈中跳错的那一步，石头上凿坏的那一凿子。动作的成功与否不是主要的。这种努力在你看来徒劳无益，是由于你的鼻子凑得太近的缘故，你不妨往后退一步。站在远处看这个城区的活动，看到的是意气风发的劳动热忱，你再也不会注意有缺陷的动作。"一个人有创造的热忱，他未必就能成为大艺术家。一大群人有创造的热忱，其中一定会产生大艺术家。大家都爱跳舞，即使跳得不好的人也跳，美的舞蹈便应运而生。说到底，产生不产生大艺术家也不重要，在这片生机勃勃的土地上，生活本身就是意义。

人在创造的时候是既不在乎报酬，也不考虑结果的。陶工专心致志地伏身在他的手艺上，在这个时刻，他既不是为商人也不是为自己工作，而是"为这只陶罐以及柄子的弯度工作"。艺术家废寝忘食只是为了一个意象，一个还说不出来的形式。他当然感到了幸福，但幸福是额外的奖励，而不是预定的目的。美也如此，你几曾听到过一个雕塑家说他要在石头上凿出美？

从沙漠征战归来的人，勋章不能报偿他，亏待也不会使他失落。"当一个人升华、存在、圆满死去，还谈什么获得与占有？"一切从工作中感受到生命意义的人都是如此，内在的富有找不到也不需要世俗的对应物。像托尔斯泰、卡夫卡、爱因斯坦这样的人，没有得诺贝尔奖于他们何损，得了又能增加什么？只有那些内心中没有欢乐源泉的人，才会斤斤计较外在的得失，孜孜追求教授的职称、部长的头衔和各种可笑的奖状。他们这样做很可理解，因为倘若没有这些，他们便一无所有。

六

如果我把圣埃克苏佩里的思想概括成一句话，譬如说"生命的意义在于爱和创造，在于奉献"，我就等于什么也没有说，只是在重复一句陈词滥调。是否用自己独特的语言说出一个真理，这不只是表达的问题，而是决定了说出的是不是真理。世上也许有共同的真理，但它不在公共会堂的标语上和人云亦云的口号中，只存在于一个个具体的人用心灵感受到的特殊的真理之中。那些不拥有自己的特殊真理的人，无论他们怎样重复所谓的共同的真理，说出的始终是空洞的言辞而不是真理。圣埃克苏佩里说："我瞧不起意志受论据支配的人。词语应该表达你的意思，而不是左右你的意志。"真理不是现成的出发点，而是千辛万苦要接近的目标。凡是把真理当作起点的人，他们的意志正是受了词语的支配。

这本书中还有许多珍宝，但我不可能一一指给你们看。我在这座圣殿里走了一圈，把我的所见所思告诉了你们。现在，请你们自己走进去，你们也许会有不同的所见所思。然而，我相信，有一种感觉会是相同的。"把石块砌在一起，创造的是静默。"当你们站在这座用语言之石垒建的殿堂里时，你们一定也会听见那迫人不得不深思的静默。

阅读书目：

圣埃克苏佩里：《要塞》，马振骋译，海南出版社，2003年版。

2003年6月

麻木比瘟疫更可怕

——"非典"期间读《鼠疫》

瘟疫曾经是一个离我们多么遥远的词，无人能够预想到，它竟落在了二十一世纪的我们头上。在经历了 SARS 的灾难以后，现在来读《鼠疫》，我们会有异乎寻常的感受。

加缪的这部名作描写了一场鼠疫的全过程，时间是二十世纪四十年代，地点是阿尔及利亚的奥兰市。事实上，那个时间、那个地点并没有发生鼠疫，所以加缪描写的是一场虚构的鼠疫。一般认为，这是一部寓言性小说，鼠疫控制下的奥兰喻指法西斯占领下的法国。然而，加缪对瘟疫的描写具有如此惊人的准确性，以至于我们禁不住要把它当作一种纪实文学来读。一开始是鼠疫的先兆，屋子里和街上不断发现死老鼠，第一个人死于怪病，接着是第二个、第三个，逐日增多。某一位医生终于鼓起勇气说出"鼠疫"这个词，其他人亦心存疑虑，但不敢承认。疫情迅速蔓延，成为无可否认的事实，市政府怕惊动舆论，封锁消息。终于到了封锁不住的地步，于是公布疫情，采取措施，消毒，监控，隔离，直至封城。因为害怕传染，人人口含据说能防病的薄荷药糖，乘公交车时背靠背，怀着戒心疏远自己的邻居，对身体的微小不适疑神疑鬼。人们的心态由侥幸转为恐慌，又由恐慌转为渐渐适应，鼠疫本身终于成了一种生活方式。全市如同放长假一样，日常工作停止，人们唯一可做的事情是收听和谈论政府公布的统计数字，祈求自己平安渡过难关，等待瘟疫出现平息的迹象。商人乘机牟利，咖啡馆贴出"酒能杀菌"的广告招徕顾客，投机商高价出售短缺的物品，出版商大量印售占星术史料中的或临时杜撰的有关瘟疫的各种预言……凡此种种现象，我们现在读到都不觉得陌生了，至少可以凭自身的经验加以想象了。

然而，如果认为《鼠疫》所提供的仅是这些令我们感到半是亲切半是尴尬的疫期生活细节，就未免太停留在它的表面了。我们不该忘记，对于加缪来说，鼠疫的确只是一个象征。在最广泛的意义上，鼠疫象征的是任何一种大规模的祸害，其受害者是所及地区、民族、国家的所有人乃至全人类，瘟疫、灾荒、战争、专制主义、恐怖主义等都可算在内。问题是当这类祸害降临的时候，我们怎么办？加缪通过他笔下主人公们的行为向我们说明，唯一的选择是站在受害者一边与祸害做斗争。一边是鼠疫，另一边是受害者，阵线截然分明，没有人可以做一个旁观者。医生逃离岗位，病患拒绝隔离，都意味着站到了鼠疫一边。这个道理就像二加二等于四一样简单。在这个时候，需要的只是一种最单纯的责任感，因而也是一种最基本的正义感。灾难是没有戏剧性可言的，所以加缪唾弃面对灾难时的一切浪漫主义姿态。本书主角里厄医生之所以奋不顾身地救治病人，置个人安危于度外，与任何宗教信念、神圣使命、英雄壮举都无关，而只是因为他作为一个医生不能容忍疾病和死亡。在法西斯占领期间，从来对政治不感兴趣的加缪成了抵抗运动的干将。战后，记者问他为什么要参加抵抗运动，他的回答同样简单："因为我不能站在集中营一边。"

面对共同祸害时所做选择的理由是简单的，但人性经受的考验却并不简单。这是一个令加缪烦恼的问题，它构成了《鼠疫》的更深一层内涵。从封城那一天起，奥兰的市民们实际上开始过一种流放生活了，不过这是流放在自己的家中。在那些封城前有亲人外出的人身上，这种流放感更为强烈，他们失去了与亲人团聚的自由。在瘟神的笼罩下，所有留在城里的人只有集体的遭遇，个人的命运不复存在。共同的厄运如此强大，以至于个人的爱情、思念、痛苦都已经显得微不足道，人们被迫像没有个人情感那样地行事。久而久之，一切个性的东西都失去了语言，人们不复有属于自己的记忆和希望，只活在当前的现实之中。譬如说，那些与亲人别离的人开始用对待疫情统计数字的态度来对待自己的境况了，别离的痛苦已经消解在公共的不幸之中。这就是说，人们习惯了瘟疫的境况。加缪认为，这才是最可怕的事情，习惯于绝望的处境是比绝望的处境本身更大的不幸。不过，只要身处祸害之中，我们也许就找不到办法来摆脱这种不幸。与任何共同祸害的斗争都具有战争的性质，牺牲个性是其不得不付出的代价。

在小说的结尾，鼠疫如同它来临时一样突然地结束了。当然，幸存者们为此欢欣鼓舞，他们庆幸噩梦终于消逝，被鼠疫中断了的生活又可以继续下去了。也就是说，他们又可以每天辛勤工作，然后把业余时间浪费在赌牌、泡咖啡馆和闲聊上了。这是现代人的标准生活方式。可是，生活应该是这样的吗？人们经历了鼠疫却没有任何变化吗？加缪借小说中一个人物之口向我们提出了这个问题，并且说了一句发人深省的话："但鼠疫是怎么一回事呢？也不过就是生活罢了。"如果我们不把鼠疫仅仅看作一场噩梦和一个例外，而是看作反映了生活的本质的一种经历，也许就会获得某些重要的启示。我们也许会认识到，在人类生活中，祸害始终以各种形式存在着，为了不让它们蔓延开来，我们必须改变我们的生活方式。在一定意义上，这不也正是这次 SARS 之灾给予我们的教训吗？真正可悲的不是 SARS，而是在 SARS 之后我们的生活一切照旧。

阅读书目：

加缪:《鼠疫》，顾方济等译，上海译文出版社，1980年版。

2003年5月

第四辑

童话宝典

给成人读的童话

——重读《小王子》

最近又重读了圣埃克苏佩里的《小王子》，还重读了安徒生的一些童话。和小时候不一样，现在读童话的兴奋点不在故事，甚至也不在故事背后的寓意，而是更多地感受到童话作者的心境，于是读出了一种悲凉。

据说童话分为民间童话和作家童话两类，而民间童话作为童话之源是更有价值的。但是，我自己偏爱作家童话，在作家童话中，最读不厌的又是这一篇《小王子》。我发现，好的童话作家一定是极有真性情的人，因而在俗世又是极孤独的人，他们之所以要给孩子们讲故事绝不是为了劝喻，而是为了寻求在成人世界中不易得到的理解和共鸣。也正因为此，他们的童话同时又是写给与他们性情相通的成人看的，或者用圣埃克苏佩里的话说，是献给还记得自己曾是孩子的少数成人的。

莫洛亚在谈到《小王子》时便称它为一本"给成人看的儿童书籍"，并说"在它富有诗意的淡淡的哀愁中蕴含着一整套哲学思想"。不过，他声明，他不会试图去解释《小王子》中的哲学思想，就像人们不对一座大教堂或布满星斗的天穹进行解释一样。我承认他说得有理。对于一切真正的杰作，就如同对于奇妙的自然现象一样，我们只能亲自用心去领悟，而不能凭借抽象的概括加以了解。因此，我无意在此转述这篇童话的梗概，只想略微介绍一下作者在字里行间透露的对成人的精辟看法。

童话的主人公是一个小王子，他住在只比他大一点儿的一颗星球上。这颗星球的编号是 B612。圣埃克苏佩里写道，他之所以谈到编号，是因为成人们的缘故——

"大人们喜欢数字。当你对他们说起一个新朋友的时候，他们从不问你最本质的东西。他们从不会对你说：'他的声音是什么样的？他爱玩什么游戏？他搜集蝴蝶吗？'他们问你的是：'他几岁啦？他有几个兄弟？他的父亲挣多少钱呀？'这样，他们就以为了解他了。假如你对大人说：'我看见了一所美丽的粉红色砖墙的小房子，窗上爬着天竺葵，屋顶上还有鸽子……'他们是想象不出这所房子的模样的。然而，要是对他们说：'我看到一所值十万法郎的房子。'他们就会高呼：'那多好看呀！'"

圣埃克苏佩里告诉孩子们："大人就是这样的，不能强求他们是别种样子。孩子们应当对大人非常宽容大度。"他自己也这样对待大人。遇到缺乏想象力的大人，"我对他既不谈蟒蛇，也不谈原始森林，更不谈星星了。我就使自己回到他的水平上来。我与他谈桥牌、高尔夫球、政治和领带什么的。那个大人便很高兴他结识了这样正经的一个人"。

在这巧妙的讽刺中浸透着怎样的辛酸啊。我敢断定，正是为了摆脱在成人中感到的异乎寻常的孤独，圣埃克苏佩里才孕育出小王子这个形象。他通过小王子的眼睛来看成人世界，发现大人们全在无事空忙，为占有、权力、虚荣、学问之类莫名其妙的东西活着。他得出结论：大人们不知道自己到底要什么。相反，孩子们是知道的，就像小王子所说的："只有孩子们知道他们在寻找些什么，他们会为了一个破布娃娃而不惜让时光流逝，于是那布娃娃就变得十分重要，一旦有人把它们拿走，他们就哭了。"孩子并不问破布娃娃值多少钱，它当然不值钱啦，可是，他们天天抱着它，和它说话，便对它有了感情，它就比一切值钱的东西更有价值了。一个人在衡量任何事物时，看重的是它们在自己生活中的意义，而不是它们能给自己带来多少实际利益，这样一种生活态度就是真性情。许多成人之可悲，就在于失去了孩子时期曾经拥有的这样的真性情。

在安徒生的童话中，我们也常可发现看似不经意的对成人世界的讽刺。有一篇童话讲一双幸运套鞋的故事，它是这样开头的：在一幢房子里正在举行一个盛大晚会，客人们就某个无聊话题发生了争论。安徒生接着写道："谈话既然走向两个极端，除了有人送来一份内容不值一读的报纸外，没有什么能打断它——我们暂且到放外套、手杖、雨伞和套鞋的前厅去看一下吧。"笔锋由此转到那双套鞋上。当然，在安徒生看来，这双不起眼的套鞋远比客厅里那貌似有学问的谈话有趣得多。在另一篇童话中，安徒生让一些成人依次经过一条横在大海和树林之间的公路。对于这片美丽的景致，一个地主谈论着把那些树砍了可以卖多少钱，一个小伙子盘算着怎样把磨坊主的女儿约来幽会，一辆公共马车上的乘客全都睡着了，一个画家自鸣得意地画了一幅刻板的风景画。最后来了一个穷苦的女孩子，她什么也没有说，什么也没有做。"她惨白的美丽面孔对着树林倾听。当她望见大海上的天空时，她的眼珠忽然发亮，她的双手合在一起。"虽然她自己并不懂得这时渗透了她全身的感觉，但是，唯有她读懂了眼前的这片风景。

无须再引证著名的《皇帝的新装》，在那里面，也是一个孩子说出了所有大人都视而不见的真相，这当然不是偶然的。也许每一个优秀的童话作家对于成人的看法都相当悲观。不过，安徒生并未丧失信心，他曾说，他写童话时顺便也给大人写点东西，"让他们想想"。我相信，凡童话佳作都是值得成人想想的，它们如同镜子一样照出了我们身上业已习以为常的庸俗，但愿我们能够因此回想起湮没已久的童心。

阅读书目：

圣埃克苏佩里：《小王子》，胡雨苏译，中国友谊出版公司，2000年版；

《安徒生童话全集》，叶君健译，上海译文出版社，1978年版。

1996年9月

让世界适合小王子们居住

——《小王子》中译本序

像《小王子》这样的书，本来是不需要有一篇序言的，不但不需要，而且不可能有。莫洛亚曾经表示，他不会试图去解释《小王子》中的哲理，就像人们不对一座大教堂或布满星斗的天穹进行解释一样。我也不会无知和狂妄到要给天穹写序，所能做的仅是借这个新译本出版之机，再一次表达我对圣埃克苏佩里的这部天才之作的崇拜和热爱。

我说《小王子》是一部天才之作，说的完全是我自己的真心感觉，与文学专家们的评论无关。我甚至要说，它是一个奇迹。世上只有极少数作品，如此精美又如此质朴，如此深刻又如此平易近人，从内容到形式都几近于完美，却不落丝毫斧凿痕迹，宛若一块浑然天成的美玉。

令我感到不可思议的一件事是，一个人怎么能够写出这样美妙的作品。令我感到不可思议的另一件事是，一个人翻开这样一本书，怎么会不被它吸引和感动。我自己许多次翻开它时都觉得新鲜如初，就好像第一次翻开它时觉得一见如故一样。每次读它，免不了的是常常含着泪花微笑，在惊喜的同时又感到辛酸。我知道许多读者有过和我相似的感受，我还相信这样的感受将会在更多的读者身上得到印证。

按照通常的归类，《小王子》被称作哲理童话。你们千万不要望文生义，设想它是一本给孩子们讲哲学道理的书。一般来说，童话是大人讲给孩子听的故事。这本书诚然也非常适合孩子们阅读，但同时更是写给某一些成人看的。用作者的话来说，它是献给那些曾经是孩子并且记得这一点的大人的。我觉得比较准确的定位是，它是一个始终葆有童心的大人对孩子们，也对与他性情相通的大人们说的知心话，他向他们讲述了对于成人世界的观感和自己身处其中的孤独。

的确，作者的讲述饱含哲理，但他的哲理绝非抽象的观念和教条，所以我们无法将其归纳为一些简明的句子而又不使之受到损害。譬如说，我们或许可以把全书的中心思想归结为一种人生信念，便是要像孩子们那样凭真性情直接生活在本质之中，而不要像许多成人那样为权力、虚荣、占有、职守、学问之类表面的东西无事空忙。可是，倘若你不是跟随小王子到各个星球上去访问一下那个命令太阳在日落时下降的国王，那个请求小王子为他不断鼓掌然后不断脱帽致礼的虚荣迷，那个热衷统计星星的数目并将之锁进抽屉里的商人，那个从不出门旅行的地理学家，你怎么能够领会孩子和作者眼中功名利禄的可笑呢？倘若你不是亲耳听见作者谈论大人们时的语气——例如，他谈到大人们热爱数字，如果你对他们说起一座砖房的颜色、窗台上的花、屋顶上的鸽子，他们就无动于衷，如果你说这座房子值十万法郎，他们就会叫起来："多么漂亮的房子啊！"他还告诉孩子们，大人们就是这样的，孩子们对他们应该宽宏大量——你不亲自读这些，怎么能够体会那讽刺中的无奈、无奈中的悲凉呢？

我还可以从书中摘录一些精辟的句子，例如："正因为你在你的玫瑰身上花费了时间，这才使她变得如此名贵。""使沙漠变得这样美丽的，是它在什么地方隐藏着一眼井。"可是，这样的句子摘不胜摘，而要使它们真正属于你，你就必须自己去摘取。且把这本小书当作一朵玫瑰，在她身上花费你的时间，且把它当作一片沙漠，在它里面寻找你的井吧。我相信，只要你把它翻开来，读下去，它一定也会对你变得名贵而美丽。

　　圣埃克苏佩里一生有两大爱好：飞行和写作。他在写作中品味人间的孤独，在飞行中享受四千米高空的孤独。《小王子》是他生前出版的最后一本书，出版一年后，他在一次驾机执行任务时一去不复返了。没有人知道他去了哪里，在地球上再也没有发现他的那架飞机的残骸。我常常觉得，他一定是到小王子所住的那个小小的星球上去了，他其实就是小王子。

　　有一年夏天，我在巴黎参观先贤祠。先贤祠的宽敞正厅里只有两座坟墓，分别埋葬着法兰西精神之父伏尔泰和卢梭，唯一的例外是有一面巨柱上铭刻着圣埃克苏佩里的名字。站在那面巨柱前，我为法国人对这个大孩子的异乎寻常的尊敬而感到意外和欣慰。当时我心想，圣埃克苏佩里诞生在法国并非偶然，一个懂得《小王子》作者之伟大的民族有多么可爱。我还想，应该把《小王子》译成各种文字，印行几十亿册，让世界上每个孩子和每个尚可挽救的大人都读一读，这样世界一定会变得可爱一些，会比较适合不同年龄的小王子们居住。

阅读书目：

圣埃克苏佩里:《小王子》，胡雨苏译，中国友谊出版公司，2000年版。

2000年8月

简洁的力量

——读列那尔《胡萝卜须》

不同的书有不同的含金量。世上许多书只有很低的含金量，甚至完全是废矿，可怜那些没有鉴别力的读者辛苦地去开凿，结果一无所获。含金量高的书，第一言之有物，传达了独特的思想或感受，第二文字凝练，赋予了这些思想或感受以最简洁的形式。这样的书自有一种深入人心的力量，使人过目难忘。在这方面，法国作家儒勒·列那尔的作品堪称典范。

《胡萝卜须》是列那尔的代表作，他在其中再现了自己辛酸的童年生活。记得第一次读这本书时，我常常情不自禁地流泪，又常常情不自禁地破涕为笑。书中那个在家里饱受歧视和虐待的孩子，他聪明又憨厚，淘气又乖顺，充满童趣却被逼得少年老成，真是又可爱又可怜。他清楚地意识到自己在家里的地位，因此万事都不敢任性，而是努力揣摩和迎合大人的心思，但结果总是弄巧成拙，遭受加倍的屈辱。当然，最后他反抗了，反抗得义无反顾。我相信，列那尔的作品以敏锐的观察和冷峭的幽默见长，是与他的童年经历有关的，来自亲人的折磨使他很早就养成了对世界的一种审视态度。《胡萝卜须》由一些独立成篇的小故事组成，每一篇的文字都十分干净，读起来毫无窒碍，我几乎是一口气把它们读完的。

列那尔的观察之细致和文风之简洁是公认的，《不列颠百科全书》说他的散文到了无一字多余的地步。试看他在《自然记事》中对动物的描写：

蝙蝠——"枝头上一簇簇破布"。

喜鹊——"老穿着那件燕尾服，真是最有法国气派的禽类"。

跳蚤——"一粒带弹簧的烟草种子"。

蛇——"太长了"。

蜗牛——"它只会用舌头走路"。

列那尔的眼力好，笔力也好。他非常自觉地锤炼文字功夫，要求自己像罗丹雕塑那样进行写作，凿去一切废料。他认为，风格就是仅仅使用必不可少的词，绝对不写长句子，最好只用主语、动词和谓语。拉马丁思考五分钟就要写一小时，他说应该反过来。他甚至给自己规定，每天只写一行。他的确属于那种产量不太高的作家。我所读到的他的最精辟的话是："我把那些还没有以文学为职业的人称作经典作家。"以文学为职业的弊病是不管有没有想写的东西都非写不可，于是难免写得滥。当然，一个职业作家仍然可以用非职业的态度来写作，只写自己真正想写的东西，就像列那尔那样。对于一个作家来说，节省语言是基本的美德。所谓节省语言，倒不在于刻意少写，而在于不管写多写少，都力求货真价实。这一要求见之于修辞，就是剪除一切可有可无的词句，达于文风的简洁。由于惜墨如金，所以果然就落笔成金，字字都掷地有声。

在印刷垃圾泛滥的今天，我忽然怀念起列那尔来，于是写了上面这些感想。

阅读书目：

列那尔：《胡萝卜须》，徐知免译，百花文艺出版社，1986年版。

1997年8月

也重读安徒生

　　之所以在"重读安徒生"前加上一个"也"字，是因为在《济南日报》上看到一篇文章：《重读安徒生》。那篇文章是叶君健先生写的，众所周知，中国读者是因了叶先生的译文而认识安徒生的。

　　在看到叶先生的这篇文章前不久，我恰好重读了安徒生，当然读的是叶先生翻译过来的安徒生。我已经在一篇文章中谈了安徒生童话对我的精神启示，现在我想说说我对安徒生的语言艺术的钦佩。

　　万事开头难，文章亦然。可是你看看安徒生那些童话的开头，好像一点儿不难，开得非常自然、朴实，往往直截了当，貌似平淡，其实极别致，极耐人寻味，一丝不落俗套。"公路上有一个兵在开步走——一，二！一，二！"（《打火匣》）这个兵的奇遇就从这最平常的开步走开始了。名篇《丑小鸭》的开头是一个朴素得不能再朴素的短句："乡下真是非常美丽。"《老头子做的事总是对的》讲了一对老年夫妇相亲相爱的故事，故事是安徒生在小时候听到的，他每逢想起就倍觉可爱，于是在开头议论说："故事也跟许多人一样，年纪越大，就越显得可爱。这真是有趣极了！"这看似随意的议论有一种魔力，伴随着整个阅读过程，使你觉得不但故事本身，而且讲故事的人、故事里的人，都那么可爱而有趣。

安徒生的确可爱。所以，他能发现和欣赏孩子的可爱。那个穿了新衣服的小女孩"朝上望了望自己的帽子，朝下望了望自己的衣服"（多么传神！），幸福地对妈妈说："当那些小狗看见我穿得这样漂亮的时候，它们心里会想些什么呢？"另一个四岁的小女孩念主祷文时，总要在"您赐给我们每天的面包"后面加上别人听不清的一点什么，在妈妈的责问下，她不好意思地说："我只是祈求在面包上多放点黄油。"读到这里，谁能不为小女孩和安徒生的可爱而微笑呢？

安徒生的童话往往构思巧妙，想象奇特，多在意料之外，而叙述起来却又非常自然，似全在情理之中。《皇帝的新装》里的皇帝不是一上来就愚蠢得连自己穿没穿衣服也不知道的，他对那件正在制作中的新衣充满好奇，可是当他想到织工曾说愚蠢的人看不见这布的时候，"他心里的确感到有些不大自然"（多么准确！）。尽管他很自负，他内心还是怕万一证实了自己是个愚蠢的人，于是决定先派别人去看制作的进展情况。这心理多么正常，而正是这似乎很可理解的虚荣心理导致他一步步展现了他的不可思议的愚蠢。世上不会有一个公主，竟然因为二十床垫子和二十床鸭绒被下面的一粒豌豆而失眠。可是，在《豌豆上的公主》中，安徒生在讲完这个故事后从容地告诉我们："现在大家就看出来了，她是一个真正的公主，因为……除了真正的公主外，任何人都不会有这么嫩的皮肤的。"其叙述的口吻之平静，反使故事的夸张有了一种真实的效果。

重读安徒生，我折服于安徒生的语言技巧。他的表达异常质朴准确，文字异常简洁干净，不愧是语言艺术的大师。可是，我读的不是叶君健先生的译本吗？那么，我同时也是折服于叶先生的语言技巧。叶先生在文章中批评了国内的翻译现状，我很有同感。从前的译家之翻译某个作家的作品，多是因为真正酷爱那个作家，不但领会其神韵，而且浸染其语言风格，所以能最大限度地提供汉语的对应物。叶先生于四十年前翻译的安徒生童话就是如此。这样的译著成功地把世界名著转换成了我们民族的精神财富，必将世代流传下去。相反，为了占领市场而组织一批并无心得和研究的人抢译外国作品，哪怕译的是世界名著，如此制作出来的即使不是垃圾，至多也只是迟早要被废弃的代用品罢了。

阅读书目：

《安徒生童话全集》，叶君健译，上海译文出版社，1978年版。

1996年10月

生命中不能错过什么

——《绿山墙的安妮》中译本序

　　安妮是一个十一岁的孤儿，一头红发，满脸雀斑，整天耽于幻想，不断闯些小祸。假如允许你收养一个孩子，你会选择她吗？大概不会。马修和玛莉拉是一对上了年纪的独身兄妹，他们也不想收养安妮，只是因为误会，收养成了令人遗憾的既成事实。故事就从这里开始，安妮住进了美丽僻静村庄中这个叫作绿山墙的农舍，她的一言一行都将经受老处女玛莉拉的刻板挑剔眼光——以及村民们的保守务实眼光——的检验，形势对她十分不利。然而，随着故事发展，我们看到，安妮的生命热情融化了一切敌意的坚冰，给绿山墙和整个村庄带来了欢快的春意。作为读者，我们也和小说中所有人一样不由自主地喜欢上了她。正如当年马克·吐温所评论的，加拿大女作家莫德·蒙哥玛利塑造的这个人物不愧是"继不朽的爱丽丝之后最令人感动和喜爱的儿童形象"。

　　在安妮身上，最令人喜爱的是那种富有灵气的生命活力。她的生命力如此健康蓬勃，到处绽开爱和梦想的花朵，几乎到了奢侈的地步。安妮拥有两种极其宝贵的财富，一是对生活的惊奇感，二是充满乐观精神的想象力。对于她来说，每一天都有新的盼望、新的惊喜。她不怕盼望落空，因为她已经从盼望中享受了一半的喜悦。她生活在用想象力创造的美丽世界中，看见五月花，她觉得自己身在天堂，看见了去年枯萎的花朵的灵魂。请不要说安妮虚无缥缈，她的梦想之花确确实实结出了果实，使她周围的人在和从前一样的现实生活中品尝到了从前未曾发现的甜美滋味。

我们不但喜爱安妮，而且被她深深感动，因为她那样善良。不过，她的善良不是来自某种道德命令，而是源自天性的纯净。她的生命是一条虽然激荡却依然澄澈的溪流，仿佛直接从源头涌出，既积蓄了很大的能量，又尚未受到任何污染。安妮的善良实际上是一种感恩，是因为拥有生命、享受生命而产生的对生命的感激之情。怀着这种感激之情，她就善待一切帮助过她乃至伤害过她的人，也善待大自然中的一草一木。和怜悯、仁慈、修养相比，这种善良是一种更为本真的，而且也是更加令自己和别人愉快的善良。

所以，我认为，这本书虽然是近一百年前问世的，今天仍然很值得我们一读。作为儿童文学的一部经典之作，今天的孩子们一定还能够领会它的魅力，与可爱的主人公产生共鸣，孩子们比我聪明，无须我多言。我想特别说一下的是，今天的成人们也应当能够从中获得教益。在我看来，教益有二。一是促使我们反省对孩子的教育。我们该知道，就天性的健康和纯净而言，每个孩子身上都藏着一个安妮，我们千万不要再用种种功利的算计去毁坏他们的健康，污染他们的纯净，扼杀他们身上的安妮了。二是促使我们反省自己的人生。在今日这个崇拜财富的时代，我们该自问，我们是否丢失了那些最重要的财富，例如对生活的惊奇感，使生活焕发诗意的想象力，源自感激生命的善良，等等。安妮曾经向从来不想象和现实不同的事情的人惊呼："你错过了多少东西！"我们也该自问：我们错过了多少比金钱、豪宅、地位、名声更宝贵的东西？

阅读书目：

莫德·蒙哥玛利：《绿山墙的安妮》，杨利译，中国工人出版社，2003年版。

2003年4月

诗性哲人

每个人都是一个宇宙

——读《爱默生文选》

一

我的怪癖是喜欢一般哲学史不屑记载的哲学家，宁愿绕开一个个曾经显赫一时的体系的颓宫，到历史的荒村陋巷去寻找他们的足迹。爱默生就属于这些我颇愿结识一番的哲学家之列。

我对爱默生向往已久。在我的精神旅行图上，我早已标出那个康科德小镇的方位。尼采常常提到他。如果我所喜欢的某位朋友常常情不自禁地向我提起他所喜欢的一位朋友，我知道我也准能喜欢他的这位朋友。

作为美国文艺复兴的领袖和杰出的散文大师，爱默生已名垂史册。作为一名哲学家，他却似乎进不了哲学的"正史"。他是一位长于灵感而拙于体系的哲学家。他的"体系"，所谓的超验主义，如今在美国恐怕也没有人认真看待了。如果我试图对他的体系做一番条分缕析的解说，就未免太迂腐了。我只想受他的灵感的启发，随手写下我的感触。超验主义死了，但爱默生的智慧永存。

二

也许没有一个哲学家不是在实际上试图建立某种体系，赋予自己最得意的思想以普遍性形式。声称反对体系的哲学家也不例外。但是，大千世界的神秘不会屈从于任何公式，没有一个体系能够万古长存。幸好真正有生命力的思想不会被体系的废墟掩埋，一旦除去体系的虚饰，它们反以更加纯粹的面貌出现在天空下，显示出它们与阳光、土地、生命的坚实联系，在我们心中唤起亲切的回响。

爱默生相信，人心与宇宙之间有着对应关系，所以每个人凭内心体验就可以认识自然和历史的真理。这就是他的超验主义，有点像主张"吾心即是宇宙""心即理""致良知"的宋明理学。人心与宇宙之间究竟有没有对应关系，这是永远无法在理论上被证实或驳倒的。一种形而上学不过是一种信仰，其作用只是用来支持一种人生态度和价值立场。我宁可直接面对这种人生态度和价值立场，而不去追究它背后的形而上学信仰。于是我看到，爱默生想要表达的是他对人性完美发展的可能性的期望和信心，他的哲学是一首洋溢着乐观主义精神的个性解放的赞美诗。

但爱默生的人道主义不是欧洲文艺复兴的单纯回声。他生活在十九世纪，和同时代少数几个伟大思想家一样，他也是揭露现代资本主义社会异化现象的先知先觉者。每个人都是一个宇宙，但在现实中却成了碎片。"社会是这样一种状态，每一个人都像是从身上锯下来的一段肢体，昂然地走来走去，许多怪物———一个好手指，一个颈项，一个胃，一个肘弯，但是从来不是一个人。"我想起了马克思在一八四四年的手稿中对人的异化的分析。我也想起了尼采的话。"我的目光从今天望到过去，发现比比皆是：碎片、断肢和可怕的偶然——可是没有人！"他们的理论归宿当然截然不同，但都同样热烈怀抱着人性全面发展的理想。往往有这种情况：同一种激情驱使人们从事理论探索，结果却找到了不同的理论，甚至彼此成为思想上的敌人。但是，真的是敌人吗？

三

每个人都是一个宇宙，每个人的天性中都蕴藏着大自然赋予的创造力。把这个观点运用到读书上，爱默生提倡一种"创造性的阅读"。这就是：把自己的生活当作正文，把书籍当作注解；听别人发言是为了使自己能说话；以一颗活跃的灵魂，为获得灵感而读书。

几乎一切创造欲强烈的思想家都对书籍怀着本能的警惕。蒙田曾谈到"文殛"，即因读书过多而被文字之斧砍伤，丧失了创造力。叔本华把读书太滥譬作将自己的头脑变成别人思想的跑马场。爱默生也说："我宁愿从来没有看见过一本书，而不愿意被它的吸力扭曲过来，把我完全拉到我的轨道外面，使我成为一颗卫星，而不是一个宇宙。"

许多人热心地请教读书方法，可是如何读书其实是取决于整个人生态度的。开卷有益，也可能有害。过去的天才可以成为自己天宇上的繁星，也可以成为压抑自己的偶像。爱默生俏皮地写道："温顺的青年人在图书馆里长大，他们相信他们的责任是应当接受西塞罗、洛克、培根的意见；

他们忘了西塞罗、洛克与培根写这些书的时候，也不过是图书馆里的青年人。"我要加上一句：幸好那时图书馆的藏书比现在少得多，否则他们也许成不了西塞罗、洛克、培根了。

好的书籍是朋友，但也仅仅是朋友。与好友会晤是快事，但必须自己有话可说，才能真正快乐。一个愚钝的人，再智慧的朋友对他也是毫无用处的，他坐在一群才华横溢的朋友中间，不过是一具木偶、一个讽刺、一种折磨。每人都是一个神，然后才有奥林匹斯神界的欢聚。

我们读一本书，读到精彩处，往往情不自禁地要喊出声来：这是我的思想，这正是我想说的，被他偷去了！有时候真是难以分清，哪是作者的本意，哪是自己混入和添加的。沉睡的感受被唤醒了，失落的记忆被找回了，朦胧的思绪清晰了。其余一切，只是死的"知识"，也就是说，只是外在于灵魂有机生长过程的无机物。

我曾经计算过，尽我有生之年，每天读一本书，连我自己的藏书也读不完。何况还不断购进新书，何况还有图书馆里难计其数的书。这真有点令人绝望。可是，写作冲动一上来，这一切全忘了。爱默生说得漂亮："当一个人能够直接阅读上帝的时候，那时间太宝贵了，不能够浪费在别人阅读后的抄本上。"只要自己有旺盛的创作欲，无暇读别人写的书也许是一种幸运呢。

四

有两种自信：一种是人格上的独立自主，藐视世俗的舆论和功利；一种是理智上的狂妄自大，永远自以为是，自我感觉好极了。我赞赏前一种自信，对后一种自信则总是抱以几分不信任。

　　人在世上，总要有所依托，否则会空虚无聊。有两样东西似乎是公认的人生支柱，在讲究实际的人那里叫职业和家庭，在注重精神的人那里叫事业和爱情。食色性也，职业和家庭是社会认可的满足人的两大欲望的手段，当然不能说它们庸俗。然而，职业可能不称心，家庭可能不美满，欲望是满足了，但付出了无穷烦恼的代价。至于事业的成功和爱情的幸福，尽管令人向往之至，却更是没有把握的事情。而且，有些精神太敏感的人，即使得到了这两样东西，还是不能摆脱空虚之感。

　　所以，人必须有人格上的独立自主。你诚然不能脱离社会和他人生活，但你不能一味攀缘在社会建筑物和他人身上。你要自己在生命的土壤中扎根。你要在人生的大海上抛下自己的锚。一个人如果让自己仅仅依附于身外的事物，即使是极其美好的事物，顺利时也许看不出他的内在空虚、缺乏根基，一旦起了风浪，例如社会动乱，事业挫折，亲人亡故，失恋，等等，就会一蹶不振乃至精神崩溃。正如爱默生所说，"然而事实是：他早已是一只漂流着的破船，后来起的这一阵风不过向他自己暴露出他流浪的状态"。

　　爱默生写有长文热情歌颂爱情的魅力，但我更喜欢他的这首诗：

　　　　为爱牺牲一切，
　　　　服从你的心；
　　　　朋友，亲戚，时日，
　　　　名誉，财产，
　　　　计划，信用与灵感，

什么都能放弃。

为爱离弃一切；

然而，你听我说：……

你需要保留今天，

明天，你整个的未来，

让它们绝对自由，

不要被你的爱人占领。

如果你心爱的姑娘另有所欢，你还她自由。

你应当知道

半人半神走了，

神就来了。

世事的无常使得古来许多贤哲主张退隐自守，清静无为，无动于衷。我厌恶这种哲学。我喜欢看见人们生气勃勃地创办事业，如痴如醉地堕入情网，痛快淋漓地享受生命。但是，不要忘记了最重要的事情：你仍然属于你自己。每个人都是一个宇宙，每个人都应该有一个自足的精神世界。这是一个安全的场所，其中珍藏着你最珍贵的宝物，任何灾祸都不能侵犯它。心灵是一本奇特的账簿，只有收入，没有支出，人生的一切痛苦和欢乐，都化作宝贵的体验记入它的收入栏中。是的，连痛苦也是一种收入。人仿佛有了两个自我，一个自我到世界上去奋斗，去追求，也许凯旋，也许败归，另一个自我便含着宁静的微笑，把这遍体汗水和血迹的哭着笑着的自我迎回家来，把丰厚的战利品指给他看，连败归者也有一份。

爱默生赞赏儿童身上那种不怕没饭吃、说话做事从不半点随人的王公贵人派头。一到成年，人就注重别人的观感，得失之患多了。我想，一个人在精神上真正成熟之后，又会返璞归真，重获一颗自足的童心。他消化了社会的成规习见，把它们扬弃了。

五

还有一点余兴，也一并写下。有个成语叫大智若愚。人类精神的这种逆反形式很值得研究一番。我还可以举出大善若恶，大悲若喜，大信若疑，大严肃若轻浮。在爱默生的书里，我也找到了若干印证。

悲剧是深刻的，领悟悲剧也须有深刻的心灵。"性情浅薄的人遇到不幸，他的感情只是演说式的做作。"然而这不是悲剧。人生的险难关头最能检验一个人的灵魂深浅。有的人一生接连遭到不幸，却未尝体验过真正的悲剧情感。相反，表面上一帆风顺的人也可能经历巨大的内心悲剧。一切高贵的情感都羞于表白，一切深刻的体验都拙于言辞。大悲者会以笑谑嘲弄命运，以欢容掩饰哀伤。丑角也许比英雄更知人生的辛酸。爱默生举了一个例子：正当喜剧演员卡里尼使整个那不勒斯城的人都笑断肚肠的时候，有一个病人去找城里的一个医生，治疗他致命的忧郁症。医生劝他到戏院去看卡里尼的演出，他回答："我就是卡里尼。"

与此相类似，最高的严肃往往貌似玩世不恭。古希腊人就已经明白这个道理。爱默生引用普鲁塔克的话说："研究哲理而外表不像研究哲理，在嬉笑中做成别人严肃认真地做的事，这是最高的智慧。"正经不是严肃，就像教条不是真理一样。真理用不着板起面孔来增添它的权威。在那些一本正经的人中间，你几乎找不到一个严肃思考过人生的人。不，他们思考的多半不是人生，而是权力，不是真理，而是利益。真正严肃思考过人生的人知道生命和理性的限度，他能自嘲，肯宽容，愿意用一个玩笑替受窘的对手解围、给正经的论敌一个教训。他以诙谐的口吻谈说真理，仿佛故意要减弱他的发现的重要性，以便只让它进入真正知音的耳朵。

尤其是在信仰崩溃的时代，那些佯癫装疯的狂人倒是一些太严肃地对待其信仰的人。鲁迅深知此中之理，说嵇康、阮籍表面上毁坏礼教，实则倒是太相信礼教，因为不满意当权者利用和亵渎礼教，才以反礼教的过激行为发泄内心愤想。其实，在任何信仰体制之下，多数人并非真有信仰，只是做出相信的样子罢了。于是过分认真的人就起而论究是非，阐释信仰之真谛，结果被视为异端。一部基督教史就是没有信仰的人以维护信仰之名把有信仰的人当作邪教徒烧死的历史。殉道者多半死于同志之手而非敌人之手。所以，爱默生说，伟大的有信仰的人永远被视为异教徒，终于被迫以一连串的怀疑论来表现他的信念。怀疑论实在是过于认真看待信仰或知识的结果。苏格拉底为了弄明智慧的实质，遍访雅典城里号称有智慧的人，结果发现他们只是在那里盲目自信，其实并无智慧。他到头来认为自己仍然不知智慧为何物，说出了那句著名的话："我知道我一无所知。"哲学史上的怀疑论者大抵都太认真地要追究人类认识的可靠性，结果反而疑团丛生。

阅读书目：

《爱默生文选》，张爱玲译，生活·读书·新知三联书店，1986年版。

1987年6月

幸福的悖论

——读莫洛亚《人生五大问题》

一

把幸福作为研究课题是一件冒险的事。"幸福"一词的意义过于含混，几乎所有人都把自己向往而不可得的境界称作"幸福"，但不同的人所向往的境界又是多么不同。哲学家们提出过种种幸福论，可以担保的是，没有一种能够为多数人所接受。至于形形色色所谓的幸福的"秘诀"，如果不是江湖骗方，也至多是一些老生常谈罢了。

幸福是一种太不确定的东西。一般人把愿望的实现视为幸福，可是，一旦愿望实现了，就真感到幸福吗？萨特一生可谓功成愿遂，常人最企望的两件事，爱情的美满和事业的成功，他几乎都毫无瑕疵地得到了，但他在垂暮之年却说："生活给了我想要的东西，同时它又让我认识到这没多大意思。不过你有什么办法？"

所以，我对一切关于幸福的抽象议论都不屑一顾，而对一切许诺幸福的翔实方案则简直要嗤之以鼻了。

最近读莫洛亚的《人生五大问题》，最后一题也是"论幸福"。但在前四题中，他对与人生幸福密切相关的问题，包括爱情和婚姻、家庭、友谊、社会生活，做了生动剔透的论述，令人读而不倦。对幸福问题的讨论历来包括两个方面，一个是社会方面，关系到幸福的客观条件，另一个是心理方面，关系到幸福的主观体验。作为一位优秀的传记和小说作家，莫洛亚的精彩之处是在后一方面。就社会方面而言，他的见解大体是肯定传统的，但由于他体察人类心理，所以并不失之武断，给人留下了思索和选择的余地。

二

自古以来，无论在文学作品中，还是在现实生活中，爱情和婚姻始终被视为个人幸福之命脉所系。多少幸福或不幸的喟叹，都缘此而起。按照孔德的说法，女人是感情动物，爱情和婚姻对于女人的重要性自不待言。但即使是身为行动动物的男人，在事业上获得了辉煌的成功，倘若在爱情和婚姻上失败了，他仍然会觉得自己非常不幸。

可是，就在这个人们最期望得到幸福的领域里，却很少有人敢于宣称自己是真正幸福的。诚然，热恋中的情人个个都觉得自己是幸福女神的宠儿，但并非人人都能得到热恋的机遇，有许多人一辈子也没有品尝过个中滋味。况且热恋未必导致美满的婚姻，婚后的失望、争吵、厌倦、平淡、麻木几乎是常规，终身如恋人一样缱绻的夫妻毕竟只是幸运的例外。

从理论上说，每一个人在异性世界中都可能有一个最佳对象，一个所谓的"唯一者""独一无二者"，或如吉卜林的诗所云，"一千人中之一人"。但是，人生短促，人海茫茫，这样两个人相遇的概率差不多等于零。如果把幸福寄托在这相遇上，幸福几乎是不可能的。不过，事实上，爱情并不如此苛求，冥冥中也并不存在非此不可的命定姻缘。正如莫洛亚所说："如果因了种种偶然（按：应为必然）之故，一个求爱者所认为独一无二的对象从未出现，那么，差不多近似的爱情也会在另一个对象身上感到。"期待中的"唯一者"，会化身为千百种形象向一个渴望爱情的人走来。也许爱情永远是个谜，任何人无法说清自己所期待的"唯一者"究竟是什么样子的。只有到了堕入情网，陶醉于爱情的极乐，一个人才会惊喜地向自己的情人喊道："你就是我一直期待着的那个人，就是那个唯一者。"

究竟是不是呢？

也许是的。这并非说，他们之间有一种宿命，注定不可能爱上任何别人。不，如果他们不相遇，他们仍然可能在另一个人身上发现自己的"唯一者"。然而，强烈的感情经验已经改变了他们的心理结构，从而改变了他们与其他可能的对象之间的关系。犹如经过一次化合反应，他们都已经不是原来的元素，因而不可能再与别的元素发生相似的反应了。在这个意义上，一个人一生只能有一次震撼心灵的爱情，而且只有少数人得此幸遇。

也许不是。因为"唯一者"本是痴情的造影，一旦痴情消退，就不再成其"唯一者"了。莫洛亚引哲学家桑塔耶那的话说："爱情的十分之九是由爱人自己造成的，十分之一才靠那被爱的对象。"凡是经历过热恋的人都熟悉爱情的理想化力量，幻想本是爱情不可或缺的因素。太理智、太现实的爱情算不上爱情。最热烈的爱情总是在两个最富于幻想的人之间发生，不过，同样真实的是，他们也最容易感到幻灭。如果说普通人是因为运气不佳而不能找到意中人，那么，艺术家则是因为期望过高而对爱情失望的。爱情中的理想主义往往导致拜伦式的感伤主义，又进而导致纵欲主义，唐璜有过一千零三个情人，但他仍然没有找到他的"唯一者"，他注定找不到。

无幻想的爱情太平庸，基于幻想的爱情太脆弱，幸福的爱情究竟可能吗？我知道有一种真实，它能不断地激起幻想，有一种幻想，它能不断地化为真实。我相信，幸福的爱情是一种能不断地激起幻想又不断地被自身所激起的幻想改造的真实。

三

爱情是无形的，只存在于恋爱者的心中，即使人们对于爱情的感受有千万差别，但在爱情问题上很难做认真的争论。婚姻就不同了，因为它是有形的社会制度，立废取舍，人是有主动权的。随着文明的发展，关于婚姻利弊的争论愈演愈烈。有一派人认为婚姻违背人性，束缚自由，败坏或扼杀爱情，本质上是不可能幸福的。莫洛亚引婚姻反对者的话说："一对夫妇总是依着两人中较为庸碌的一人的水准而生活的。"此言可谓刻薄。但莫洛亚本人持赞成婚姻的立场，认为婚姻是使爱情的结合保持相对稳定的唯一方式。只是他把艺术家算作了例外。

在拥护婚姻的一派人中，对于婚姻与爱情的关系又有不同看法。两个截然不同的哲学家，尼采和罗素，都要求把爱情与婚姻区分开来，反对以爱情为基础的婚姻，而主张婚姻以优生和培育后代为基础，同时保持婚外爱情的自由。法国哲学家阿兰认为，婚姻的基础应是逐渐取代爱情的友谊。

莫洛亚修正说："在真正幸福的婚姻中，友谊必得与爱情融合在一起。"也许这是一个比较令人满意的答案。爱情基于幻想和冲动，因而爱情的婚姻结局往往不幸。但是，无爱情的婚姻更加不幸。仅以友谊为基础的夫妇关系诚然彬彬有礼，但未免失之冷静。保持爱情的陶醉和热烈，辅以友谊的宽容和尊重，从而除去爱情难免会有的嫉妒和挑剔，正是加固婚姻的爱情基础的方法。不过，实行起来并不容易，其中诚如莫洛亚所说必须有诚意，但单凭诚意又不够。爱情仅是感情的事，婚姻的幸福却是感情、理智、意志三方通力合作的结果，因而更难达到。"幸福的家庭都是相似的；不幸的家庭各有各的不幸。"此话也可解为：千百种因素都可能导致婚姻的不幸，但没有一种因素可以单独造成幸福的婚姻。结婚不啻是把爱情放到琐碎平凡的日常生活中去经受考验，莫洛亚说得好，准备这样做的人不可抱着买奖券侥幸中头彩的念头，而必须像艺术家创作一部作品那样，具有一定要把这部艰难的作品写成功的决心。

四

两性的天性差异可以导致冲突，从而使共同生活变得困难，也可以达成和谐，从而造福人生。

尼采曾说："同样的激情在两性身上有不同的节奏，所以男人和女人不断地产生误会。"可见，两性之间的和谐并非现成的，它需要一个彼此接受、理解、适应的过程。

一般而论，男性重行动，女性重感情，男性长于抽象观念，女性长于感性直觉，男性用刚强有力的线条勾画出人生的轮廓，女性为之抹上美丽柔和的色彩。

欧洲妇女解放运动初起时，一班女权主义者热情地鼓动妇女走上社会，从事与男子相同的职业。爱伦凯女士指出，这是把两性平权误认作两性功能相等了。她主张女子在争得平等权利之后，回到丈夫和家庭那里去，以自由人的身份从事其最重要的工作——爱和培育后代。现代的女权主义者已经越来越重视发展女子天赋的能力，而不再天真地孜孜于抹平性别差异了。

女性在现代社会中的特殊作用尚有待于发掘。马尔库塞认为，由于女性与资本主义异化劳动世界相分离，因此她们能更多地保持自己的感性，比男子更人性化。的确，女性比男性更接近自然，更扎根于大地，有更单纯的、未受污染的本能和感性。所以，莫洛亚说："一个纯粹的男子，最需要一个纯粹的女子去补充他……因了她，他才能和种族这深切的观念保持恒久的接触。"又说："我相信若是一个社会缺少女人的影响，定会堕入抽象，堕入组织的疯狂，随后是需要专制的现象……没有两性的合作，绝没有真正的文明。"在人性片面发展的时代，女性是一种人性复归的力量。德拉克洛瓦的名画《自由引导人民》，画中的自由神是一位袒着胸脯、未着军装、面容安详的女子。歌德诗曰："永恒之女性，引导我们走。"走向何方？走向一个更实在的人生，一个更有人情味的社会。

莫洛亚可说是女性的一位知音。人们常说，女性爱慕男性的"力"，男性爱慕女性的"美"。莫洛亚独能深入一步，看出："真正的女性爱慕男性的'力'，因为她们稔知强有力的男子的弱点。""女人之爱强的男子只是表面的，且她们所爱的往往是强的男子的弱点。"我只想补充一句：强的男子可能对千百个只知其强的崇拜者无动于衷，却会在一个知其弱点的女人面前倾倒。

五

男女之间是否可能有真正的友谊？这是在实际生活中常常遇到、常常引起争论的一个难题。即使在最封闭的社会里，一个人恋爱了，或者结了婚，仍然不免与别的异性接触和可能发生好感。这里不说泛爱者和爱情转移者，一般而论，一种排除情欲的澄明的友谊是否可能呢？

莫洛亚对这个问题的讨论是饶有趣味的。他列举了三种异性之间友谊的情形：一方单恋而另一方容忍；一方或双方是过了恋爱年龄的老人；旧日的恋人转变为友人。分析下来，其中每一种都不可能完全排除性吸引的因素。道德家们往往攻击这种"杂有爱的成分的友谊"，莫洛亚的回答是：即使有性的因素起作用，又有什么要紧呢！"既然身为男子与女子，若在生活中忘记了肉体的作用，始终是件疯狂的行为。"

异性之间的友谊即使不能排除性的吸引，它仍然可以是一种真正的友谊。蒙田曾经设想，男女之间最美满的结合方式不是婚姻，而是一种肉体得以分享的精神友谊。拜伦在谈到异性友谊时也赞美说："毫无疑义，性的神秘力量在其中也如同在血缘关系中占据着一种天真无邪的优越地位，把这谐音调弄到一种更微妙的境界。如果能摆脱一切友谊所防止的那种热情，又充分明白自己的真实情感，世间就没有什么能比得上做女人的朋友了，如果你过去不曾做过情人，将来也不愿做了。"在天才的生涯中起重要作用的女性未必是妻子或情人，有不少倒是天才的精神挚友，只要想一想贝蒂娜与歌德、贝多芬，梅森葆夫人与瓦格纳、尼采、赫尔岑、罗曼·罗兰，莎乐美与尼采、里尔克、弗洛伊德，梅克夫人与柴可夫斯基，就足够了。当然，性的神秘力量在其中起着的作用也是不言而喻的。区别只在于，这种力量因客观情境或主观努力而被限制在一个有益无害的地位，既可为异性友谊罩上一种同性友谊所未有的温馨情趣，又不致像爱情那样激起一种疯狂的占有欲。

六

在经过种种有趣的讨论之后，莫洛亚得出了一个似乎很平凡的结论：幸福在于爱，在于自我的遗忘。

当然，事情并不这么简单。康德曾经提出理性面临的四大二律背反，我们可以说人生也面临种种二律背反，爱与孤独便是其中之一。莫洛亚引用了拉伯雷《巨人传》中的一则故事。巴奴越向邦太葛吕哀征询关于结婚的意见，他在要不要结婚的问题上陷入了两难的困境：结婚吧，失去自由，不结婚吧，又会孤独。其实这种困境不独在结婚问题上存在。个体与类的分裂早就埋下了冲突的种子，个体既要通过爱与类认同，但又不愿完全融入类之中而丧失自身。绝对的自我遗忘和自我封闭都不是幸福，并且也是不可能的。在爱之中有许多烦恼，在孤独之中又有许多悲凉。另一方面呢，爱诚然使人陶醉，孤独也未必不使人陶醉。当最热烈的爱受到创伤而返诸自身时，人在孤独中学会了爱自己，也学会了理解别的孤独的心灵和深藏在那些心灵中的深邃的爱，从而体味到一种超越的幸福。

一切爱都基于生命的欲望，而欲望不免造成痛苦。所以，一些哲学家主张节欲或禁欲，视宁静、无纷扰的心境为幸福。但另一些哲学家却认为拼命感受生命的欢乐和痛苦才是幸福，对于一个生命力旺盛的人，爱和孤独都是享受。如果说幸福是一个悖论，那么，这个悖论的解决正存在于争取幸福的过程之中。其中有斗争，有苦恼，但只要希望尚存，就有幸福。所以，我认为莫洛亚这本书的结尾句是说得很精彩的："若将幸福分析成基本原子时，亦可见它是由斗争与苦恼形成的，唯此斗争与苦恼永远为希望所挽救而已。"

阅读书目：

莫洛亚：《人生五大问题》，傅雷译，生活·读书·新知三联书店，1986年版。

1987年3月

人性、爱情和天才

——读毛姆《月亮和六便士》

一

天才是大自然的奇迹，而奇迹是不可理喻的，你只能期待和惊叹。但是，毛姆的《月亮和六便士》的确非常成功地把一个艺术天才的奇特而原始的灵魂展示给我们看了。

不过，书中描写的天才对爱情的态度，一开始使我有点吃惊。

"生命太短促了，没有时间既闹恋爱又搞艺术。"

"我不需要爱情。我没有时间搞恋爱。这是人性的一个弱点……我只懂得情欲。这是正常的、健康的。爱情是一种疾病。女人是我享乐的工具，我对她们提出什么事业的助手、生活的伴侣这些要求非常讨厌。"

我不想去评论那个结婚十七年之后被思特里克兰德"平白无故"地遗弃的女人有些什么不可原谅的缺点，平庸也罢，高尚也罢，事情反正都一样。勃朗什的痴情够纯真的了，思特里克兰德还是抛弃了她。他对女人有一个不容违拗的要求：别妨碍他搞艺术。如果说痴情是女人的优点，虚荣是女人的缺点，那么不管优点缺点如何搭配，女人反正是一种累赘。所以，最后他在塔希提岛上一个像狗一样甘愿供他泄欲而对他毫无所求的女人身上，找到了性的一劳永逸的寄托。这不是爱情，但这正是他所需要的。他自己强健得足以不患爱情这种疾病，同时他也不能容忍身边有一个患着这种疾病的女人。他需要的是彻底摆脱爱情。

凡是经历过热恋并且必然地尝到了它的苦果的人，大约都会痛感"爱情是一种疾病"真是一句至理名言。可不是吗？这样地如醉如痴，这样地执迷不悟，到不了手就痛不欲生，到了手又嫌乏味。不过，这句话从病人嘴里说出来，与从医生嘴里说出来，意味就不一样了。

毛姆是用医生的眼光来诊视爱情这种人类最盲目、癫狂的行为的。医生就能不生病？也许他早年因为这种病差一点丧命，我就不得而知了。我只知道，凡是我所读到的他的小说，几乎都不露声色地把人性肌体上的这个病灶透视给我们看，并且把爱情这种疾病的触媒——那些漂亮的、妩媚的、讨人喜欢的女人——解剖给我们看。

爱情和艺术，都植根于人的性本能。毛姆自己说："我认为艺术也是性本能的一种流露。一个漂亮的女人，金黄的月亮照耀下的那不勒斯海湾，或者提香的名画《墓穴》，在人们心里勾起的是同样的感情。""本是同根生，相煎何太急？"既然爱情和艺术同出一源，思特里克兰德为什么要把它们看作势不两立，非要灭绝爱情而扩张艺术呢？毛姆这样解释："很可能思特里克兰德讨厌通过性行为发泄自己的感情（这本来是很正常的），因为他觉得同通过艺术创造取得自我满足相比，这是粗野的。"可是，这样一来，抹去了爱情色彩的性行为不是更加粗野了吗？如果说性欲是兽性，艺术是神性，那么，爱情恰好介乎其间，它是兽性和神性的混合——人性。为了使兽性和神性泾渭分明，思特里克兰德斩断了那条连结两者的纽带。

也许思特里克兰德是有道理的。爱情，作为兽性和神性的混合，本质上是悲剧性的。兽性驱使人寻求肉欲的满足，神性驱使人追求毫无瑕疵的圣洁的美，而爱情则试图把两者在一个具体的异性身上统一起来，这种统一是多么不牢靠啊。由于自身所包含的兽性，爱情必然激发起一种疯狂的占有欲，从而把一个有限的对象当作目的本身。由于自身所包含的神性，爱情又试图在这有限的对象身上实现无限的美——完美。爱情所包含的这种内在的矛盾在心理上造成了多少幻觉和幻觉的破灭，从而在现实生活中导演了多少抛弃和被抛弃的悲剧。那么，当思特里克兰德不把女人当作目的本身，而仅仅当作手段的时候，他也许是做对了。爱情要求一个人把自己所钟情的某一异性对象当作目的本身，否则就不叫爱情。思特里克兰德把女人一方面当作泄欲的工具，另一方面当作艺术的工具（"她的身体非常美，我正需要画一幅裸体画。等我把画画完了以后，我对她也就没有兴趣了"），唯独不把她当作目的——不把她当作爱的对象。

总之，在思特里克兰德看来，天才的本性中是不能有爱情这种弱点的，而女人至多只是供在天才的神圣祭坛一角的牺牲。女人是烂泥塘，供天才一旦欲火中烧时在其中打滚，把肉体甩掉，从而变得出奇的洁净，轻松自由地邀游在九天之上抚摸美的实体。

二

当我诵读天才们的传记时，我总是禁不住要为他们迥然不同的爱情观而陷入沉思。一方面是歌德、雪莱、海涅，另一方面是席勒、拜伦，他们对待爱情、女人的态度形成了鲜明的对照。

是的，还有另一种天才，天才对待爱情还有另一种态度。

就说说雪莱吧。这位诗歌和美德的精灵，他是怎样心醉神迷而又战战兢兢地膜拜神圣的爱情啊，他自己是个天使，反过来把女人奉若神明，为女性的美罩上一层圣洁的光辉。当然，理想的薄雾迟早会消散，当他面对一个有血有肉的女子时，他不免会失望。但是他从来没有绝望，他的爱美天性驱使他又去追逐和制造新的幻影。

拜伦和毛姆笔下的思特里克兰德属于同一个类型。他把女人当作玩物，总是在成群美姬的簇拥下生活，可又用最轻蔑的言辞评论她们。他说过一句刻薄然而也许真实的话："女人身上令人可怕的地方，就是我们既不能与她们共同生活，又不能没有她们而生活。"

我很钦佩拜伦见事的透彻，他尽情享受女色，却又不为爱情所动。然而，在艺术史上，这样的例子终究属少数。如果说爱情是一种疾病，那么，艺术家不正是人类中最容易感染这种疾病的种族吗？假如不是艺术家的神化，以及这种神化对女性的熏陶作用，女性美恐怕至今还是一种动物性的东西，爱情的新月恐怕至今还没有照临肉欲的峡谷。当然，患病而不受折磨是不可能的，最炽烈的感情总是导致最可怕的毁灭。谁能举出哪怕一个艺术天才的爱情以幸福告终的例子来呢？爱情也许真的是一种疾病，而创作就是它的治疗。这个爱情世界里病弱的种族奋起自救了，终于成为艺术世界里的强者。

诸如思特里克兰德、拜伦这样的天才，他们的巨大步伐把钟情于他们的女子像路旁无辜的花草一样揉碎了，这诚然没给人类艺术史带来任何损失。可是，我不知道，假如没有冷热病似的情欲，没有对女子的一次次迷恋和失恋，我们怎么能读到海涅那些美丽的小诗？我不知道，如果七十四岁的老歌德没有爱上十七岁的乌丽莉卡，他怎么能写出他晚年最著名的诗篇《马里耶巴德哀歌》？我不知道，如果贝多芬没有绝望地同时也是愚蠢地痴迷于那个原本不值得爱的风骚而自私的琪丽哀太，世人怎么能听到《月光奏鸣曲》？天哪，这不是老生常谈吗……

在艺术家身上，从性欲到爱情的升华差不多是天生的，从爱情到艺术的升华却非要经历一番现实的痛苦教训不可。既然爱情之花总是结出苦果，那么，干脆不要果实好了。艺术是一朵不结果实的花，正因为不结果实而更显出它的美来，它是以美为目的本身的自为的美。在爱情中，兼为肉欲对象和审美对象的某一具体异性是目的，而目的的实现便是对这个对象的占有。然而，占有的结果往往是美感的淡化甚至丧失。不管人们怎么赞美柏拉图式的精神恋爱，不占有终归是违背爱情的本性的。"你无论如何要得到它，否则就会痛苦。"当你把异性仅仅当作审美对象加以观照，并不因为你不能占有她而感到痛苦时，你已经超越爱情而进入艺术的境界了。艺术滤净爱情的肉欲因素，使它完全审美化，从而实现了爱情的自我超越。

如果以为这个过程在艺术家身上是像一个简单的物理学实验那样完成的，那就错了。只有真实的爱情才能升华为艺术，而真实的爱情必然包含着追求和幻灭的痛苦。首先是疾病，然后才是治疗。首先是维特，然后才是歌德。爱情之服役于艺术是大自然的一个狡计，不幸的钟情者是不自觉地成为值得人类庆幸的艺术家的。谁无病呻吟，谁就与艺术无缘。

这样，在性欲与艺术的摒弃爱情纽带的断裂之外，我们还看到另一类艺术天才。他们正是通过爱情的中介而从性欲升华到艺术的。

三

自古以来，爱情所包含的可怕的酒神式的毁灭力量总是引起人们的震惊。希腊人早就发出惊呼："爱情真是人间莫大的祸害！"阿耳戈的英雄伊阿宋曾经祈愿人类有旁的方法生育，那样，女人就可以不存在，男人就可以免受痛苦。歌德尽管不断有所钟情，可是每当汹涌的情欲使他预感到灭顶之灾时，他就明智地逃避了。没有爱情，就没有歌德。然而同样真实的是，陷于爱情而不能自拔，也不会有歌德，他早就像维特一样轻生殉情了。

也许爱情和艺术所内含的力是同一种力，在每个人身上是常数。所以，对艺术天才来说，爱情方面支出过多总是一种浪费。爱情常常给人一种错觉，误以为对美的肉体的占有就是对美的占有。其实，美怎么能占有呢？美的本性与占有是格格不入的。占有者总是绝望地发现，美仍然在他之外，那样转瞬即逝而不可捉摸。占有欲是性欲满足方式的一种错误的移置，但它确实成了艺术的诱因。既然不能通过占有来成为美的主人，那就通过创造吧。严肃的艺术家绝不把精力浪费在徒劳的占有之举上面，他致力于捕捉那转瞬即逝的美，赋予它们以形式，从而实现创造美的崇高使命。

只有少数天才能够像思特里克兰德那样完全抛开爱情的玫瑰色云梯，从最粗野的肉欲的垃圾堆平步直登纯粹美的天国。对于普通人来说，抽掉这架云梯，恐怕剩下的只有垃圾堆了。个体发育中性意识与审美心理的同步产生，无论如何要求为爱情保留一个适当的地位。谁没有体验过爱情所诱发出的对美的向往呢？有些女人身上有一种灵性的美，她不但有美的形体，而且她自己对大自然和生活的美有一种交感。当你那样微妙地对美产生共鸣时，你从她的神采中看到的恰恰是你对美的全部体验，而你本来是看不到甚至把握不住你的体验的。这是怎样的魅力啊，无意识的、因为难以捕捉和无法表达而令人苦恼的美感，她不是用语言，而是用她的有灵性的美的肉体，用眼睛、表情、姿势、动作，用那谜样的微笑替你表达出来，而这一切你都能看到。这样的时刻实在太稀少了，我始终认为它们是爱情中最有价值的东西，所谓的爱情的幸福就寓于这些神秘的片刻之中了。也许这已经不是爱情，而是艺术了。

确切地说，爱情不是人性的一个弱点，爱情就是人性，它是两性关系剖面上的人性。凡人性所具有的优点和弱点，它都具有。人性和爱情是注定不能摆脱动物性的根柢的。在人性的国度里，兽性保持着它世袭的领地，神性却不断地开拓新的疆土，大约这就是人性的进步吧。就让艺术天才保留他们恶魔似的兽性好啦，这丝毫不会造成人性的退化，这些强有力的拓荒者们，他们每为人类发现和创造一种崭新的美，倒确确凿凿是在把人性推进一步哩。

可是，美是什么呢？这无底的谜，这无汁的丰乳，这不结果实的花朵，这疲惫香客心中的神庙……最轻飘、最无质体的幻影成了压在天才心上最沉重的负担，他一生都致力于卸掉这个负担。为了赋予没有意义的人生以一种意义，天才致力于使虚无获得实体，使不可能成为可能。美的创造中分娩的阵痛原来是天才替人类的原罪受罚，天才的痛苦是人生悲剧的形而上本质的显现。

好了，现在你们知道几乎一切艺术天才的爱情遭遇（倘若他有过这种遭遇的话）都是不幸的原因了吗？与天才相比，最富于幻想的女子也是过于实际的。

阅读书目：

毛姆:《月亮和六便士》，傅惟慈译，外国文学出版社，1981年版。

1983年12月

人不只属于历史

——读加缪《反抗者》

那个时代似乎离我们已经非常遥远了。当时，不但在中国，而且在欧洲和全世界，人文知识分子大多充满着政治激情，它的更庄严的名称叫作历史使命感。那是在二十世纪五十年代初期，第二次世界大战结束不久，世界刚刚分裂为两大阵营。就在那个时候，曾经积极参加抵抗运动的加缪发表了他的第二部散文风格的哲学著作《反抗者》，对历史使命感进行了清算。此举激怒了欧洲知识分子中的左派，直接导致了萨特与加缪的决裂，同时又招来了右派的喝彩，被视为加缪在政治上转向的铁证。两派的态度鲜明对立，却对加缪的立场产生了完全相同的误解。

当然，这毫不奇怪。两派都只从政治上考虑问题，而加缪恰恰是要为生命争得一种远比政治宽阔的视野。

加缪从对"反抗"概念做哲学分析开始。"反抗"在本质上是肯定的，反抗者总是为了捍卫某种价值才说"不"的。他要捍卫的这种价值并不属于个人，而是被视为人性的普遍价值。因此，反抗使个人摆脱孤独。"我反抗，故我们存在。"这是反抗的意义所在。但其中也隐含着危险，便是把所要捍卫的价值绝对化。其表现之一，就是以历史的名义进行的反抗，即革命。

对卢梭的《社会契约论》的批判是《反抗者》中的精彩篇章。加缪一针见血地指出，卢梭的这部为法国革命奠基的著作是新福音书、新宗教、新神学。革命的特点是要在历史中实现某种绝对价值，并且声称这种价值的实现就是人类的最终统一和历史的最终完成。这一现代革命概念肇始于法国革命。革命所要实现的那个绝对价值必定是抽象的、至高无上的，在卢梭那里，它就是与每个人的意志相分离的"总体意志"。"总体意志"被宣布为神圣的普遍理性的体现，因而作为这"总体意志"之载体的抽象的"人民"也就成了新的上帝。圣·鞠斯特进而赋予"总体意志"以道德含义，并据此把"任何在细节上反对共和国"亦即触犯"总体意志"的行为都宣判为罪恶，从而大开杀戒，用断头台来担保品德的纯洁。浓烈的道德化色彩也正是现代革命的特点之一，正如加缪所说："法国革命要把历史建立在绝对纯洁的原则上，开创了形式道德的新纪元。"而形式道德是要吃人的，它导致了无限镇压原则。它对心理的威慑力量甚至使无辜的受害者自觉有罪。我们由此而可明白，圣·鞠斯特本人后来从被捕到处死为何始终保持着沉默，斯大林时期冤案中的那些被告又为何几乎是满怀热情地配合判处他们死刑的法庭。在这里起作用的已经不是法律，而是神学。既然是神圣的"人民"在审判，受审者已被置于与"人民"相对立的位置上，因而在总体上是有罪的，细节就完全不重要了。

加缪并不怀疑诸如圣·鞠斯特这样的革命者的动机的真诚，问题也许恰恰出在这种可悲的真诚上，亦即对于原则的迷醉上。"醉心于原则，就是为一种不可能实现的爱去死。"革命者自命对于历史负有使命，要献身于历史的终极目标。可是，他们是从哪里获知这个终极目标的呢？雅斯贝尔斯指出：人处在历史中，所以不可能把握作为整体的历史。加缪引证了这一见解，进一步指出：因此，任何历史举动都是冒险，无权为任何绝对立场辩护。绝对的理性主义就如同绝对的虚无主义一样，也会把人类引向荒漠。

放弃了以某种绝对理念为依据的历史使命感，生活的天地就会变得狭窄了吗？当然不。恰好相反，从此以后，我们不再企图作为历史规定方向的神，而是在人的水平上行动和思想。历史不再是信仰的对象，而只是一种机会。人们不是献身于抽象的历史，而是献身于大地上活生生的生活。"谁献身于每个人自己的生命时间，献身于他保卫着的家园、活着的人的尊严，那他就是献身于大地并且从大地取得收获。"加缪一再说："人不只属于历史，他还在自然秩序中发现了一种存在的理由。""人们可能拒绝整个历史，而又与繁星和大海的世界相协调。"总之，历史不是一切，在历史之外，阳光下还绵亘着存在的广阔领域，有着人生简朴的幸福。

我领会加缪的意思是，一个人未必要充当某种历史角色才活得有意义，最好的生活方式是古希腊人那样的贴近自然和生命本身的生活。我猜想那些至今仍渴望进入历史否则便会感到失落的知识分子是不满意这种见解的，不过，我承认我自己是加缪的一个拥护者。

阅读书目：

加缪：《置身于苦难与阳光之间——加缪散文集》，杜小真等译，生活·读书·新知上海三联书店，1989年版。

1996年8月

唱出了我们的沉默的歌者

　　——读纪伯伦的散文诗

　　二十世纪上半叶，有两位东方诗人以美而富有哲理的散文诗（多用英文创作）征服了西方读者的心，继而通过冰心的汉译征服了中国读者的心，一位是泰戈尔，另一位就是纪伯伦。多年来，这两位诗人的作品一直陪伴着我，它们如同我生活中的清泉，我常常回到它们那里，用它们洗净我在人世间跋涉的尘土和疲劳。

　　纪伯伦说："语言的波涛始终在我们的上面喧哗，而我们的深处永远是沉默的。"又说："伟大的歌者是能唱出我们的沉默的人。"纪伯伦自己正是这样一位唱出了我们的沉默的歌者。

　　那在我们的上面喧哗着的是什么？是我们生命表面的喧闹，得和失的计较，利益征逐中的哭和笑，我们肉身自我的呻吟和号叫。那在我们的深处沉默着的是什么？是我们生命的核心，内在的精神生活，每一个人的不可替代的心灵自我。

　　在纪伯伦看来，内在的心灵自我是每一个人的本质之所在。外在的一切，包括财富、荣誉、情色，都不能满足它，甚至不能真正触及它，因此它必然是孤独的。它如同一座看不见的房舍，远离人们以你的名字称呼的一切表象和外观的道路。"如果这房舍是黑暗的，你无法用邻人的灯把它照亮。如果这房舍是空的，你无法用邻人的财产把它装满。"但是，正因为你有这个内在的自我，你才成为你。倘若只有那个外在的自我，不管你在名利场上混得如何，你和别人都没有本质的区别，你的存在都不拥有自身的实质。

然而，人们似乎都害怕自己内在的自我，不敢面对它的孤独、倾听它的沉默，宁愿逃避它，躲到外部世界的喧嚣之中。有谁倾听自己灵魂的呼唤，人们便说："这是一个疯子，让我们躲开他！"其实事情正相反，如同纪伯伦所说："谁不做自己灵魂的朋友，便成为人们的敌人。"人间一切美好的情谊，都只能在忠实于自己灵魂的人之间发生。同样，如果灵魂是黑暗的，人与人只以肉身的欲望相对待，彼此之间就只有隔膜、争夺和战争了。

内在的孤独无法用任何尘世的快乐消除，这个事实恰恰是富有启示意义的，促使我们走向信仰。我们仿佛听到了一个声音："你们是灵魂，虽然活动于躯体之中。"作为灵魂，我们必定有更高的来源，更高的快乐才能使我们满足。纪伯伦是一个泛神论者，他相信宇宙是一个精神性的整体，每一个人的灵魂都是整体的显现，是流转于血肉之躯中的"最高之主的呼吸"。当我们感悟到自己与整体的联系之时，我们的灵魂便觉醒了。灵魂的觉醒是人生最宝贵的收获，是人的生存目的之所在。这时候，我们的内在自我便超越了孤独，也超越了生死。《先知》中的阿穆斯塔发在告别时如是说："只一会儿工夫，在风中休息片刻，另一个女人又将怀上我。"

不过，信仰不是空洞的，它见之于工作。"工作是看得见的爱。"带着爱工作，你就与自己、与人类、与上帝连成了一体。怎样才是带着爱工作呢？就是把你灵魂的气息贯注于你制造的一切。你盖房，就仿佛你爱的人要来住一样。有了这种态度，你的一切产品就都是精神的产品。在这同时，你也就使自己在精神上完满了起来，把自己变成了一个上面住着灵性生物的星球。

一个灵魂已经觉醒的人，他的生命核心与一切生命之间的道路打通了，所以他是不会狂妄的。他懂得万物同源、众生平等的道理，"每一个人都是以往的每一个君王和每一个奴隶的后裔"。"当你达到生命的中心时，你将发现你既不比罪人高，也不比先知低。"大觉悟导致大慈悲和大宽容。你不会再说："我要施舍，但只给那配得到者。"因为你知道，凡配在生命的海洋里啜饮的，都配在你的小溪里舀满他的杯子。你也不会再嘲笑和伤害别人，因为你知道，其实别人只是附在另一躯体上的最敏感的你。

在纪伯伦的作品中，随手可拾到语言的珍珠，我只是把很少一些串联起来，形成了一根思想的线索。当年罗斯福总统曾如此赞颂他："你是从东方吹来的第一阵风暴，横扫了西方，但它带给我们海岸的全是鲜花。"现在我们翻开他的书，仍可感到这风暴的新鲜有力，受这风暴的洗礼，我们的心中仍会绽开智慧的花朵。

阅读书目：

《纪伯伦散文诗全集》，冰心等译，浙江文艺出版社，1993年版。

2005年11月

第六辑

大师工作室

活着写作是多么美好

——读帕乌斯托夫斯基《金玫瑰》

一

　　我爱读作家、艺术家写的文论甚于理论家、批评家写的文论。当然，这里说的作家和理论家都是指够格的。我不去说那些写不出作品的低能作者写给读不懂作品的低能读者看的作文原理之类，这些作者的身份是理论家还是作家，真是无所谓的。好的作家文论能唤起创作欲，这种效果，再高明的理论家往往也不能达到。在作家文论中，帕乌斯托夫斯基的《金玫瑰》（亦译《金蔷薇》）又属别具一格之作，它诚如作者所说是一本论作家劳动的札记，但同时也是一部优美的散文集。书中云："某些书仿佛能迸溅出琼浆玉液，使我们陶醉，使我们受到感染，敦促我们拿起笔来。"此话正可以用来说它自己。这本谈艺术创作的书本身就是一件精美的艺术作品，它用富有魅力的语言娓娓谈论着语言艺术的魅力。传递给我们的不只是关于写作的知识或经验，而首先是对美、艺术、写作的热爱。它使人真切感到：活着写作是多么美好！

二

回首往事，谁不缅怀童年的幸福？童年之所以幸福，是因为那时候我们有最纯净的感官。在孩子眼里，世界每一天都是新的，样样事物都罩着神奇的色彩。正如作者所说，童年时代的太阳要炽热得多，草要茂盛得多，雨要大得多，天空的颜色要深得多，周围的人要有趣得多。孩子好奇的目光把世界照耀得无往而不美。孩子是天生的艺术家，他们的感觉尚未受功利污染，也尚未被岁月钝化。也许，对世界的这种新鲜敏锐的感觉已经是日后创作欲的萌芽了。

然后是少年时代，情心初萌，醉意荡漾，沉浸于一种微妙的心态，觉得每个萍水相逢的少女都那么美丽。羞怯而又专注的眼波，淡淡的发香，微启的双唇中牙齿的闪光，无意间碰到的冰凉的手指，这一切都令人憧憬爱情，感到一阵甜蜜的惆怅。那是一个几乎人人都曾写诗的年龄。

但是，再往后情形就不同了。"诗意地理解生活，理解我们周围的一切——是我们从童年时代得到的最可贵的礼物。要是一个人在成年之后的漫长的冷静岁月中，没有丢失这件礼物，那么他就是个诗人或者作家。"可惜的是，多数人丢失了这件礼物。也许是不可避免的，匆忙的实际生活迫使我们把事物简化、图式化，无暇感受种种细微差别。概念取代了感觉，我们很少看、听和体验。当伦敦居民为了谋生而匆匆走过街头时，哪有闲心去仔细观察街上雾的颜色？谁不知道雾是灰色的！直到莫奈到伦敦把雾画成了紫红色的，伦敦人才始而愤怒，继而吃惊地发现莫奈是对的，于是称他为"伦敦雾的创造者"。

一个艺术家无论在阅历和技巧方面如何成熟，在心灵上永远都是孩子，不会失去童年的清新直觉和少年的微妙心态。他也许为此要付出一些代价，例如在功利事务上显得幼稚笨拙。然而，有什么快乐比得上永远新鲜的美感的快乐呢？即使那些追名逐利之辈，偶尔回忆起早年曾有过的"诗意地理解生活"的情趣，不也会顿生怅然若失之感吗？蒲宁坐在车窗旁眺望窗外渐渐消融的烟影，赞叹道："活在世上是多么愉快呀！哪怕只能看到这烟和光也心满意足了。我即使缺胳膊断腿，只要能坐在长凳上望太阳落山，我也会因而感到幸福的。我所需要的只是看和呼吸，仅此而已。"的确，蒲宁是幸福的，一切对世界永葆新鲜美感的人是幸福的。

三

自席勒以来，好几位近现代哲人主张艺术具有改善人性和社会的救世作用。对此当然不应做浮于表面的理解，简单地把艺术当作宣传和批判的工具。但我确实相信，一个人，一个民族，只要爱美之心犹存，就总有希望。相反，"哀莫大于心死"，倘若对美不再动心，那就真正无可救药了。

据我观察，对美敏感的人往往比较有人情味，在这方面迟钝的人则不但性格枯燥，而且心肠多半容易走向冷酷。民族也是如此，爱美的民族天然倾向自由和民主，厌恶教条和专制。对土地和生活的深沉美感是压不灭的潜在的生机，使得一个民族不会长期忍受僵化的政治体制和意识形态，迟早要走上革新之路。

帕乌斯托夫斯基擅长用信手拈来的故事，尤其是大师生活中的小故事，来说明这一类艺术的真理。有一天，安徒生在林中散步，看到那里长着许多蘑菇，便设法在每一只蘑菇下边藏了一件小食品或小玩意儿。次日早晨，他带守林人的七岁的女儿走进这片树林。当孩子在蘑菇下发现这些意想不到的小礼物时，眼睛里燃起了难以形容的惊喜。安徒生告诉她，这些东西是地精藏在那里的。

"您欺骗了天真的孩子！"一个耳闻此事的神父愤怒地指责。

安徒生答道："不，这不是欺骗，她会终生记住这件事的。我可以向您担保，她的心绝不会像那些没有经历过这则童话的人那样容易变得冷酷无情。"

在某种意义上，美、艺术都是梦。但是，梦并不虚幻，它对人心的作用和它在人生中的价值完全是真实的。弗洛伊德早已阐明，倘没有梦的疗慰，人人都非患神经官能症不可。帕氏也指出，对想象的信任是一种巨大的力量，渊源于生活的想象有时候会反过来主宰生活。不妨设想一下，倘若彻底排除掉梦、想象、幻觉的因素，世界不再有色彩和音响，人心不再有憧憬和战栗，生命还有什么意义？帕氏谈到，人人都有存在于愿望和想象之中的、未在现实生活中得到实现的"第二种生活"。应当承认，这"第二种生活"并非无足轻重。说到底，在这世界上，谁的经历不是平凡而又平凡？内心经历的不同才在人与人之间铺设了巨大的鸿沟。《金玫瑰》中那个老清扫工夏米的故事是动人的，他怀着异乎寻常的温情，从银匠作坊的尘土里收集金粉，日积月累，终于替他一度抚育过的苏珊娜打了一朵精致的金玫瑰。小苏珊娜曾经盼望有人送她这样一朵金玫瑰，可这时早已成年，远走高飞，不知去向。夏米悄悄地死去了，人们在他的枕头下发现了用天蓝色缎带包好的金玫瑰，缎带皱皱巴巴，发出一股耗子的臊味。不管夏米的温情如何没有结果，这温情本身已经足够伟大。一个有过这番内心经历的夏米，当然不同于一个无此经历的普通清扫工。在人生画面上，梦幻也是真实的一笔。

四

作为一个作家，帕氏对于写作的甘苦有真切的体会。我很喜欢他谈论创作过程的那些篇章。

创作过程离不开灵感。所谓灵感，其实包括两种不同状态。一种是指稍纵即逝的感受、思绪、意象等的闪现，或如帕氏所说："不落窠臼的新的思想或新的画面像闪电似的从意识深处迸发出来。"这时必须立即把它们写下来，不能有分秒的耽搁，否则它们会永远消逝。这种状态可以发生在平时，便是积累素材的良机，也可以发生在写作中，便是文思泉涌的时刻。另一种是指预感到创造力高涨而产生的喜悦，屠格涅夫称之为"神的君临"，阿·托尔斯泰称之为"涨潮"。这时候会有一种欲罢不能的写作冲动，尽管具体写些什么还不清楚。帕氏形容它如同初恋，心由于预感到即将有奇妙的约会，即将见到美丽的明眸和微笑，即将做欲言又止的交谈而怦怦跳动。也可以说好像踏上一趟新的旅程，为即将有意想不到的幸福邂逅，即将结识陌生可爱的人和地方而欢欣鼓舞。

灵感不是作家的专利，一般人在一生中多少都有过新鲜的感受或创作的冲动，但要把灵感变成作品绝非易事，而作家的甘苦正在其中。老托尔斯泰说得很实在："灵感就是突然显现出你所能做到的事。灵感的光芒越是强烈，就越是要细心地工作，去实现这一灵感。"帕氏举了许多大师的例子说明实现灵感之艰难。福楼拜写作非常慢，为此苦恼不堪地说："这样写作品，真该打自己耳光。"陀思妥耶夫斯基发现，他写出来的作品总是比构思时差，便叹道："构思和想象一部小说，远比将它遣之笔端要好得多。"帕氏自己也承认："世上没有任何事情比面对素材一筹莫展更叫人难堪、更叫人苦恼的了。"一旦进入实际的写作过程，预感中奇妙的幽会就变成了成败未知的苦苦追求，诱人的旅行就变成了前途未卜的艰苦跋涉。赋予飘忽不定的美以形式，用语言表述种种不可名状的感觉，这一使命简直令人绝望。勃洛克针对莱蒙托夫说的话适用于一切诗人："对子虚乌有的春天的追寻，使你陷入愤激若狂的郁闷。"海涅每次到罗浮宫，都要一连好几个小时坐在维纳斯雕像前哭泣。他怎么能不哭泣呢？美如此令人心碎，人类的语言又如此贫乏无力……

然而，为写作受苦终究是值得的。除了艺术，没有什么能把美留住。除了作品，没有什么能把灵感留住。普里什文有本事把每一片飘零的秋叶都写成优美的散文，落叶太多了，无数落叶带走了他来不及诉说的思想。不过，他毕竟留住了一些落叶。正如费特的诗所说："这片树叶虽已枯黄凋落，但是将在诗歌中发出永恒的金光。"一切快乐都要求永恒，艺术家便是呕心沥血要使瞬息的美感之快乐常驻的人，他在创造的苦役中品味到了造物主的欢乐。

五

在常人看来，艺术与爱情有着不解之缘。唯有艺术家自己明白，两者之间还有着不可调和的冲突，他们常常为此面临两难的抉择。

威尼斯去维罗纳的夜行驿车里，安徒生结识了热情而内向的埃列娜，她默默爱上了这位其貌不扬的童话作家。翌日傍晚，安徒生忐忑不安地走进埃列娜在维罗纳的寓所，然而不是为了向他同样也钟情的这个女子倾诉衷肠，而是为了永久的告别。他不相信一个美丽的女子会长久爱自己，连他自己也嫌恶自己的丑陋。说到底，爱情只有在想象中才能天长地久。埃列娜看出这个童话诗人在现实生活中却害怕童话，原谅了他。此后他俩再也没有见过面，但终生互相思念。

巴黎市郊莫泊桑的别墅外，一个天真美丽的姑娘拉响了铁栅栏门的门铃。这是一个穷苦女工，莫泊桑小说艺术的崇拜者。得知莫泊桑独身一人，她心里出现了一个疯狂的念头，要把生命奉献给他，做他的妻子和女奴。她整整一年省吃俭用，为这次见面置了一身漂亮衣裳。来开门的是莫泊桑的朋友，一个色鬼。他骗她说，莫泊桑携着情妇度假去了。姑娘惨叫一声，踉跄而去。色鬼追上了她。当天夜里她因为恨自己，恨莫泊桑，委身给了色鬼。后来她沦为名震巴黎的雏妓。莫泊桑听说此事后，只是微微一笑，觉得这是篇不坏的短篇小说的题材。

我把《金玫瑰》不同篇章叙述的这两则逸事放到一起，也许会在安徒生的温柔的自卑和莫泊桑的冷酷的玩世不恭之间造成一种对照，但他们毕竟有一点是共同的，就是珍惜艺术胜于珍惜现实中的爱情。据说这两位大师临终前都悔恨了，安徒生恨自己错过了幸福的机会，莫泊桑恨自己亵渎了纯洁的感情。可是我敢断言，倘若他们能重新生活，一切仍会照旧。

艺术家就其敏感的天性而言，比常人更易堕入情网，但也更易感到失望或厌倦。只有在艺术中才有完美。在艺术家心目中，艺术始终是第一位的。即使他爱得如痴如醉，倘若爱情的缠绵妨碍了他从事艺术，他就仍然会焦灼不安。即使他因失恋而痛苦，只要艺术的创造力不衰，他就仍然有生活的勇气和乐趣。最可怕的不是无爱的寂寞或失恋的苦恼，而是丧失创造力。在这方面，爱情的痴狂或平淡都构成了威胁。无论是安徒生式的逃避爱情，还是莫泊桑式的玩世不恭，实质上都是艺术本能所构筑的自我保护的堤坝。艺术家的确属于一个颠倒的世界，他把形式当作了内容，而把内容包括生命、爱情等当作了形式。诚然，从总体上看，艺术是为人类生命服务的。但是，唯有以自己的生命为艺术服务的艺术家，才能创造出这为人类生命服务的艺术来。帕氏写道："如果说，时间能够使爱情……消失殆尽的话，那么时间却能够使真正的文学成为不朽之作。"人生中有一些非常美好的瞬息，为了使它们永存，活着写作是多么美好！

阅读书目：

帕乌斯托夫斯基:《金玫瑰》，戴骢译，百花文艺出版社，1987年版。

1988年3月

私人写作

——读托尔斯泰日记

一

一八六二年秋天的一个夜晚，托尔斯泰几乎通宵失眠，心里只想着一件事：明天他就要向索菲亚求婚了。他非常爱这个比他小十六岁、年方十八的姑娘，觉得即将来临的幸福简直难以置信，因此兴奋得睡不着觉了。

求婚很顺利。可是，就在求婚被接受的当天，他想到的是："我不能为自己一个人写日记了。我觉得，我相信，不久我就不再会有属于一个人的秘密，而是属于两个人的，她将看我写的一切。"

当他在日记里写下这段话时，他显然不是为有人将分享他的秘密而感到甜蜜，而是为他不再能独享仅仅属于他一个人的秘密而感到深深的不安。这种不安在九个月后完全得到了证实，清晰成了一种强烈的痛苦和悔恨："我自己喜欢并且了解的我，那个有时整个地显身、叫我高兴也叫我害怕的我，如今在哪里？我成了一个渺小的微不足道的人。自从我娶了我所爱的女人以来，我就是这样一个人。这个簿子里写的几乎全是谎言——虚伪。一想到她此刻就在我身后看我写东西，就减少、破坏了我的真实性。"

托尔斯泰并非不愿对他所爱的人讲真话。但是，面对他人的真实是一回事，面对自己的真实是另一回事，前者不能代替后者。作为一个珍惜内心生活的人，他从小就养成了写日记的习惯。如果我们不把记事本、备忘录之类和日记混为一谈的话，就应该承认，日记是最纯粹的私人写作，是个人精神生活的隐秘领域。在日记中，一个人只面对自己的灵魂，只和自己的上帝说话。这的确是一个神圣的约会，是绝不容许有他人在场的。如果写日记时知道所写的内容将被另一个人看到，那么，这个读者的无形在场便不可避免地会改变写作者的心态，使他有意无意地用这个读者的眼光来审视自己写下的东西。结果，日记不再成其为日记，与上帝的密谈蜕变为向他人的倾诉和表白，社会关系无耻地占领了个人的最后一个精神密室。当一个人在任何时间内，包括在写日记时，面对的始终是他人，不复能够面对自己的灵魂时，不管他在家庭、社会和一切人际关系中是一个多么诚实的人，他仍然失去了最根本的真实，即面对自己的真实。

因此，无法只为自己写日记，这一境况成了托尔斯泰婚后生活中的一个持久的病痛。三十四年后，他还在日记中无比沉痛地写道："我过去不为别人写日记时有过的那种宗教感情，现在都没有了。一想到有人看过我的日记而且今后还会有人看，那种感情就被破坏了。而那种感情是宝贵的，在生活中帮助过我。"这里的"宗教感情"是指一种仅仅属于每个人自己的精神生活，因为正像他在生命最后一年给索菲亚的一封信上所说的："每个人的精神生活是这个人与上帝之间的秘密，别人不该对它有任何要求。"

在世间一切秘密中，唯此种秘密最为神圣，别种秘密的被揭露往往提供事情的真相，而此种秘密的受侵犯却会扼杀灵魂的真实。

可是，托尔斯泰仍然坚持写日记，直到生命的最后日子，而且在我看来，他在日记中仍然是非常真实的，比我所读到过的任何作家日记都真实。他把他不能真实地写日记的苦恼毫不隐讳地诉诸笔端，也正证明了他的真实。真实是他的灵魂的本色，没有任何力量能使他放弃，他自己也不能。

二

似乎也是出于对真实的热爱，萨特却反对一切秘密。他非常自豪他面对任何人都没有秘密，包括托尔斯泰所异常珍视的个人灵魂的秘密。他的口号是用透明性取代秘密。在他看来，写作的使命便是破除秘密，每个作家都完整地谈论自己，如此缔造一个一切人对一切人都没有秘密的完全透明的理想社会。

我不怀疑萨特对透明性的追求是真诚的，并且出于一种高尚的动机。但是，它显然是乌托邦。如果不是，就更可怕，因为其唯一可能的实现方式是奥威尔的《一九八四》，即一种禁止个人秘密的恐怖的透明性。不过，这是题外话。对于我们来说，重要的是：写作的真实存在于透明性之中吗？

当然，写作总是要对人有所谈论。在此意义上，萨特否认有为自己写作这种事。他断言："一旦你开始写作，不管你愿意不愿意，你已经介入了。"可是，问题在于，在"介入"之前，作家所要谈论的问题已经存在了，它并不是在作家开口向人谈论的时候才突然冒出来的。一个真正的作家必有一个或者至多几个真正属于他的问题，这些问题往往伴随他的一生，它们的酝酿和形成恰好是他的灵魂的秘密。他的作品并非要破除这个秘密，而只是从这个秘密中生长出来的看得见的作物罢了。就写作是一个精神事件，作品是一种精神产品而言，有没有真正属于自己灵魂的问题和秘密便是写作的真实的一个基本前提。这样的问题和秘密会引导写作者探索存在的未经勘察的领域，发现一个别人尚未发现的仅仅属于他的世界，他作为一个作家的存在理由和价值就在此。没有这样的问题和秘密的人诚然也可以写点什么，甚至写很多的东西，然而，在最好的情况下，他们只是在传授知识、发表意见、报告新闻、编讲故事，因而不过是教师、演说家、记者、故事能手罢了。

第二次世界大战期间，加缪出于对法西斯的义愤加入了法国抵抗运动。战后，在回顾这一经历时，他指责德国人说："你们强迫我进入了历史，使我五年中不能享受鸟儿的歌鸣。可是，历史有一种意义吗？"针对这一说法，萨特批评道："问题不在于是否愿意进入历史和历史是否有意义，而在于我们已经身在历史中，应当给它一种我们认为最好的意义。"他显然没有弄懂加缪苦恼的真正缘由：对于真正属于自己灵魂的问题的思考被外部的历史事件打断了。他太多地生活在外部的历史中，因而很难理解一个沉湎于内心生活的人的特殊心情。

我相信萨特是不为自己写日记的，他的日记必定可以公开，至少可以向波伏瓦公开，因此他完全不会有托尔斯泰式的苦恼。我没有理由据此断定他不是一个好作家。不过，他的文学作品，包括小说和戏剧，无不散发着浓烈的演讲气息，而这不能说与他主张并努力实行的透明性有关。昆德拉在谈到萨特的《恶心》时挖苦说，这部小说是存在主义哲学穿上了小说的可笑服装，就好像一个教师为了给打瞌睡的学生开心，决定用小说的形式上一课。的确，我们无法否认萨特是一个出色的教师。

三

对于我们今天的作家来说，托尔斯泰式的苦恼就更是一种陌生的东西了。一个活着时已被举世公认的文学泰斗和思想巨人，却把自己的私人日记看得如此重要，这个现象似乎只能解释为一种个人癖好，并无重要性。据我推测，今天以写作为生的大多数人是不写日记的，至少是不写灵魂密谈意义上的私人日记的。有些人从前可能写过，一旦成了作家，就不写了。想要或预约要发表的东西尚且写不完，哪里还有工夫写不发表的东西呢？

一位研究宗教的朋友曾经不胜感慨地向我诉苦：他忙于应付文债，几乎没有喘息的工夫，只在上厕所时才得到片刻的安宁。我笑笑说：可不，在这个忙碌的时代，我们只能在厕所里接待上帝。上帝在厕所里——这不是一句单纯的玩笑，而是我们这个时代的真实写照，厕所是上帝在这个喧嚣世界里的最后避难所。这还算好的呢，多少人即使在厕所里也无暇接待上帝，依然忙着尘世的种种事务，包括写作！

是的，写作成了我们在尘世的一桩事务。这桩事务又派生出了许多别的事务，于是我们忙于各种谈话：与同行、编辑、出版商、节目主持人，等等。其实，写作也只是我们向公众谈话的一种方式而已。最后，我们干脆抛开纸笔，直接在电视台以及各种会议上频频亮相和发表谈话，并且仍然称这为写作。

曾经有一个时代，那时的作家、学者中出现了一批各具特色的人物，他们每个人都经历了某种独特的精神历程，因而都是一个独立的世界。在他们的一生中，对世界、人生、社会的观点也许会发生重大的变化，不论这些变化的促因是什么，都同时是他们灵魂深处的变化。我们尽可以对这些变化评头论足，但我们不得不承认，由这些变化组成的他们的精神历程在我们眼前无不呈现为一种独特的精神景观，闪耀着个性的光华。可是，今日的精英们却只是在无休止地咀嚼从前的精英留下的东西，名之曰文化讨论，并且人人都以能够在这讨论中插上几句话而自豪。他们也在不断改变着观点，例如昨天鼓吹革命，今天讴歌保守，昨天崇洋，今天尊儒，但是这些变化与他们的灵魂无关，我们从中看不到精神历程，只能看到时尚的投影。他们或随波逐流，或标新立异，而标新立异也无非是随波逐流的夸张形式罢了。把他们先后鼓吹过的观点搜集到一起，我们只能得到一堆意见的碎片，用它们是怎么也拼凑不出一个完整的个性的。

四

我把一个作家不为发表而从事的写作称为私人写作，它包括日记、笔记、书信，等等。这是一个比较宽泛的定义，哪怕在写时知道甚至期待别人——例如爱侣或密友——读到的日记也包括在内，因为它们起码可以算是情书和书信。当然，我所说的私人写作肯定不包括预谋要发表的日记、公开的情书、登在报刊上的致友人书之类，因为这些东西不符合我的定义。要言之，在进行私人写作时，写作者所面对的是自己或者某一个活生生的具体的个人，而不是抽象的读者和公众。因而，他此刻所具有的是一个生活、感受和思考着的普通人的心态，而不是一个专业作家的职业心态。

毫无疑问，最纯粹、在我看来也最重要的私人写作是日记。我甚至相信，一切真正的写作都是从写日记开始的，每一个好作家都有一个相当长久的纯粹私人写作的前史，这个前史决定了他后来成为作家不是仅仅为了谋生，也不是为了出名，而是因为写作乃是他的心灵的需要，至少是他的改不掉的积习。他向自己说了太久的话，因而很乐意有时候向别人说一说。

私人写作的反面是公共写作，即为发表而从事的写作，这是就发表终究是一种公共行为而言的。对于一个作家来说，为发表的写作当然是不可避免也无可非议的，而且这是他锤炼文体功夫的主要领域，传达的必要促使他寻找贴切的表达，尽量把话说得准确生动。但是，他首先必须有话要说，这是非他说不出来的独一无二的话，是发自他心灵深处的话，如此他才会怀着珍爱之心为它寻找最好的表达，生怕它受到歪曲和损害。这样的话在向读者说出来之前，他必定已经悄悄对自己说过无数遍了。一个忙于向公众演讲而无暇对自己说话的作家，说出的话也许漂亮动听，但几乎不可能是真切感人的。

托尔斯泰认为，写作的职业化是文学堕落的主要原因。此话愤激中带有灼见。写作成为谋生手段，发表就变成了写作的最直接的目的，写作遂变为制作，于是文字垃圾泛滥。不被写作的职业化败坏是一件难事，然而仍是可能的，其防御措施之一便是适当限制职业性写作所占据的比重，为自己保留一个纯粹私人写作的领域。私人写作为作家提供了一个必要的空间，使他暂时摆脱职业，回到自我，得以与自己的灵魂会晤。他从私人写作中得到的收获必定会给他的职业性写作也带来好的影响，精神的洁癖将使他不屑于制作文字垃圾。我确实相信，一个坚持为自己写日记的作家不会高兴去写仅仅被市场需要的东西的。

五

一九一〇年的一个深秋之夜，离那个为求婚而幸福得睡不着觉的秋夜快半个世纪了，对于托尔斯泰来说，这是又一个不眠之夜。这天深夜，这位八十二岁的老翁悄悄起床，离家出走，十天后病死在一个名叫阿斯塔波沃的小车站上。

关于托尔斯泰晚年的出走，后人众说纷纭。最常见的说法是，他试图以此表明他与贵族生活——以及不肯放弃这种生活的托尔斯泰夫人——的决裂，走向已经为时过晚的自食其力的劳动生活。因此，他是为平等的理想而献身的。然而，事实上，托尔斯泰出走的真正原因也就是四十八年前新婚燕尔时令他不安的那个原因：日记。

如果说不能为自己写日记是托尔斯泰的一块心病，那么，不能看丈夫的日记就是索菲亚的一块心病，夫妇之间围绕日记展开了旷日持久的战争。到托尔斯泰晚年，这场战争达到了高潮。为了有一份只为自己写的日记，托尔斯泰真是费尽了心思，伤透了脑筋。有一段时间，这个举世闻名的大文豪竟然不得不把日记藏在靴筒里，连他自己也觉得滑稽。可是，最后还是被索菲亚翻出来了。索菲亚又要求看他其余的日记，他坚决不允，把他最后十年的日记都存进了一家银行。索菲亚为此不断地哭闹，她想不通做妻子的为什么不能看丈夫的日记，对此只能有一个解释：那里面一定写了她的坏话。在她又一次哭闹时，托尔斯泰喊了起来：

"我把我的一切都交了出来：财产，作品……只把日记留给了自己。如果你还要折磨我，我就出走，我就出走！"

说得多么明白。这话可是索菲亚记在她自己的日记里的，她不可能捏造对她不利的话。那个夜晚她又偷偷翻寻托尔斯泰的文件，终于促使托尔斯泰把出走的决心付诸行动。把围绕日记的纷争解释为争夺遗产继承权的斗争，未免太势利眼了。对于托尔斯泰来说，他死后日记落在谁手里是一件相对次要的事情，他不屈不挠争取的是为自己写日记的权利。这位公共写作领域的巨人同时也是一位为私人写作的权利献身的烈士。

阅读书目：

《列夫·托尔斯泰文集》第17卷《日记》，陈馥等译，人民文学出版社，1991年版。

1996年3月

探究存在之谜

——读昆德拉《小说的艺术》

一

如同一切"文化热"一样，所谓"昆德拉热"也是以误解为前提的。人们把道具看成了主角，误以为眼前正在上演的是一出政治剧，于是这位移居巴黎的捷克作家便被当作一个持不同政见的文学英雄受到了欢迎或者警惕。

现在，随着昆德拉的文论集《小说的艺术》中译本的出版，我祝愿他能重获一位智者应得的宁静。

昆德拉最欣赏的现代作家是卡夫卡。当评论家们纷纷把卡夫卡的小说解释为一种批评资本主义异化的政治寓言的时候，昆德拉却赞扬它们是"小说的彻底自主性的出色样板"，指出其意义恰恰在于它们的"不介入"，即在所有政治纲领和意识形态面前保持完全的自主。

"不介入"并非袖手旁观，"自主"并非中立。卡夫卡也好，昆德拉也好，他们的作品即使在政治的层面上也是富于批判意义的。但是，他们始终站得比政治更高，能够超越政治的层面而达于哲学的层面。如同昆德拉自己所说，在他的小说中，历史本身是被当作存在境况而给予理解和分析的。正因为如此，他们的政治批判也就具有了超出政治的人生思考的意义。

高度政治化的环境对于人的思考力具有一种威慑作用，一个人，哪怕他是笛卡儿，在身历其境时恐怕也难以怡然从事"形而上学的沉思"。面对血与火的事实，那种对于宇宙和生命意义的"终极关切"未免显得奢侈。然而，我相信，一个人如果真是一位现代的笛卡儿，那么，无论他写小说还是研究哲学，他都终能摆脱政治的威慑作用，使得异乎寻常的政治阅历不是阻断而是深化他的人生思考。

鲁迅曾经谈到一种情况：呼唤革命的作家在革命到来时反而沉寂了。我们可以补充一种类似的情况：呼唤自由的作家在自由到来时也可能会沉寂。仅仅在政治层面上思考和写作的作家，其作品的动机和效果均系于那个高度政治化的环境，一旦政治淡化（自由正意味着政治淡化），他们的写作生命就结束了。他们的优势在于敢写不允许写的东西，既然什么都允许写，他们还有什么可写的呢？

比较起来，立足于人生层面的作家有更耐久的写作生命，因为政治淡化原本就是他们的一个心灵事实。他们的使命不是捍卫或推翻某种教义，而是探究存在之谜。教义会过时，而存在之谜的谜底是不可能有朝一日被穷尽的。

所以，在移居巴黎之后，昆德拉的作品仍然源源不断地问世，我对此丝毫不感到奇怪。

二

在《小说的艺术》中，昆德拉称小说家为"存在的勘探者"，而把小说的使命确定为"通过想象出的人物对存在进行深思""揭示存在的不为人知的方面"。

昆德拉所说的"存在"，直接引自海德格尔的《存在与时间》。尽管这部巨著整个儿是在谈论"存在"，却始终不曾给"存在"下过一个定义。海德格尔承认："'存在'这个概念是不可定义的。"我们只能约略推断，它是一个关涉人和世界的本质的范畴。正因为如此，存在是一个永恒的谜。

按照尼采的说法，哲学家和诗人都是"猜谜者"，致力于探究存在之谜。那么，小说的特点何在？在昆德拉看来，小说的使命与哲学、诗并无二致，只是小说拥有更丰富的手段，它具有"非凡的合并能力"，能把哲学和诗包容在自身中，而哲学和诗却不能包容小说。

在勘探存在方面，哲学和诗的确各有自己的尴尬。哲学的手段是概念和逻辑，但逻辑的绳索不能套住活的存在。诗的手段是感觉和意象，但意象的碎片难以映现完整的存在。很久以来，哲学和诗试图通过联姻走出困境，结果好像并不理想，我们读到了许多美文和玄诗，也就是说，许多化装为哲学的诗和化装为诗的哲学。我不认为小说是唯一的乃至最后的出路，然而，设计出一些基本情境或情境之组合，用它们来包容、连接、贯通哲学的体悟和诗的感觉，也许是值得一试的途径。

昆德拉把他小说里的人物称作"实验性的自我"，其实质是对存在的某个方面的疑问。例如，在《不能承受的存在之轻》中，托马斯大夫是对存在之轻的疑问，特丽莎是对灵与肉的疑问。事实上，它们都是作者自己的疑问，推而广之，也是每一个自我对于存在所可能具有的一些根本性困惑，昆德拉为之设计了相应的人物和情境，而小说的展开便是对这些疑问的深入追究。

关于"存在之轻"的译法和含义，批评界至今众说纷坛。其实，只要考虑到昆德拉使用的"存在"一词的海德格尔来源，许多无谓的争论即可避免。"存在之轻"就是人生缺乏实质，人生的实质太轻飘，所以使人不能承受。在《小说的艺术》中，昆德拉自己有一个说明："如果上帝已经走了，人不再是主人，谁是主人呢？地球没有任何主人，在空无中前进。这就是存在的不可承受之轻。"可见其含义与"上帝死了"命题一脉相承，即指人生根本价值的失落。对于托马斯来说，人生实质的空无尤其表现在人生受偶然性支配，使得一切真正的选择成为不可能，而他所爱上的特丽莎便是绝对偶然性的化身。另一方面，特丽莎之受灵与肉问题的困扰，又是和托马斯既爱她又同众多女人发生性关系这一情形分不开的。两个主人公各自代表对存在的一个基本困惑，同时又构成诱发对方困惑的一个基本情境。在这样一种颇为巧妙的结构中，昆德拉把人物的性格和存在的思考同步推向了深入。

我终归相信，探究存在之谜还是可以用多种方式的，不必是小说；用小说探究存在之谜还是可以有多种写法的，不必如昆德拉。但是，我同时也相信昆德拉的话："没有发现过去始终未知的一部分存在的小说是不道德的。"不但小说，而且一切精神创作，唯有对人生基本境况做出了新的揭示，才称得上伟大。

三

昆德拉之所以要重提小说的使命问题，是因为他看到了现代人的深刻的精神危机，这个危机可以用海德格尔的一句名言来概括，就是"存在的被遗忘"。

存在是如何被遗忘的？昆德拉说："人处在一个真正的缩减的旋涡中，胡塞尔所讲的'生活世界'在旋涡中宿命般地黯淡，存在坠入遗忘。"

缩减仿佛是一种宿命。我们刚刚告别生活一切领域缩减为政治的时代，一个新的缩减旋涡又更加有力地罩住了我们。在这个旋涡中，爱情缩减为性，友谊缩减为交际和公共关系，读书和思考缩减为看电视，大自然缩减为豪华宾馆里的室内风景，对土地的依恋缩减为旅游业，真正的精神冒险缩减为假冒险的游乐设施。要之，一切精神价值都缩减成了实用价值，永恒的怀念和追求缩减成了当下的官能享受。当我看到孩子们不再玩沙和泥土，而是玩电子游戏机，不再知道白雪公主，而是津津乐道卡通片里的机器人的时候，我心中明白一个真正可怕的过程正在地球上悄悄进行。我也懂得了昆德拉说这话时的沉痛："当明天自然从地球上消失的时候，谁会发现呢？……末日并不是世界末日的爆炸，也许没有什么比末日更为平静的了。"我知道他绝非危言耸听，因为和自然一起消失的还有我们的灵魂，我们的整个心灵生活。上帝之死不足以造成末日，真正的世界末日是在人不图自救、不复寻求生命意义的那一天到来的。

可悲的是，包括小说在内的现代文化也卷入了这个缩减的旋涡，甚至为之推波助澜。文化缩减成了大众传播媒介，人们不复孕育和创造，只求在公众面前频繁亮相。小说家不甘心于默默无闻地在存在的某个未知领域里勘探，而是把眼睛盯着市场，揣摩和迎合大众心理，用广告手段提高知名度，热衷于挤进影星、歌星、体育明星的行列，和他们一起成为电视和小报上的新闻人物。如同昆德拉所说，小说不再是作品，而成了一种动作，一个没有未来的当下事件。他建议比自己的作品聪明的小说家改行，事实上他们已经改行了——他们如今是电视制片人、文化经纪人、大腕、款爷。

正是面对他称之为"媚俗"的时代精神，昆德拉举起了他的堂吉诃德之剑，要用小说来对抗世界性的平庸化潮流，唤回对被遗忘的存在的记忆。

四

然而，当昆德拉谴责媚俗时，他主要还不是指那种制造大众文化消费品的通俗畅销作家，而是指诸如阿波利奈尔、兰波、马雅可夫斯基、未来派、前卫派这样的响当当的现代派。这里我不想去探讨他对某个具体作家或流派的评价是否公正，只想对他抨击"那些形式上追求现代主义的作品的媚俗精神"表示一种快意的共鸣。当然，艺术形式上的严肃的试验是永远值得赞赏的，但是，看到一些艺术家怀着唯恐自己不现代的焦虑和力争最现代、超现代的激情，不断好新骛奇，渴望制造轰动效应，我不由得断定，支配着他们的仍是大众传播媒介的那种哗众取宠精神。

现代主义原是作为对现代文明的反叛崛起的，它的生命在于真诚，即对虚妄信仰的厌恶和对信仰失落的悲痛。曾几何时，现代主义也成了一种时髦，做现代派不再意味着超越时代，而是意味着站在时代前列，领受的不是冷落，而是喝彩。于是，现代世界的无信仰状态不再使人感到悲凉，反倒被标榜为一种新的价值大放其光芒，而现代主义也就蜕变成了掩盖现代文明之空虚的花哨饰物。所以，有必要区分两种现代主义。一种是向现代世界认同的时髦的现代主义，另一种是批判现代世界的"反现代的现代主义"。昆德拉强调后一种现代主义的反激情性质，指出现代最伟大的小说家都是反激情的，并且提出一个公式："小说＝反激情的诗"。一般而言，在艺术作品中激情外露终归是不成熟的表现，无论在艺术史上还是对于艺术家个人，浪漫主义均属于一个较为幼稚的阶段。尤其在现代，面对无信仰，一个人如何能怀有以信仰为前提的激情？其中包含着的矫情和媚俗是不言而喻的了。一个严肃的现代作家则敢于正视上帝死后重新勘探存在的艰难使命，他是现代主义的，因为他怀着价值失落的根本性困惑，他又是反现代的，因为他不肯在根本价值问题上随波逐流。那么，由于在价值问题上的认真态度，毋宁说"反现代的现代主义"蕴含着一种受挫的激情。这种激情不外露，默默推动着作家在一个没有上帝的世界上继续探索存在的真理。

倘若一个作家清醒地知道世上并无绝对真理，同时他又不能抵御内心那种形而上的关切，他该如何向本不存在的绝对真理挺进呢？昆德拉用他的作品和文论告诉我们，小说的智慧是非独断的智慧，小说对存在的思考是疑问式的、假说式的。我们确实看到，昆德拉在他的小说中是一位调侃能手，他调侃一切神圣和非神圣的事物，调侃历史、政治、理想、爱情、性、不朽，借此把一切价值置于问题的领域。然而，在这种貌似玩世不恭下面，却蕴藏着一种根本性的严肃，便是对于人类存在境况的始终一贯的关注。他自己不无理由地把这种写作风格称作"轻浮的形式与严肃的内容的结合"。说到底，昆德拉是严肃的，一切伟大的现代作家是严肃的。倘无这种内在的严肃，轻浮也可流为媚俗。在当今文坛上，那种借调侃一切来取悦公众的表演不是正在走红吗?

阅读书目：

昆德拉:《小说的艺术》，孟湄译，生活·读书·新知三联书店，1992
年版。

1992年11月

小说的智慧

——读昆德拉《被背叛的遗嘱》

孟湄送我这本她翻译的昆德拉的文论《被背叛的遗嘱》，距今快三年了。当时一读就非常喜欢，只觉得妙论迭出，奇思突起。我折服于昆德拉既是写小说的大手笔，也是写文论的大手笔。他的文论，不但传达了他独到而一贯的见识，而且也是极显风格的散文。自那以后，我一直想把读这书的感想整理出来，到今天才算如了愿，写成这篇札记。我不是小说家，我所写的只是因了昆德拉的启发而对现代小说精神的一种理解。

一、小说在思考

小说曾经被等同于故事，小说家则被等同于讲故事的人。在小说中，小说家通过真实的或虚构的（经常是半真实半虚构的）故事描绘生活，多半还解说生活，对生活做出一种判断。读者对于小说的期待往往也是引人入胜的故事，以故事是否吸引人来评定小说的优劣。现在，面对卡夫卡、乔伊斯这样的现代小说家的作品，期待故事的读者难免困惑甚至失望了，觉得它们简直不像小说。从前的小说想做什么是清楚的，便是用故事讽喻、劝诫或者替人们解闷，现代小说想做什么呢？

现代小说在思考。现代一切伟大的小说都不对生活下论断，而仅仅是在思考。

小说的内容永远是生活。每一部小说都描述或者建构了生活的一个片段、一个缩影、一种模型，以此传达了对生活的一种理解。对于从前的小说家来说，不管他们对生活的理解多么不同，在每一种理解下，生活都如同一个具有确定意义的对象摆在面前，小说只需对之进行描绘、再现、加工、解释就可以了。在传统形而上学崩溃的背景下，以往对生活的一切清晰的解说都成了问题，生活不再是一个具有确定意义的对象，而重新成了一个未知的领域。当现代哲学陷入意义的迷惘之时，现代小说也发现了认识生活的真相是自己最艰难的使命。

在《被背叛的遗嘱》中，昆德拉谈到了认识生活的真相之困难。这是一种悖论式的困难。我们的真实生活是由每一个"现在的具体"组成的，而"现在的具体"几乎是无法认识的，它一方面极其复杂，包含着无数事件、感觉、思绪，如同原子一样不可穷尽，另一方面又稍纵即逝，当我们试图认识它时，它已经成为过去。也许我们可以退而求其次，通过及时的回忆来挽救那刚刚消逝的"现在"。但是，回忆也只是遗忘的一种形式，既然"现在的具体"在进行时未被我们认识，在回忆中呈现的就更不是当时的那个具体了。

尽管如此，我们仍然只能依靠回忆，因为它是我们的唯一手段。回忆不可避免地是一个整理和加工的过程，在这过程中，逻辑、观念、趣味、眼光都参与进来了。如此获得的结果绝非那个我们企图重建的"现在的具体"，而只能是一种抽象。例如，当我们试图重建某一情境中的一场对话时，它几乎必然要被抽象化：对话被缩减为条理清晰的概述，情境只剩下若干已知的条件。问题不在于记忆力，再好的记忆力也无法复原从未进入意识的东西。这种情形使得我们的真实生活成了"世上最不为人知的事物"，"人们死去却不知道曾经生活过什么"。

　　我走在冬日的街道上。沿街栽着一排树，树叶已经凋零，只剩下光秃秃的枝干。不时有行人迎面走来，和我擦身而过。我想到此刻在世界的每一个城市，都有许多人在匆匆走着，走过各自生命的日子，走向各自的死亡。人们匆忙地生活着，而匆忙也只是单调的一种形式。匆忙使人们无暇注视自己的生活，单调则使人们失去了注视的兴趣。就算我是一个诗人、作家、学者，又怎么样呢？当我从事着精神的劳作时，我何尝注视自己的生活，只是在注视自己的意象、题材、观念罢了。我思考着生活的意义，因为抓住了某几个关键字眼而自以为对意义有所领悟，就在这同时，我的每日每时的真实生活却从我手边不留痕迹地流失了。

　　好吧，让我停止一切劳作，包括精神的劳作，全神贯注于我的生活中的每一个"现在的具体"。可是，当我试图这么做时，我发现所有这些"现在的具体"不再属我了。我与人交谈，密切注视着谈话的进行，立刻发现自己已经退出了谈话，仿佛是另一个虚假的我在与人进行一场虚假的谈话。我陷入了某种微妙的心境，于是警觉地返身内视，却发现我的警觉使这微妙的心境不翼而飞了。

一个至死不知道自己曾经生活过什么的人，我们可以说他等于没有生活过。一个时刻注视自己在生活着什么的人，他实际上站到了生活的外边。人究竟怎样才算生活过？

二、小说与哲学相靠近

如何找回失去的"现在"，这是现代小说家所关心的问题。"现在"的流失不是量上的，而是质上的。因此，靠在数量上自然主义地堆积生活细节是无济于事的，唯一可行的是从质上找回。所谓从质上找回，便是要去发现"现在的具体"的本体论结构，也就是通过捕捉住"现在"中那些隐藏着存在的密码的情境和细节，来揭示人生在世的基本境况。昆德拉认为，这正是卡夫卡开辟的新方向。

昆德拉常常用海德格尔的"存在"范畴表达他所理解的生活。基本的要求仍然是真实，但不是反映论意义上的，而是本体论意义上的，"存在"范畴所表达的便是这种本体论意义上的生活之真实。小说中的"假"，种种技巧和虚构，都是为这种本体论意义上的真服务的，若非如此，便只是纯粹的假——纯粹的个人玩闹和遐想——而已。

有时候，昆德拉还将"存在"与"现实"区分开来。例如，他在《小说的艺术》中写道："小说研究的不是现实，而是存在。"凡发生了的事情都属于现实，存在则总是关涉人生在世的基本境况。小说的使命不是陈述发生了一些什么事情，而是揭示存在的尚未为人所知的方面。如果仅仅陈述事情，不管这些事情多么富有戏剧性，多么引人入胜，或者在政治上多么重要，有多大的新闻价值，对于阐述某个哲学观点多么有说服力，都与存在无关，因而都在小说的真正历史之外。

　　小说以研究存在为自己的使命，这使得小说向哲学靠近了。但是，小说与哲学的靠近是互相的，是它们都把目光投向存在领域的结果。在这互相靠近的过程中，代表哲学一方的是尼采，他拒绝体系化思想，对有关人类的一切进行思考，拓宽了哲学的主题，使哲学与小说相接近；代表小说一方的是卡夫卡、贡布罗维茨、布洛赫、穆齐尔，他们用小说进行思考，接纳可被思考的一切，拓宽了小说的主题，使小说与哲学相接近。

　　其实，小说之与哲学结缘由来已久。凡是伟大的小说作品，皆包含着一种哲学的关切和眼光。这并不是说，它们阐释了某种哲学观点，而是说，它们总是对人生底蕴有所关注并提供了若干新的深刻的认识。仅仅编故事而没有这种哲学内涵的小说，无论故事编得多么精彩，都称不上伟大。令昆德拉遗憾的是，他最尊敬的哲学家海德格尔只重视诗，忽视了小说，而"正是在小说的历史中有着关于存在的智慧的最大宝藏"。他也许想说，如果海德格尔善于发掘小说的材料，必能更有效地拓展其哲学思想。

　　在研究存在方面，小说比哲学更具有优势。存在是不能被体系化的，但哲学的概念式思考往往倾向于体系化，小说式的思考却天然是非系统的，能够充分地容纳意义的不确定性。小说在思考——并不是小说家在小说中思考，而是小说本身在思考。这就是说，不只是小说的内容具有思想的深度，小说的形式也在思考，因而不能不具有探索性和实验性。这正是现代小说的特点。所谓的"哲学小说"与现代小说毫不相干，"哲学小说"并不在思考，譬如说萨特的小说不过是萨特在用小说的形式上哲学课罢了。在"哲学小说"中，哲学与小说是貌合神离、同床异梦的。昆德拉讽刺说，由于萨特的《恶心》成了新方向的样板，其后果是"哲学与小说的新婚之夜在相互的烦恼中度过"。

三、存在不是什么

今日世界上，每时每刻都有人在编写和出版小说，其总量不计其数。然而，其中的绝大部分只是在小说历史之外的小说生产而已。它们生产出来只是为了被消费掉，在完成之日已注定要被遗忘。

只有在小说的历史之内，一部作品才可以作为价值而存在。怎样的作品才能进入小说的历史呢？首先是对存在做出了新的揭示，其次，为了做出这一新的揭示，而在小说的形式上有新的探索。

一个小说家必须具备存在的眼光，看到比现实更多的东西。然而，许多小说家都没有此种眼光，他们或者囿于局部的现实，或者习惯于对现实做某种本质主义的抽象，把它缩减为现实的某一个层面和侧面。昆德拉借用海德格尔的概念，称这种情况为"存在的被遗忘"。如此写出来的小说，不过是小说化的情欲、忏悔、自传、报道、说教、布道、清算、告发、披露隐私罢了。小说家诚然可以面对任何题材，甚至包括自己和他人的隐私这样的题材，功夫的高下见之于对题材的处理，由此而显出他是一个露淫癖或窥淫癖患者，还是一个存在的研究者。

一个小说家是一个存在的研究者，这意味着他与一切现实、他处理的一切题材都保持着一种距离，这个距离是他作为研究者所必需的。无论何种现实，在他那里都成为研究存在以及表达他对存在之认识的素材。也就是说，他不立足于任何一种现实，而是立足于小说，站在小说的立场上研究它们。

对于昆德拉的一种普遍误解是把他看作一个不同政见者，一个政治性作家。请听昆德拉的回答："您是共产主义者吗？——不，我是小说家。""您是不同政见者吗？——不，我是小说家。"他明确地说，对于他，做小说家不只是实践一种文学形式，而是"一种拒绝与任何政治、宗教、意识形态、道德、集体相认同的立场"。他还说，他憎恨想在艺术品中寻找一种态度（政治的，哲学的，宗教的，等等）的人们，而本来应该从中仅仅寻找一种认识的意图的。我想起尼采的一个口气相反、实质相同的回答。他在国外漫游时，有人问他："德国有哲学家吗？德国有诗人吗？德国有好书吗？"他说他感到脸红，但以他即使在失望时也具有的勇气答道："有的，俾斯麦！"他之所以感到脸红，是因为德国的哲学家、诗人、作家丧失了独立的哲学、诗、写作的立场，都站到政治的立场上去了。

如果说在政治和商业、宗教和世俗、传统和风尚、意识形态和流行思潮、社会秩序和大众传媒等立场之外，小说、诗还构成一种特殊的立场，那么，这无非是指个性的立场、美学的立场、独立思考的立场、关注和研究存在的立场。在一切平庸的写作背后，我们都可发现这种立场的阙如。

对于昆德拉来说，小说不只是一种文学体裁，更是一种看生活的眼光，一种智慧。因此，从他对小说的看法中，我读出了他对生活的理解。用小说的智慧看，生活——作为"存在"——究竟是什么，或者说不是什么呢？

海德格尔本人也不能概括地说明什么是存在，昆德拉同样不能。然而，从他对以往和当今小说的批评中，我们可以知道存在——以及以研究存在为使命的小说——不是什么。

存在不是戏剧，小说不应把生活戏剧化。

存在不是抒情诗，小说不应把生活抒情化。

存在不是伦理，小说不是进行道德审判的场所。

存在不是政治，小说不是形象化的政治宣传或政治抗议。

存在不是世上最近发生的事，小说不是新闻报道。

存在不是某个人的经历，小说不是自传或传记。

四、在因果性之外

在一定的意义上，写小说就是编故事。在许多小说家心目中，编故事有一个样板，那就是戏剧。他们把小说的空间设想成舞台，在其中安排曲折的悬念、扣人心弦的情节、离奇的巧合、激动人心的场面。他们让人物发表精彩的讲话。他们使劲儿吊读者的胃口。这样编出的故事诚然使许多读者觉得过瘾，却与存在无关。

在小说中强化、营造、渲染生活的戏剧性因素，正是十九世纪小说家们的做法。在他们那里，场面成为小说构造的基本因素，小说宛如一个场面丰富的剧本。昆德拉推崇福楼拜、乔伊斯、卡夫卡、海明威，因为他们使小说走出了这种戏剧性。把生活划分为日常性和戏剧性两个方面，强化其戏剧性而舍弃其日常性，乃是现象和本质二分模式在小说领域内的一种运用。在现实中，日常性与戏剧性是永远同在的，人们总是在平凡、寻常、偶然的气氛中相遇，生活的这种散文性是人生在世的一种基本境况。在此意义上，昆德拉宣称，对散文的发现是小说的"本体论使命"，这一使命是别的艺术不能承担的。

夸大戏剧性，拒斥日常性，这差不多构成了最悠久的美学传统。无论现实主义，还是浪漫主义，都是在这一传统中生长出来的。从亚里士多德的"情节的整一"，到恩格斯的"典型环境中的典型性格"，都是这一传统的理论表达。殊不知生活不是演戏，所谓的"人生大舞台，舞台小人生"乃是谎言，其代价是抹杀了日常性的美学意义。

事实上，自十九世纪后期以来，戏剧本身也在走出戏剧性，走向日常性。梅特林克曾经谈到易卜生戏剧中的"第二层次"的对话，这些对话仿佛是多余的，而非必需的，实际上却具有更深刻的真实性。在海明威的小说中，这种所谓的"第二层次"的对话取得了完全的支配地位。海明威的高明之处在于发现了日常生活中对话的真实结构。我们平时常常与人交谈，但我们并不知道我们是怎样交谈的。海明威却通过一种简单而又漂亮的形式向我们显示：现实中的对话总是被日常性包围、延迟、中断、转移，因而不系统、不逻辑；在第三者听来，它不易懂，是未说出的东西上面的一层薄薄的表面；它重复、笨拙，由此暴露了人物的特定想法，并赋予对话以一种特殊的旋律。如果说雨果小说中的对话以其夸张的戏剧性使我们更深地遗忘了现实中的对话之真相，那么，可以说海明威为我们找回了这个真相，使我们知道了我们在日常生活中是怎样进行交谈的。

我们已经太习惯于用逻辑的方式理解生活，正是这种方式使我们的真实生活从未进入我们的视野，成为被永远遗忘的存在。把生活戏剧化也是逻辑方式的产物，是因果性范畴演出的假面舞会。

昆德拉讲述了一个绝妙的故事：一个男人和一个女人互相暗恋，等待着向对方倾诉衷肠的机会。机会来了，有一天他俩去树林里采蘑菇，但两人都心慌意乱，沉默不语。也许为了掩饰心中的慌乱，也为了打破沉默的尴尬，他们开始谈论蘑菇，于是一路上始终谈论着蘑菇，永远失去了表白爱情的机会。

真正具有讽刺意义的事情还在后面。这个男人当然十分沮丧，因为他毫无理由地失去了一次爱情。然而，一个人能够原谅自己失去爱情，却绝不能原谅自己毫无理由。于是，他对自己说：我之所以没有表白爱情，是因为忘不了死去的妻子。

德谟克里特曾说：只要找到一个因果性的解释，就胜过成为波斯人的王。我们虽然未必像他那样藐视王位，却都和他一样热爱因果性的解释。为结果寻找原因，为行为寻找理由，几乎成了我们的本能，以至于对事情演变的真实过程反而视而不见了。然而，正是对于一般人视而不见的东西，好的小说家能够独具慧眼，加以复原。譬如说，他会向我们讲述蘑菇捣乱的故事。相反，我们可以想象，大多数小说家一定会按照那个男人的解释来处理这个素材，向我们讲述一个关于怀念亡妻的忠贞的故事。

按照通常的看法，陀斯妥耶夫斯基是一位非理性作家，托尔斯泰是一位理性的甚至有说教气味的作家。在昆德拉看来，情形正好相反。在陀斯妥耶夫斯基的小说中，思想构成了明确的动机，人物只是思想的化身，其行为是思想的逻辑结果。譬如说，基里洛夫之所以自杀，是因为他确信人只有信仰上帝才能活下去，而这一信仰已经破灭，于是他必须自杀。支配他自杀的思想可归入非理性哲学的范畴，但这种思想是他的理性所把握的，其作用方式也是极其理性、因果分明的。在生活中真正产生作用的非理性并不是某种非理性的哲学观念，而是我们的理性思维无法把握的种种内在冲动、瞬时感觉、偶然遭遇及其对我们的作用过程。在小说家中，也许正是托尔斯泰最早描述了生活的这个方面。

一个人自杀了，周围的人们就会寻找他自杀的原因。例如，悲观主义的思想，孤僻的性格，忧郁症，失恋，生活中的其他挫折，等等。找到了原因，人们就安心了，对这个人的自杀已经有了一个解释，他在自杀前的种种表现或者被纳入这个解释，或者——如果不能纳入——就被遗忘了。人们理解生活很像是在写案情报告。事实上，自杀者走向自杀的过程是复杂的，在心理上尤其如此，其中有许多他自己也未必意识到的因素。你不能说这些被忽略了的心理细节不是原因，因为任何一个细节的改变也许会导致完全不同的结局。导致某一结果的原因几乎是无限的，所以也就不存在任何确定的因果性。小说家当然不可能穷尽一切细节，他的本领在于谋划一些看似不重要因而容易被忽视、实则真正起了作用的细节，在可能的限度内复原生活的真实过程。例如，托尔斯泰便如此复原了安娜走向自杀的过程。可是，正像昆德拉所说的，人们读小说就和读他们自己的生活一样地不专心和不善读，往往也忽略了这些细节。因此，读者中十有八九仍然把安娜自杀的原因归结为她和渥伦斯基的爱情危机。

五、性与反浪漫主义

性与浪漫有不解之缘。性本身具有一种美化、理想化的力量，这至少是人们共通的青春期经验。仿佛作为感恩，人们又反转过来把性美化和理想化。一切浪漫主义者都是性爱的讴歌者，或者——诅咒者，倘若他们觉得自己被性的魔力伤害的话，而诅咒仍是以承认此种魔力为前提的。

现代小说在本质上是反浪漫主义的，这种"深刻的反浪漫主义"——如同昆德拉在谈到卡夫卡时所推测的——很可能来自对性的眼光的变化。昆德拉赞扬卡夫卡（还有乔伊斯）使性从浪漫激情的迷雾中走出，还原成了每个人平常和基本的生活现实。作为对照，他嘲笑劳伦斯把性抒情化，用鄙夷的口气称他为"交欢的福音传教士"。

十九世纪初期的浪漫主义者并不直接讴歌性，在他们看来，性必须表现为情感的形态才能成为价值。在劳伦斯那里，性本身就是价值，是对抗病态的现代文明的唯一健康力量。对于卡夫卡以及昆德拉本人来说，性和爱情都不再是价值。这里的确发生着看性的眼光的重大变化，而如果杜绝了对性的抒情眼光，影响必是深远的，那差不多是消解了一切浪漫主义的原动力。

抒情化是一种赋予意义的倾向。如果彻底排除掉抒情化，性以及人的全部生命行为便只成了生物行为，暴露了其可怕的无意义性。甚至劳伦斯也清楚地看到了这种无意义性，他的查太莱夫人一边和狩猎人做爱，一边冷眼旁观，觉得这个男人的臀部的冲撞多么可笑。上帝造了有理智的人，同时又迫使他做这种可笑的姿势，未免太恶作剧。但狩猎人的雄风终于征服了查太莱夫人的冷静，把她脱胎成了一个妇人，使她发现了性行为本身的美。性曾因爱情获得意义，现代人普遍不相信爱情，在此情形下怎样肯定性，这的确是现代人所面临的一个难题。性制造美感又破坏美感，使人亢奋又使人厌恶，尽管无意义却丝毫不减其异常的威力，这是性与存在相关联的面貌。现代人在性的问题上的尴尬境遇乃是一个缩影，表明现代人在意义问题上的两难，一方面看清了生命本无意义的真相，甚至看穿了一切意义寻求的自欺性质，另一方面又不能真正安于意义的缺失。

对于上述难题，昆德拉的解决方法体现在这一命题中：任何无意义在意外中被揭示是喜剧的源泉。这是性的审美观的转折：性的抒情诗让位于性的喜剧，性被欣赏不再是因为美，而是因为可笑，自嘲取代两情相悦成了做爱时美感的源泉。在其小说作品中，昆德拉本人正是一个捕捉性的无意义性和喜剧性的高手。不过，我确信，无论他还是卡夫卡，都没有彻底拒绝性的抒情性。例如他激赏的《城堡》第三章，卡夫卡描写 K 和弗丽达在酒馆地板上长时间地做爱，K 觉得自己走进了一个比人类曾经到过的任何国度更远的奇异的国度，这种描写与劳伦斯式的抒情有什么本质不同呢？区别仅在于比例，在劳伦斯是基本色调的东西，在卡夫卡只是整幅画面上的一小块亮彩。然而，这一小块亮彩已经足以说明，寻求意义乃是人的不可磨灭的本性。

现代小说的特点之一是反对感情谎言。在感情问题上说谎，用夸张的言辞渲染爱和恨、欢乐和痛苦，等等，这是浪漫主义的通病。现代小说并不否认感情的存在，但对感情持一种研究的而非颂扬的态度。

昆德拉说得好：艺术的价值同其唤起的感情的强度无关，后者可以无需艺术。兴奋本身不是价值，有的兴奋很平庸。感情洋溢者的心灵往往是既不敏感也不丰富的，它动辄激动，感情如流水，来得容易也去得快，永远酿不出一杯醇酒。感情的浮夸必然表现为修辞的浮夸，企图用华美的词句掩盖思想的平庸，用激情的语言弥补感觉的贫乏。

不过，我不想过于谴责浪漫主义，只要它是真的。真诚的浪漫主义者——例如十九世纪初期的浪漫主义者——患的是青春期夸张病，他们不自觉地夸大感情，但并不故意伪造感情。在今天，真浪漫主义已经近于绝迹了，流行的是伪浪漫主义，煽情是它的美学，媚俗是它的道德，其特征是批量生产和推销虚假感情，通过传媒操纵大众的感情消费，目的是获取纯粹商业上的利益。

六、道德判断的悬置

人类有两种最根深蒂固的习惯，一是逻辑，二是道德。从逻辑出发，我们习惯于在事物中寻找因果联系，而对在因果性之外的广阔现实视而不见。从道德出发，我们习惯于对人和事做善恶的判断，而对在善恶的彼岸的真实生活懵然无知。这两种习惯都妨碍着我们研究存在，使我们把生活简单化，停留在生活的表面。

对小说家的两大考验：摆脱逻辑推理的习惯，摆脱道德判断的习惯。

逻辑解构和道德中立——这是现代小说与古典小说的分界线，也是现代小说与现代哲学的会合点。

看事物可以有许多不同的角度，道德仅是其中的一种，并且是相当狭隘的一种。存在本无善恶可言，善恶的判断出自一定的道德立场，归根到底出自维护一定社会秩序的需要。可是，这类判断已经如此天长日久，层层缠结，如同蛛网一样紧密附着在存在的表面。一个小说家作为存在的研究者，当然不该被这蛛网缠住，而应进入存在本身。写小说的前提是要有自由的眼光，不但没有禁区，凡存在的一切皆是自己的领地，而且拒绝独断，善于发现世间万事的相对性质。古往今来，在设置禁区和助长独断方面，道德起了最重要的作用。因此，唯有超脱于道德的眼光，才能以自由的眼光研究存在。在此意义上，昆德拉说：小说是"道德判断被悬置的领域"，把道德判断悬置，这正是小说的道德。

从小说的智慧看，随时准备进行道德判断的那种热忱乃是最可恨的愚蠢。安娜是一个堕落的坏女人，还是一个深情的好女人？渥伦斯基是不是一个自私的家伙？托尔斯泰不问自己这样的问题。聪明的读者也不问，问并且感到困惑的读者已经有点蠢了，而最蠢的则是问了并且做出断然回答的读者。昆德拉十分瞧不起卡夫卡的遗嘱执行人布洛德，批评他以及他开创的卡夫卡学把卡夫卡描绘成一个圣徒，从而把卡夫卡逐出了美学领域。某个卡夫卡学学者写道："卡夫卡曾为我们而生，而受苦。"昆德拉讥讽地反驳："卡夫卡没有为我们受苦，他为我们玩儿了一通！"

世上最无幽默感的是道德家。小说家是道德家的对立面，他发明了幽默。昆德拉的定义："幽默，天神之光，世界揭示在它的道德的模棱两可中，将人暴露在判断他人时深深的无能为力中；幽默，为人间万事的相对性而陶醉，肯定世间无肯定而享奇乐。"

我们平时斤斤计较于事情的对错、道理的多寡、感情的厚薄，在一位天神的眼里，这种认真必定是很可笑的。小说家具有两方面的才能。一方面，他在日常生活中也难免认真，并且比一般人更善于观察和体会这种认真，细致入微地洞悉人心的小秘密。另一方面，作为小说家，他又能够超越这种认真，把人心的小秘密置于天神的眼光下，居高临下地看出它们的可笑和可爱。

上帝死了，人类的一切失去了绝对的根据，哲学曾经为此而悲号。小说的智慧却告诉我们：你何不自己来做上帝，用上帝的眼光看一看，相对性岂不比绝对性好玩得多？那么，从前那个独断的上帝岂不是人类的赝品，是猜错了上帝的趣味？小说教我们在失去绝对性之后爱好并且享受相对性。

七、生活永远大于政治

对于诸如"伤痕文学""改革文学""流亡文学"之类的概念，我始终抱怀疑的态度。我不相信可以按照任何政治标准来给文学分类，不管充当标准的是作品产生的政治时期、作者的政治身份还是题材的政治内涵。我甚至怀疑这种按照政治标准归类的东西是否属于文学，因为真正的文学必定是艺术，而艺术在本质上是非政治的，是不可能在政治上加以界定的。

作家作为社会的一员，当然可以关心政治，参与政治活动。但是，当他写作时，他就应当如海明威所说，像吉卜赛人，是一个同任何政治势力没有关系的局外人。他诚然也可以描写政治，但他是站在文学的立场上，而不是站在政治的立场上这样做的。小说不对任何一种政治做政治辩护或政治批判，它的批判永远是存在性质的。奥威尔的《一九八四》被昆德拉称作"一部伪装成小说的政治思想"，因为它把生活缩减为政治，在昆德拉看来，这种缩减本身正是专制精神。对于一个作家来说，不论站在何种立场上把生活缩减为政治，都会导致文学的独立性取消，把文学变成政治的工具。

把生活缩减为政治——这是一种极其普遍的思想方式，其普遍的程度远超出人们自己的想象。我们曾经有过"突出政治"的年代，那个年代似乎很遥远了，但许多人并未真正从那个年代里走出。在这些人的记忆中，那个年代的生活除了政治运动，剩下的便是一片空白。苏联和东欧解体以后，那里的人们纷纷把在原体制下度过的岁月称作"失去的四十年"。在我们这里，类似的论调早已不胫而走。一个人倘若自己不对"突出政治"认同，他就一定会发现，在任何政治体制下，生活总有政治无法取代的内容。陀斯妥耶夫斯基的《死屋手记》表明，甚至苦役犯也是在生活，而不仅仅是在受刑。凡是因为一种政治制度而叫喊"失去"生活的人，他真正失去的是那种思考和体验生活的能力，我们可以断定，即使政治制度改变，他也不能重获他注定要失去的生活。我们有权要求一个作家在任何政治环境中始终拥有上述那种看生活的能力，因为这正是他有资格作为一个作家存在的理由。

彼得堡恢复原名时，一个左派女人兴高采烈地大叫："不再有列宁格勒了！"这叫声传到了昆德拉耳中，激起了他的深深厌恶。我很能理解这种厌恶之情。我进大学时，正值中苏论战，北京大学的莘莘学子聚集在高音喇叭下倾听反修社论，为每一句铿锵有力的战斗言辞鼓掌喝彩。当时我就想，如果中苏的角色互换，高音喇叭里播放的是反教条主义社论，这些人同样也会鼓掌喝彩。昨天还在鼓吹西化的人，今天已经要用儒学一统天下了。从一个极端跳到另一个极端，真正的原因不在受蒙蔽，也不在所谓的形而上学的思想方法，而在一种永远追随时代精神的激情。昆德拉一针见血地指出，在其中支配着的是一种"审判的精神"，即根据一个看不见的法庭的判决来改变观点。更深一步说，则在于个人的非个人性，始终没有真正属于自己的内心生活和存在体悟。

昆德拉对于马雅可夫斯基毫无好感，指出后者的革命抒情是专制恐怖不可缺少的要素，但是，当审判的精神在今天全盘抹杀这位革命诗人时，昆德拉却怀念起马雅可夫斯基的爱情诗和他的奇特的比喻了。"道路在雾中"——这是昆德拉用来反对审判精神的伟大命题。每个人都在雾中行走，看不清自己将走向何方。在后人看来，前人走过的路似乎是清楚的，其实前人当时也是在雾中行走。"马雅可夫斯基的盲目属于人的永恒境遇。看不见马雅可夫斯基道路上的雾，就是忘记了什么是人，忘记了我们自己是什么。"在我看来，昆德拉的这个命题是站在存在的立场上分析政治现象的一个典范。然而，审判的精神源远流长，持续不息。昆德拉举了一个最典型的例子：二十世纪最美的花朵——二三十年代的现代艺术——先后遭到了三次审判，纳粹谴责它是"颓废艺术"，左派批评它"脱离人民"，凯旋的资本主义又讥它为"革命幻想"。把一个人的全部思想和行为缩减为他的政治表现，把被告的生平缩减为犯罪录，我们对于这种思路也是多么驾轻就熟。我们曾经如此判决了胡适、梁实秋、周作人等人，而现在，由于鲁迅、郭沫若、茅盾在革命时代受过的重视，也已经有越来越多的人要求把他们送上审判革命的被告席。那些没有文学素养的所谓的文学批评家同时也是一些政治上的一孔之见者和偏执狂，他们永远也不会理解，一个曾经归附过纳粹的人怎么还可以是一个伟大的哲学家，而一个作家的文学创作又如何可以与他所卷入的政治无关并且拥有更长久的生命。甚至列宁也懂得一切伟大作家的创作必然突破其政治立场的限制，可是这班自命反专制主义的法官还要审判列宁哩。

东欧剧变后，昆德拉的作品在自己的祖国大受欢迎，他本人对此的感想是："我看见自己骑在一头误解的毛驴上回到故乡。"在此前十多年，住在柏林的贡布罗维茨拒绝回到自由化气氛热烈的波兰，昆德拉表示理解，认为其真正的理由与政治无关，而是关于存在的。无论在祖国，还是在侨居地，优秀的流亡作家都容易被误解成政治人物，而他们的存在性质的苦恼却无人置理，无法与人交流。

关于这种存在性质的苦恼，昆德拉有一段诗意的表达："令人震惊的陌生性并非表现在我们所追嬉的不相识的女人身上，而是在一个过去曾经属于我们的女人身上。只有在长时间远走后重返故乡，才能揭示世界与存在的根本的陌生性。"

非常深刻。和陌生女人调情，在陌生国度观光，我们所感受到的只是一种新奇的刺激，这种感觉无关乎存在的本质。相反，当我们面对一个朝夕相处的女人，一片熟门熟路的乡土，日常生活中一些自以为熟稔的人与事，突然产生一种陌生感和疏远感的时候，我们便瞥见了存在的令人震惊的本质了。此时此刻，我们一向借之生存的根据突然瓦解了，存在向我们展现了它的可怕的虚无本相。不过，这种感觉的产生无须借助于远走和重返，尽管距离的间隔往往会促成疏远化眼光的形成。

对于移民作家来说，最深层的痛苦不是乡愁，而是一旦回到故乡就会产生的这种陌生感，并且这种陌生感一旦产生就不只是针对故乡的，也是针对世界和存在的。我们可以想象，倘若贡布罗维茨回到了波兰，当人们把他当作一位政治上的文化英雄而热烈欢迎的时候，他会感到多么孤独。

八、文学的安静

　　波兰女诗人维斯瓦娃·希姆博尔斯卡获得1996年诺贝尔文学奖之后，该奖的前一位得主爱尔兰诗人希尼写信给她，同情地叹道："可怜的、可怜的维斯瓦娃。"而维斯瓦娃也真的觉得自己可怜，因为她从此不得安宁了，必须应付大量来信、采访和演讲。她甚至希望有个替身代她抛头露面，使她可以回到隐姓埋名的正常生活中去。

　　维斯瓦娃的烦恼属于一切真正热爱文学的成名作家。作家对于名声当然不是无动于衷的，他既然写作，就不能不关心自己的作品是否被读者接受。但是，对于一个真正的作家来说，成为新闻人物却是一种灾难。文学需要安静，新闻则追求热闹，两者在本性上是互相敌对的。福克纳称文学是"世界上最孤寂的职业"，写作如同一个遇难者在大海上挣扎，永远是孤军奋战，谁也无法帮助一个人写他要写的东西。这是一个真正有自己的东西要写的人的心境，这时候他渴望避开一切人，全神贯注于他的写作。他遇难的海域仅仅属于他自己，他必须自己救自己，任何外界的喧哗只会导致他的沉没。当然，如果一个人并没有自己真正要写的东西，他就会喜欢成为新闻人物。对于这样的人来说，文学不是生命的事业，而只是一种表演和姿态。

　　我不相信一个好作家会是热衷于交际和谈话的人。据我所知，最好的作家都是一些交际和谈话的节俭者，他们为了写作而吝于交际，为了文字而节省谈话。他们懂得孕育的神圣，在作品写出之前，忌讳向人谈论酝酿中的作品。凡是可以写进作品的东西，他们不愿把它们变成言谈而白白流失。维斯瓦娃说她一生只做过三次演讲，每次都备受折磨。海明威在诺贝尔授奖仪式上的书面发言仅一千字，其结尾是："作为一个作家，我已经讲得太多了。作家应当把自己要说的话写下来，而不是讲出来。"福克纳拒绝与人讨论自己的作品，因为："毫无必要。我写出来的东西要自己中意才行，既然自己中意了，就无须再讨论，自己不中意，讨论也无济于事。"相反，那些喜欢滔滔不绝地谈论文学、谈论自己的写作打算的人，多半是文学上的低能儿和失败者。

好的作家是作品至上主义者，就像福楼拜所说，他们是一些想要消失在自己作品后面的人。他们最不愿看到的情景就是自己成为公众关注的人物，作品却遭到遗忘。因此，他们大多反感别人给自己写传。海明威讥讽热衷于为名作家写传的人是"联邦调查局的小角色"，他建议一心要写他的传记的菲力普·扬去研究死去的作家，而让他"安安静静地生活和写作"。福克纳告诉他的传记作者马尔科姆·考利："作为一个不愿抛头露面的人，我的雄心是要退出历史舞台，从历史上销声匿迹，死后除了发表的作品外，不留下一点废物。"昆德拉认为，卡夫卡在临死前之所以要求毁掉信件，是耻于死后成为客体。可惜的是，卡夫卡的研究者们纷纷把注意力放在他的生平细节上，而不是他的小说艺术上，昆德拉对此评论道："当卡夫卡比约瑟夫·K更引人注目时，卡夫卡即将死亡的进程便开始了。"

在研究作家的作品时，历来有作家生平本位和作品本位之争。十九世纪法国批评家圣伯夫是前者的代表，他认为作家生平是作品形成的内在依据，因此不可将作品同人分开，必须收集有关作家的一切可能的资料，包括家族史、早期教育、书信、知情人的回忆，等等。在自己生前未发表的笔记中，普鲁斯特对当时占统治地位的这种观点做了精彩的反驳。他指出，作品是作家的"另一个自我"的产物，这个"自我"不仅有别于作家表现在社会上的外在自我，而且唯有排除了那个外在自我，才能显身并进入写作状态。圣伯夫把文学创作与谈话混为一谈，热衷于打听一个作家发表过一些什么见解，而其实文学创作是在孤独中、在一切谈话都沉寂下来时进行的。一个作家在对别人谈话时只不过是一个上流社会人士，只有当他仅仅面对自己、全力倾听和表达内心真实的声音之时，亦即只有当他写作之时，他才是一个作家。因此，作家的真正的自我仅仅表现在作品中，而圣伯夫的方法无非是要求人们去研究与这个真正的自我毫不相干的一切方面。不管后来的文艺理论家们如何分析这两种观点的得失，一个显著的事实是，几乎所有第一流的作家都本能地站在普鲁斯特一边。海明威简洁地说："只要是文学，就不用去管谁是作者。"昆德拉则告诉读者，应该在小说中寻找存在，而非作者生活中的某些不为人知的方面。对于一个严肃的作家来说，他生命中最严肃的事情便是写作，他把他最好的东西都放到了作品里，其余的一切已经变得可有可无。因此，毫不奇怪，他绝不愿意作品之外的任何东西来转移人们对他的作品的注意，反而把他的作品看作可有可无，宛如——借用昆德拉的表达——他的动作、声明、立场的一个阑尾。

然而，在今天，作家中还有几人仍能保持着这种迂腐的严肃？将近两个世纪前，歌德已经抱怨新闻对文学的侵犯："报纸把每个人正在做的或者正在思考的都公之于众，甚至连他的打算也置于众目睽睽之下。"其结果是使任何事物都无法成熟，每一时刻都被下一时刻消耗，根本无积累可言。歌德倘若知道今天的情况，他该知足才是。我们时代的鲜明特点是文学向新闻的蜕变，传媒的宣传和炒作几乎成了文学成就的唯一标志，作家们不但不以为耻，反而争相与传媒调情。新闻记者成了指导人们阅读的权威，一个作家如果未在传媒上亮相，他的作品就必定默默无闻。文学批评家也只是在做着新闻记者的工作，如同昆德拉所说，在他们手中，批评不再以发现真正有价值的作品及其价值所在为己任，而是变成了"简单而匆忙的关于文学时事的信息"。其中更有哗众取宠之辈，专以危言耸听、制造文坛新闻事件为能事。在这样一个浮躁的时代，文学的安静已是过时的陋习，或者——但愿我不是过于乐观——只成了少数不怕过时的作家的特权。

九、结构的自由和游戏精神

关于小说的形式，昆德拉最推崇的是拉伯雷的传统，他把这一传统归纳为结构的自由和游戏精神。他认为，当代小说家的任务是将拉伯雷式的自由与结构的要求重新结合，既把握真正的世界，同时又自由地游戏。在这方面，卡夫卡和托马斯·曼堪为楷模。作为一个外行，我无意多加发挥，仅限于转述他所提及的以下要点：

1. 主题——关于存在的提问——而非故事情节成为结构的线索。不必构造故事。人物无姓名，没有一本户口簿。

2. 主题多元，一切都成为主题，不存在主题与桥、前景与背景的区别，诸主题在无主题性的广阔背景前展开。背景消失，只有前景，如立体画。无须桥和填充，不必为了满足形式及其强制性而离开小说家真正感兴趣的东西。

3. 游戏精神，非现实主义。小说家有离题的权利，可以自由地写使自己入迷的一切，从多角度开掘某个关于存在的问题。提倡将文论式思索并入小说的艺术。

为了证明小说形式方面的上述探索方向的现代性，我再转抄一位法国作家和一位中国作家的证词。这些证词是我偶然读到的，它们与昆德拉的文论肯定没有直接的联系，因而更具证明的效力。

　　法国作家玛格里特·杜拉斯："写作并不是叙述故事。是叙述故事的反面。是同时叙述一切。是叙述一个故事同时又叙述这个故事的空无。是叙述由于一个故事不在而展开的故事。"

　　中国作家韩东：我不喜欢把假事写真，即小说习惯的那种编故事的方式，而喜欢把真事写假。出发点是事实和个人经验，但那不是目的。"我的目的是假，假的部分即越出新闻真实的部分是文学的意义所在。"

　　附带说一句，读到韩东这一小段话时我感到了一种惊喜，并且立即信任了他，相信他是一个好的小说家，——我所说的"好"，不限于但肯定包括艺术上严肃的含义。也就是说，不管他的小说怎样貌似玩世不恭，我相信他是一个严肃的小说艺术家。

　　阅读书目：

　　昆德拉:《被背叛的遗嘱》，孟湄译，生活·读书·新知三联书店，1995年版。

1997年8月

第七辑

朝圣心路

在黑暗中并肩行走

——史怀泽的启示之一

人们常常说，人与人之间，尤其相爱的人之间，应该互相了解和理解，最好做到彼此透明、心心相印。史怀泽却在《我的青少年时代》中说，这是不可能的，即使可能，任何人也无权对别人提出这种要求。"不仅存在着肉体上的羞耻，还存在着精神上的羞耻，我们应该尊重它。心灵也有其外衣，我们不应脱掉它。"如同对于上帝的神秘一样，对于他人灵魂的神秘，我们同样不能像看一本属于自己的书那样去阅读和认识，而只能给予爱和信任。每个人对于别人来说都是一个秘密，我们应该顺应这个事实。相爱的人们也只是"在黑暗中并肩行走"，所能做到的仅是各自努力追求心中的光明，并互相感受到这种努力，互相鼓励，而"不需要注视别人的脸和探视别人的心灵"。

读着这些精彩无比的议论，我无言而折服，它们使我瞥见了史怀泽的"敬畏生命"伦理学的深度。凡是有着深刻而丰富的内心生活的人，必然会深知一切精神事物的神秘性并对之充满敬畏之情，史怀泽就是这样的一个人。在他看来，一切生命现象都是世界某种神秘的精神本质的显现，由此他提出了敬畏一切生命的主张。在一切生命现象中，尤以人的心灵生活最接近世界的这种精神本质。因而，他认为对于敬畏世界之神秘本质的人来说，"敬畏他人的精神本质"乃是不言而喻的事情。

以互相理解为人际关系的鹄的，其根源就在于不懂得人的心灵生活的神秘性。按照这一思路，人们一方面非常看重别人是否理解自己，甚至公开索取理解。至少在性爱中，索取理解似乎成了一种最正当的行为，而指责对方不理解自己则成了最严厉的谴责，有时候还被用作关系破裂前的最后通牒。另一方面，人们又非常踊跃地要求理解别人，甚至以此名义强迫别人袒露内心的一切，一旦遭到拒绝，便斥以缺乏信任。在爱情中，在亲情中，在其他较亲密的交往中，这种因强求理解和被理解而造成的有声或无声的战争，我们见得还少吗？可是，仔细想想，我们对自己又真正理解了多少？一个人懂得了自己理解自己之困难，他就不会强求别人完全理解自己，也不会奢望自己完全理解别人了。

在最内在的精神生活中，我们每个人都是孤独的，爱并不能消除这种孤独，但正因为由己及人地领悟到了别人的孤独，我们内心才会对别人充满最诚挚的爱。我们在黑暗中并肩而行，走在各自的朝圣路上，无法知道是否在走向同一个圣地，因为我们无法向别人甚至向自己说清心中的圣地究竟是怎样的。然而，同样的朝圣热情使我们相信，也许存在着同一个圣地。作为有灵魂的存在物，人的伟大和悲壮尽在于此了。

阅读书目：

史怀泽:《敬畏生命》，陈泽环译，上海社会科学院出版社，1996年版。

1997年3月

与世界建立精神关系

　　——史怀泽的启示之二

　　对于各种不杀生、动物保护、素食主义的理论和实践，过去我都不甚看重，不承认它们具有真正的伦理意义，只承认有生态的意义。在我眼里，凡是把这些东西当作一种道德信念遵奉的人都未免小题大做，不适当地扩大了伦理的范围。我认为伦理仅仅与人类有关，在人类对自然界其他物种的态度上不存在精神性的伦理问题，只存在利益问题，生态保护也无非是要为人类的长远利益考虑罢了。我还认为若把这类理论伦理学化，在实践上是完全行不通的，彻底不杀生只会导致人类灭绝。可是，在了解了史怀泽所创立的"敬畏生命"伦理学的基本内容之后，我的看法有了很大改变。

　　史怀泽是二十世纪最伟大的人道主义者之一，也是动物保护运动的早期倡导者。他明确地提出："只有当人认为所有生命，包括人的生命和一切生物的生命都是神圣的时候，他才是伦理的。"他的出发点不是简单的恻隐之心，而是由生命的神圣性所唤起的敬畏之心。何以一切生命都是神圣的呢？对此他并未加以论证，事实上也是无法论证的。他承认敬畏生命的世界观是一种"伦理神秘主义"，也就是说，它基于我们的内心体验，而非对世界过程的完整认识。世界的精神本质是神秘的，我们不能认识它，只能怀着敬畏之心爱它、相信它。一切生命都源自它，"敬畏生命"的命题因此而成立。这是一个基本的信念，也许可以从道教、印度教、基督教中寻求其思想资源，对于史怀泽来说，重要的是通过这个基本的信念，人就可以与世界建立一种精神关系。

与世界建立精神关系——这是一个很好的提法，它简洁地说明了信仰的实质。任何人活在世上，总是和世界建立了某种关系。但是，认真说来，人的物质活动、认知活动和社会活动仅是与周围环境的关系，而非与世界整体的关系。在每一个人身上，随着肉体以及作为肉体之一部分的大脑死亡，这类活动都将彻底终止。唯有人的信仰生活是指向世界整体的。所谓信仰生活，未必要皈依某一种宗教，或信奉某一位神灵。一个人不甘心被世俗生活的浪潮推着走，而总是想为自己的生命确定一个具有恒久价值的目标，他便是一个有信仰生活的人。因为当他这样做时，他实际上对世界整体有所关切，相信它具有一种超越的精神本质，并且努力与这种本质建立联系。史怀泽非常欣赏罗马的斯多葛学派和中国的老子，因为他们都使人通过一种简单的思想而与世界建立了精神关系。的确，作为信仰生活的支点的那一个基本信念无须复杂，相反往往是简单的，但必须是真诚的。人活一世，有没有这样的支点，人生内涵便大不一样。当然，信仰生活也不能使人逃脱肉体的死亡，但它本身具有超越死亡的品格，因为世界整体的精神本质借它而得到了显现。在这个意义上，史怀泽宣称，甚至将来必定会到来的人类毁灭也不能损害它的价值。

我的印象是，史怀泽是在为失去信仰的现代人重新寻找一种精神生活的支点。他的确说过：真诚是精神生活的基础，而现代人已经失去了对真诚的信念，应该帮助他们重新走上思想之路。他之所以创立敬畏生命的伦理学，用意盖在于此。可以想象，一个敬畏一切生命的人对于人类的生命是会更珍惜的，对于自己的生命是会更负责的。史怀泽本人就是怀着这一信念，几乎毕生圣徒般地在非洲一个小地方行医。相反，那种见死不救、草菅人命的医生，其冷酷的行径恰恰暴露了内心的毫无信仰。我相信人们可由不同的途径与世界建立精神关系，敬畏生命的世界观并非现代人唯一可能的选择。但是，一切简单而伟大的精神都是相通的，在那道路的尽头，它们殊途而同归。说到底，人们只是用不同的名称称呼同一个光源罢了，受此光源照耀的人都走在同一条道路上。

阅读书目：

史怀泽:《敬畏生命》，陈泽环译，上海社会科学院出版社，1996年版。

1997年3月

精神生活的哲学

——读奥伊肯《生活的意义与价值》

一

奥伊肯（Rudolf Eucken，1846—1926）是一位活跃于前一个世纪之交的德国哲学家，生命哲学思潮的代表人物之一。在《生活的意义与价值》（1908）这本小册子里，他对自己所建立的精神生活的哲学做了通俗扼要的解说。早在1920年，这本书已有上海中华书局印行的余家菊的译本。现在，上海译文出版社又出版了万以的译本。奥伊肯的文风虽不艰涩却略嫌枯燥，读时让人不由得奇怪他如何能够获得1908年的诺贝尔文学奖。从他和柏格森的获奖，倒是可以遥想当年生命哲学的风行。今日又临世纪之交，生命哲学早已偃旗息鼓，但我觉得奥伊肯对精神生活问题的思考并没有过时。

奥伊肯和尼采是同时代的人，他比尼采晚出生两年，一度还同在巴塞尔大学任教，不过他比尼采多活了许多年。他们所面对的和所想救治的是相同的时代疾患，即在基督教信仰崩溃和物质主义盛行背景下的生活意义的丧失。他们也都试图通过高扬人的精神性的内在生命力，来为人类寻找一条摆脱困境的出路。他们的区别也许在于对这种内在生命力的根源的哲学解释，尼采归结为权力意志，奥伊肯则诉诸某种宇宙生命，对于传统形而上学的叛离有着程度上的不同。

处在自己的时代，奥伊肯最感到忧虑的是物质成果与心灵要求之间的尖锐矛盾。他指出，人们过分专一地投身于劳作，其结果会使我们赢得了世界却失去了心灵。"现实主义文化"一方面只关心生活的外部状态，忽视内心生活，另一方面又把人封闭在狭隘的世俗范围内，与广阔的宇宙生活相隔绝，从而使现代人陷入了"社会生存情绪激奋而精神贫乏的疯狂旋涡"。然而，奥伊肯不是一个悲观主义者，他既不像叔本华那样得出了厌世的结论，也不像尼采那样把希望寄托在虚无缥缈的"超人"身上。他预言解决的希望就在现代人身上，其根据是：在精神的问题上，任何否定和不满的背后都有着一种肯定和追求。"人的缺陷感本身岂不正是人的伟大的一个证明？"我们普遍对生活意义之缺失感到困惑和不安，这个事实恰好证明了在我们的本性深处有一种寻求意义的内在冲动。既然一切可能的外部生活都不能令我们满足，那就必定是由于我们的生活具有从直接环境所无法达到的深度。因此，现代人的不安超出了以往时代，反倒表明了现代人对精神生活有着更高的要求。

二

奥伊肯所要解决的问题是：如何为现代人找回失落的生活意义？他的

解决方法并非直接告诉我们这一意义在何处，而是追问我们为何会感到失落。我们比任何时代的人都更加繁忙，也享受着比任何时代更加丰裕的物质，却仍然感到失落，那就证明我们身上有着一种东西，它独立于我们的身体及其外在的活动，是它在寻求、体验和评价生活的意义，也是它在感到失落或者充实。这个东西就是我们内在的精神生命，也就是通常所说的灵魂。

在我们身上存在着一种内在的独立的精神生命，这是奥伊肯得出的最重要的结论，他对生活意义问题的全部解决都建立在这个论点的基础之上。既然这种内在的精神生命是独立于我们的外在生活的，不能用我们的外在生活来解释它，那么，它就必定别有来源。奥伊肯的解释是，它来自宇宙的精神生命，是宇宙生命在人身上的显现。所以，它既是内在的，是"我们真正的自我"，"我们生活最内在的本质"，又是超越的，是"普遍的超自然的生命"。因此，我们内在的精神生活是人和世界相统一的基础，是人性和世界本质的同时实现。

我们当然可以责备奥伊肯在这里犯了逻辑跳跃的错误，从自身的某种精神渴望推断出了一种宇宙精神实体的存在。但是，我宁可把这看作他对一种信念的表述，而对于一个推崇精神生活的价值的人来说，这种信念似乎是必不可少的。如果我们甘心承认人只是茫茫宇宙间的偶然产物，我们所追求的一切精神价值也只是水中月、镜中花，是没有根基的空中楼阁、转瞬即逝的昙花一现，那么，我们的精神追求便只能是虚幻而徒劳的了。尼采和加缪也许会说，这种悲剧性的徒劳正体现了人的伟大。但是，即使是一位孤军奋战的悲剧英雄，他也需要在想象中相信自己是在为某种整体而战。凡精神性的追求，必隐含着一种超越的信念，也就是说，必假定了某种绝对价值的存在。而所谓绝对价值，既然是超越一切浮世表象的，其根据就只能是不随现象界生灭的某种永存的精神实在。现代的西绪弗斯可以不相信柏拉图的理念、基督教的上帝或者奥伊肯的宇宙生命，然而，只要他相信自己推巨石上山的苦役具有一种精神意义，借此而忍受了巨石重新滚下山的世俗结果，则他就已经是在向他心中的上帝祈祷了。无论哪位反对形而上学的现代哲学家，只要他仍然肯定精神生活的独立价值，他就不可能彻底告别形而上学。

三

奥伊肯对于基督教的现状并不满意，但他高度赞扬广义的宗教对于人类的教化作用。他认为，正是宗教向我们启示了一个独立的内心世界，坚持了动机纯洁性本身的绝对价值，给生活注入了一种高尚的严肃性，给了心灵一种真正的精神历史。在奥伊肯看来，宗教本身的重要性是超出一切宗教的差异的，其实质是"承认一种独立的精神力量存在于内心中，推动这种精神性发展的动力归根结底来自大全，并分有了大全的永恒活力"。

事实上，不但宗教，而且人类精神活动的一切领域，包括道德、艺术、科学，只要它们确实是一种精神性的活动，就都是以承认作为整体的精神生活的存在为前提的，并且是这个整体的某种体现。如果没有这个整体在背后支持，作为它们的源泉和根据，它们就会丧失其精神内容，沦为世俗利益的工具。在此意义上，一种广义的宗教精神乃是人类一切精神活动的基本背景。也就是说，凡是把宗教、道德、艺术、科学真正当作精神事业和人生使命的人，必定对于精神生活的独立价值怀有坚定的信念。在精神生活的层次上，不存在学科的划分，真、善、美原是一体，一切努力都体现了同一种永恒的追求。

也正是从这种广义的宗教精神出发，我们就不会觉得自己的任何精神努力是徒劳的了。诚然，在现实世界中，我们的精神目标的实现始终是极其有限的。但是，由于我们对作为整体的精神生活怀有信念，我们就有了更广阔的参照系。我们身处的世界并不是整个实在，而只是它的一个部分，因此，在衡量一种精神努力的价值时，主要的标准不是眼前的效果，而是与整个实在的关系。正如奥伊肯所说的："倘若我们整个尘世的存在只是一个更大的序列的一个片断，那么指望它会澄清一切疑团便很不理智，而且仍然会有许多在我们看来毫无意义的可能性，在更广大的范围内却能够得到理解。"我们当然永远不可能证明所谓的大全的精神性质，但我们必须相信它，必须相信世上仍有神圣存在，这种信念将使我们的人生具有意义。而且我相信，倘若怀有这个信念的人多了，人性必能进步，世风必能改善。如果产生了这样的结果，信念的作用便实现了，至于茫茫宇宙中究竟有没有一个精神性的大全，又有什么要紧呢？

四

精神生活既是个人的最内在的本质，又是宇宙生命的显现，那么，我们每个人是否就自然而然地拥有了精神生活呢？奥伊肯对此做出了否定的回答。他指出，精神生活并不是一种自然延续的进化，或一种可以遗传的本能，也不是一种能够从日常经验的活动中获得的东西。毋宁说，正因为它极其内在而深刻，我们必须去唤醒它。人类精神追求的漫长历史乃是宇宙生命显现的轨迹，然而，对于每一个个体来说，它一开始是外在的。"从精神上考虑，过去的收获及其对现在的贡献无非是些可能性，它们的实现有待于我们自己的决定和首创精神。"每一个个体必须穷其毕生的努力，才能"重新占有"精神生活，从而获得一种精神个性。奥伊肯的结论是："精神的实现绝不是我们的自然禀赋；我们必须去赢得它，而它允许被我们赢得。"

在我看来，这些论述乃是奥伊肯的这本小册子里的最精彩段落。在一个信仰失落和心灵不安的时代，他没有向世人推销一种救世良策，而是鼓励人们自救。的确，就最深层的精神生活而言，时代的区别并不重要。无论在什么时代，每一个个体都必须并且能够独自面对他自己的上帝，靠自己获得他的精神个性。对于他来说，重新占有精神生活的过程也就是赋予生活以意义的过程。于是，生活的意义和价值何在这一问题的答案便有了着落。

奥伊肯把每一代人对精神生活的实现称作一场"革命"，并且呼吁现代人也进行自己的这场革命。事实上，无论个人，还是某一代人，是否赢得自己的精神生活，确实会使他们生活在完全不同的世界里。一个赢得了精神生活的人，他虽然也生活在"即刻的现在"，但他同时还拥有"永恒的现在"，即那个"包含一切时代、包含人类一切有永恒价值的成就在内的现在"，他的生活与人类精神生活历史乃至宇宙生命有着内在的联系，他因此而有了一种高屋建瓴的立场，一种恒久的生活准则。相反，那些仅仅生活在"即刻的现在"的人就只能随波逐流，得过且过，盲目地度过自己的一生。

在实际生活中，有无精神生活之巨大差别会到处显现出来，我从奥伊肯的书中再举一例。人们常说，挫折和不幸能够提高人的精神。然而，奥伊肯指出，挫折和不幸本身并不具有这种优点。实际的情形是，许多缺乏内在的精神活力的人被挫折和不幸击倒了。唯有在已经拥有精神活力的人身上，苦难才能进一步激发此种活力，从而带来精神上的收获。

阅读书目：

奥伊肯：《生活的意义与价值》，万以译，上海译文出版社，1997年版。

1997年8月

勇气证明信仰

——读蒂利希《存在的勇气》

在尼采挑明"上帝死了"这个事实以后，信仰如何可能？这始终是困扰着现代关注灵魂生活的人们的一个难题。德裔美国哲学家蒂利希的《存在的勇气》（1952）一书便试图解开这个难题。他的方法是改变以往用信仰解释勇气的思路，而用勇气来解释信仰。我把他的新思路概括成一句最直白的话，便是：有明确的宗教信仰并不证明有勇气，相反，有精神追求的勇气却证明了有信仰。因此我们可以说，当一个人被信仰问题困扰——这当然只能发生在有精神追求的勇气的人身上——的时候，他已经是一个有信仰的人了。

蒂利希从分析现代人的焦虑着手。他所说的焦虑指存在性焦虑，而非精神分析学家们所津津乐道的那种病理性焦虑。人是一种有限的存在物，这意味着人在自身中始终包含着非存在，而焦虑就是意识到非存在的威胁时的状态。根据非存在威胁人的存在的方式，蒂利希把焦虑分为三种类型。一是非存在威胁人的本体上的存在，表现为对死亡和命运的焦虑。此种焦虑在古代末期占上风。二是非存在威胁人的道德上的存在，表现为对谴责和罪过的焦虑。此种焦虑在中世纪末期占上风。三是非存在威胁人在精神上的存在，表现为对无意义和空虚的焦虑。蒂利希认为，在现代占主导地位的焦虑即这一类型。

如果说焦虑是自我面对非存在的威胁时的状态，那么，存在的勇气就是自我不顾非存在的威胁而仍然肯定自己的存在。因此，勇气与焦虑是属于同一个自我的。现在的问题是，自我凭借什么敢于"不顾"，它肯定自己的存在的力量从何而来？

对于这个问题，存在主义的回答是，力量就来自自我，在一个没有上帝的世界上，自我是绝对自由的，又是绝对孤独的，因而能够也只能够凭借自己的力量肯定自己。蒂利希认为这个回答站不住脚，因为人是有限存在物，不可能具备这样的力量。这个力量必定另有来源，蒂利希称之为"存在本身"。是"存在本身"在通过我们肯定着它自己，反过来说，也是我们在通过自我肯定这一有勇气的行为肯定着"存在本身"之力，而"不管我们是否认识到了这个力"。在此意义上，存在的勇气即是信仰的表现，不过这个信仰不再是某种神学观念，而是一种被"存在本身"的力量所支配时的状态了。蒂利希把这种信仰称作"绝对信仰"，并认为它已经超越了关于上帝的有神论观点。

乍看起来，蒂利希的整个论证相当枯燥且有玩弄逻辑之嫌。"存在本身"当然不包含一丝一毫的非存在，否则就不成其为"存在本身"了。因此，唯有"存在本身"才具备对抗非存在的绝对力量。也因此，这种绝对力量无非来自这个概念的绝对抽象性质罢了。我们甚至可以把整个论证归结为一个简单的语言游戏：某物肯定自己的存在等于存在通过某物肯定自己。

然而，在这个语言游戏之下好像还是隐藏着一点真正的内容。

自柏拉图以来，西方思想的传统是把人的生活分成两个部分，即肉身生活和灵魂生活，两者分别对应于人性中的动物性和神性。它们各有完全不同的来源，前者来自自然界，后者来自超自然的世界——神界。不管人们给这个神界冠以什么名称，是柏拉图的"理念世界"，还是基督教的"上帝"，对它的信仰似乎是绝对必要的。因为如果没有神界，只有自然界，人的灵魂生活就失去了根据，对之便只能做出两种解释：或者是根本就不存在灵魂生活，人与别的动物没有什么两样，所谓的灵魂生活只是人的幻觉和误解；或者虽然有灵魂生活，但因为没有来源而仅是自然界里的一种孤立的现象，所以人的一切精神追求都是徒劳而绝望的。这正是近代以降随着基督教信仰崩溃而出现的情况。我们的确看到，一方面，在世俗化潮流的席卷下，人们普遍对灵魂生活持冷漠的态度，另一方面，那些仍然重视灵魂生活的人则陷入了空前的苦闷之中。

蒂利希的用意无疑是要为后一种人打气。在他看来，现代真正有信仰的人只能到他们中去寻找，怀疑乃至绝望正是信仰的现代形态。相反，盲信与冷漠一样，同属精神上的自弃，是没有信仰的表现。一个人为无意义而焦虑，他的灵魂的渴望并不因为丧失了神界的支持而平息，反而更加炽烈，这只能说明存在着某种力量，那种力量比关于上帝的神学观念更加强大、更加根本，因而并不因为上帝观念的解体而动摇，是那种力量支配了他。所以，蒂利希说："把无意义接受下来，这本身就是有意义的行为，这是一种信仰行为。"把信仰解释为灵魂的一种状态，而非头脑里的一种观念，这是蒂利希的最发人深省的提示。事实上，灵魂状态是最原初的信仰现象，一切宗教观念包括上帝观念都是由之派生的，是这个原初现象的词不达意的自我表达。

当然，同样的责备也适用于蒂利希所使用的"存在本身"这个概念。诚如他自己所说，本体论只能用类比的方式说话，因而永远是词不达意的。所有这类概念只是表达了一个信念，即宇宙必定具有某种精神本质，而不是一个完全盲目的过程。我们无法否认，古往今来，以那些最优秀的分子为代表，在人类中始终存在着一种精神性的渴望和追求。人身上发动这种渴望和追求的那个核心显然不是肉体，也不是以求知为鹄的的理智，我们只能称之为灵魂。我在此意义上相信灵魂的存在。进化论最多只能解释人的肉体和理智的起源，却无法解释灵魂的起源。即使人类精神在宇宙过程中只有极短暂的存在，它也不可能没有来源。因此，关于宇宙精神本质的假设是唯一的选择。这一假设永远不能证实，但也永远不能证伪。正因为如此，信仰总是一种冒险。也许，与那些世界征服者相比，精神探索者们是一些更大的冒险家，因为他们想得到的是比世界更宝贵、更持久的东西。

阅读书目：

蒂利希：《存在的勇气》，成显聪等译，贵州人民出版社，1988年版。

1998年10月

现代技术的危险何在？

——读《海德格尔分析新时代的技术》

现代技术正在以令人瞠目的速度发展，不断创造出令人瞠目的奇迹。人们奔走相告：数字化生存来了，克隆来了……接下来还会有什么东西来了？尽管难以预料，但一切都是可能的，似乎没有什么事情是现代技术办不到的。面对这个无所不能的怪兽，人们兴奋而又不安，欢呼声和谴责声此起彼伏，而它对这一切置若罔闻，依然迈着它的目空一切的有力步伐。

按照通常的看法，技术无非人为了自己的目的而改变事物的手段，手段本身无所谓好坏，它之造福还是为祸，取决于人出于什么目的来发明和运用它。乐观论者相信，人有能力用道德约束自己的目的，控制技术的后果，使之造福人类，悲观论者则对人的道德能力不抱信心。仿佛全部问题在于人性的善恶，由此而导致技术服务于善的目的还是恶的目的。然而，有一位哲学家，他跃出了这一通常的思路，在二十世纪五十年代初便从现代技术的早期演进中看到了真正的危险所在，向技术的本质发出了追问。

在海德格尔看来，技术不仅仅是手段，更是一种人与世界之关系的构造方式。在技术的视野里，一切事物都只是材料，都缩减为某种可以满足人的需要的功能。技术从来就是这样的东西，不过，在过去的时代，技术的方式只占据非常次要的地位，人与世界的关系主要是一种非技术的、自然的关系。对于我们的祖先来说，大地是化育万物的母亲，他们怀着感激的心情接受土地的赠礼，守护存在的秘密。现代的特点在于技术几乎成了唯一的方式，实现了"对整个地球的无条件统治"，因而可以用技术来命名时代，例如原子能时代、电子时代，等等。现代人用技术的眼光看一切，神话、艺术、历史、宗教和朴素自然主义的视野趋于消失。在现代技术的统治下，自然万物都失去了自身的丰富性和本源性，仅仅成了能量的提供者。譬如说，大地不复是母亲，而只是任人开发的矿床和地产。畜禽不复是独立的生命和人类的伙伴，而只是食品厂的原料。河流不复是自然的风景和民族的摇篮，而只是水压的供应者。海德格尔曾经为莱茵河鸣不平，因为当人们在河上建造发电厂之时，事实上是把莱茵河建造到了发电厂里，使它成了发电厂的一个部件。那么，想一想我们的长江和黄河吧，在现代技术的视野中，它们岂不也只是发电厂的巨大部件，它们的自然本性和悠久历史何尝有一席位置？

　　现代技术的真正危险并不在于诸如原子弹爆炸之类可见的后果，而在于它的本质中业已包含着的这种对待事物的方式，它剥夺了一切事物的真实存在和自身价值，使之只剩下功能化的虚假存在。这种方式必定在人身上实行报复，在技术过程中，人的个性差别和价值也不复存在，一切人都变成了执行某种功能的技术人员。事情不止于此，人甚至还成了有朝一日可以按计划制造的"人力物质"。不管幸运还是不幸，海德格尔活着时赶上了人工授精之类的发明，化学家们已经预言人工合成生命的时代即将来临，他对此评论道："对人的生命和本质的进攻已在准备之中，与之相比较，氢弹的爆炸也算不了什么了。"现代技术"早在原子弹爆炸之前就毁灭了事物本身"。总之，人和自然事物两方面都丧失了自身的本质，如同里尔克在一封信中所说的，事物成了"虚假的事物"，人的生活只剩下了"生活的假象"。

技术本质在现代的统治是全面的，它占领了一切存在领域，也包括文化领域。在过去的时代，学者都是博学的通才，有着自己的个性和广泛兴趣，现在这样的学者消失了，被分工严密的专家即技术人员取代。在文学史专家的眼里，历史上的一切伟大文学作品都只是有待从语法、词源学、比较语言史、文体学、诗学等角度去解释的对象，即所谓的文学，失去了自身的实质。艺术作品也不复是它们本身所是的作品，而成了收藏、展览、销售、评论、研究等各种活动的对象，海德格尔问道："然而，在这种种活动中，我们遇到作品本身了吗？"海德格尔还注意到了当时已经出现的信息理论和电脑技术，并且尖锐地指出，把语言对象化为信息工具的结果将是语言机器对人的控制。

既然现代技术的危险在于人与世界之关系的错误建构，那么，如果不改变这种建构，仅仅克服技术的某些不良后果，真正的危险就仍未消除。出路在哪里呢？有一个事实看来是毋庸置疑的：没有任何力量能够阻止现代技术发展的步伐，人类也绝不可能放弃已经获得的技术文明而复归田园生活。其实，被讥为"黑森林的浪漫主义者"的海德格尔也不存此种幻想。综观他的思路，我们可以看出，虽然现代技术的危险包含在技术的本质之中，但是，技术的方式之成为人类主导的乃至唯一的生存方式却好像并不具有必然性。也许出路就在这里。我们是否可以在保留技术的视野的同时，再度找回其他的视野呢？如果说技术的方式根源于传统的形而上学，在计算性思维中遗忘了存在，那么，我们能否从那些歌吟家园的诗人那里受到启示，在冥想性思维中重新感悟存在？当然，这条出路未免抽象而渺茫，人类的命运仍在未定之中。于是我们便可以理解，为何海德格尔留下的最后手迹竟是一个没有答案的问题——

"在技术化的千篇一律的世界文明的时代中，是否和如何还能有家园？"

阅读书目：

《海德格尔分析新时代的技术》，宋祖良译，中国社会科学出版社，1993年版。

1997年11月

第八辑

品中国古典

孔子的洒脱

——把《论语》当闲书读

我喜欢读闲书,即使是正经书,也不妨当闲书读。譬如说《论语》,林语堂把它当作孔子的闲谈读,读出了许多幽默,这种读法就很对我的胃口。近来我也闲翻这部圣人之言,发现孔子乃是一个相当洒脱的人。

在我的印象中,儒家文化一重事功,二重人伦,是一种很入世的文化。然而,作为儒家始祖的孔子,其实对于功利的态度颇为淡泊,对于伦理的态度又颇为灵活。这两个方面,可以用两句话来代表,便是"君子不器"和"君子不仁"。

孔子是一个读书人。一般读书人寒窗苦读,心中都悬着一个目标,就是有朝一日成器,即成为某方面的专家,好在社会上混一个稳定的职业。说一个人不成器,就等于说他没出息,这是很忌讳的。孔子却坦然说,一个真正的人本来就是不成器的。也确实有人讥他博学而无所专长,他听了自嘲说:那么我就以赶马车为专长吧。

其实,孔子对于读书有他自己的看法。他主张读书要从兴趣出发,不赞成为求知而求知的纯学术态度（"知之者不如好之者，好之者不如乐之者"）。他还主张读书是为了完善自己，鄙夷那种沽名钓誉的庸俗文人（"古之学者为己，今之学者为人"）。他一再强调，一个人重要的是要有真才实学，而无须在乎外在的名声和遭遇，类似于"不患莫己知，求为可知也"这样的话，《论语》中至少重复了四次。

"君子不器"这句话不仅说出了孔子的治学观，也说出了他的人生观。有一回，孔子和他的四个学生聊天，让他们谈谈自己的志向。其中三人分别表示想做军事家、经济家和外交家。唯有曾点说，他的理想是暮春三月，轻装出发，约了若干大小朋友，到河里游泳，在林下乘凉，一路唱歌回来。孔子听罢，喟然叹曰："我和曾点想的一样。"圣人的这一叹，活泼地叹出了他的未染的性灵，使得两千年后一位最重性灵的文论家大受感动，竟改名"圣叹"，以志纪念。人生在世，何必成个什么器，做个什么家呢，只要活得悠闲自在，岂非胜似一切？

学界大抵认为"仁"是孔子思想的核心，至于什么是"仁"，众说不一，但都不出伦理道德的范围。孔子重人伦是一个事实，不过他到底是一个聪明人，而一个人只要足够聪明，就绝不会看不透一切伦理规范的相对性质。所以，"君子而不仁者有矣夫"这句话竟出自孔子之口，他不把"仁"看作理想人格的必备条件，也就不足怪了。有人把"仁"归结为"忠恕"二字，其实孔子绝不主张愚忠和滥恕。他总是区别对待"邦有道"和"邦无道"两种情况，"邦无道"之时，能逃就逃（"乘桴浮于海"），逃不了则少说话为好（"言孙"），会装傻更妙（"愚不可及"这个成语出自《论语》，其本义不是形容愚蠢透顶，而是孔子夸奖某人装傻装得高明极顶的话，相当于郑板桥说的"难得糊涂"）。他也不像基督那样，当你的左脸挨打时，要你把右脸也送上去。有人问他该不该"以德报怨",他反问：那么用什么来报德呢？然后说，应该是用公正回报怨仇，用恩德回报恩德。

孔子实在是一个非常通情达理的人，他有常识，知分寸，丝毫没有偏执狂。"信"是他亲自规定的"仁"的内涵之一，然而他明明说"言必信，行必果"，乃是僵化小人的行径("硁硁然小人哉")。要害是那两个"必"字，毫无变通的余地，把这位老先生惹火了。他还反对遇事过分谨慎。我们常说"三思而后行"，这句话也出自《论语》，只是孔子并不赞成，他说再思就可以了。

也许孔子还有不洒脱的地方，我举的只是一面。有这一面毕竟是令人高兴的，它使我可以放心承认孔子是一位够格的哲学家了，因为哲学家就是有智慧的人，而有智慧的人怎么会一点不洒脱呢？

阅读书目：

《论语译注》，杨伯峻译注，中华书局，1980年版。

1991年8月

另一个韩愈

　　去年某月，到孟县参加一个笔会。孟县是韩愈的故乡，于是随身携带了一本他的集子，作为旅途消遣的读物。小时候就读过韩文，也知道他是"文起八代之衰"的大文豪，但是印象里他是儒家道统的卫道士，又耳濡目染"五四"以来文人学者对他的贬斥，便一直没有多读的兴趣。未曾想到，这次在旅途上随手翻翻，竟放不下了，仿佛发现了另一个韩愈，一个深通人情、明察世事的韩愈。

　　譬如说那篇《原毁》，最早是上中学时在语文课本里读到的，当时还背了下来。可是，这次重读，才真正感觉到，他把毁谤的根源归结为懒惰和嫉妒，因为懒惰而自己不能优秀，因为嫉妒而怕别人优秀，这是多么准确。最有趣的是他谈到自己常常做一种试验，方式有二。其一是当众夸不在场的某人，结果发现，表示赞同的只有那人的朋党、与那人没有利害竞争的人以及惧怕那人的人，其余的一概不高兴。其二是当众贬不在场的某人，结果发现，不表赞同的也不外上述三种人，其余的一概兴高采烈。韩愈有这种恶作剧的心思和举动，我真觉得他是一个聪明可爱的人。我相信，一定会有一些人联想起自己的类似经验，发出会心的一笑。

安史之乱时，张巡、许远分兵坚守睢阳，一年后兵尽粮绝，城破殉难。由于城是先从许远所守的位置被攻破的，许远便多遭诟骂，几被视为罪人。韩愈在谈及这段史实时替许远不平，讲了一个很简单的道理：人之将死，其器官必有先得病的，因此而责怪这先得病的器官，也未免太不明事理了。接着叹道："小人之好议论，不乐成人之美，如是哉！"这个小例子表明韩愈的心态何其正常平和，与那些好唱高调整人的假道学不可同日而语。

在《与崔群书》中，韩愈有一段话论人生知己之难得，也是说得坦率而又沉痛。他说他平生交往的朋友不算少，浅者不去说，深者也无非是因为同事、老相识、某方面兴趣相同之类表层的原因，还有的是因为一开始不了解而来往已经密切，后来不管喜欢不喜欢也只好保持下去了。我很佩服韩愈的勇气，居然这么清醒地解剖自己的朋友关系。扪心自问，我们恐怕都不能否认，世上真正心心相印的朋友是少而又少的。

至于那篇为自己的童年手足、与自己年龄相近却早逝的侄儿十二郎写的祭文，我难以描述读它时的感觉。诚如苏东坡所言，"其惨痛悲切，皆出于至情之中"，读了不掉泪是不可能的。最崇拜他的欧阳修则好像不太喜欢他的这类文字，批评他"其心欢戚，无异庸人"。可是，在我看来，常人的真情达于极致正是伟大的征兆之一。这样一个内心有至情又能冷眼看世相人心的韩愈，虽然一生挣扎于宦海，却同时向往着"与其有誉于前，孰若无毁于后；与其有乐于身，孰若无忧于心"的隐逸生活，我对此是丝毫不感到奇怪的。可惜的是，在实际上，他忧患了一生，死后仍摆脱不了无尽的毁誉。在孟县时，我曾到韩愈墓凭吊，墓前有两棵枝叶苍翠的古柏，我站在树下默想：韩愈的在天之灵一定像这些古柏一样，淡然观望着他身后的一切毁誉吧。

阅读书目：

《韩愈散文精品选》，陕西人民出版社，1995年版。

1998年6月

苏轼《超然台记》荐语和批注

荐语

　　不论做人，还是作文，我最看重的是真性情。在中国古典作家中，庄子是真性情的鼻祖。中古以降，把真性情发挥得最为淋漓尽致的，非苏轼莫属。苏轼是一个旷世奇才，他兼有赤子的率真、诗人的敏感、英雄的豪迈、智者的幽默、哲人的超然，这些品质汇集于他一身，真是造化的奇迹，中国文学的大幸。然而，从世俗的眼光看，他的一生可谓不幸，充满坎坷和苦难。在他的时代，读书人的唯一出路是做官，而他的率真使他在官场上到处碰壁，连遭贬谪。若问他是靠什么在人生困境中始终保持真性情的，我们在本文中或许可以找到答案。真性情之人，不仅有诗人的心灵，热爱人生，富于生活情趣，还必须有哲人的胸怀，彻悟人生，能够超然物外。倘若没有后者，人就会受外部事物和外在遭遇的支配，患得患失，生活情趣便荡然无存了。超然未必是消极的出世，反而可以是一种积极的人生态度，你和你的人生保持一个距离，结果是更能欣赏人生的妙趣。

正文

凡物皆有可观。苟有可观，皆有可乐，非必怪奇伟丽者也。餔糟啜醨，皆可以醉；果蔬草木，皆可以饱。推此类也，吾安往而不乐？

批注1：物有无可观，取决于观物之人的心灵品质。心灵贫乏之辈，眼中的世界也必然贫乏。苏轼《记承天寺夜游》云："何夜无月，何处无竹柏，但少闲人如吾两人者耳。"那些只知功利的忙人是看不见明月和竹柏的美的。唯有在心灵丰富的人眼中，世界才会呈现其丰富的美。

夫所为求福而辞祸者，以福可喜而祸可悲也。人之所欲无穷，而物之可以足吾欲者有尽。美恶之辨战乎中，而去取之择交乎前，则可乐者常少，而可悲者常多，是谓求祸而辞福。夫求祸而辞福，岂人之情也哉！物有以盖之矣。彼游于物之内，而不游于物之外，物非有大小也，自其内而观之，未有不高且大者也。彼挟其高大以临我，则我常眩乱反复，如隙中之观斗，又焉知胜负之所在？是以美恶横生，而忧乐出焉，可不大哀乎！

批注2：看世界的眼光有两种。一是出于物欲、占有欲，其实质是"游于物之内"，被物控制，结果是痛苦。这与古希腊哲人伊壁鸠鲁所见略同：无穷尽的物欲是痛苦的根源。二是审美，其实质是"游于物之外"，这与德国近代大哲康德所见略同：美感是排除了物欲的快感。

余自钱塘移守胶西，释舟楫之安而服车马之劳，去雕墙之美而庇采椽之居，背湖山之观而行桑麻之野。始至之日，岁比不登，盗贼满野，狱讼充斥，而斋厨索然，日食杞菊，人固疑余之不乐也。处之期年，而貌加丰，发之白者，日以反黑。余既乐其风俗之淳，而其吏民亦安余之拙也。

批注3：从富庶的杭州调任穷僻的密州，生活条件不可同日而语，人们都认为苏轼会不快乐，可是一年后，他不但胖了，而且白发也变黑了，原因是此地民风淳朴，与官民相处愉快，且远离政治斗争的旋涡，这样的生活更适合他的性情。可见超然的心态还有利于健康，正确的人生态度可以养生。

于是治其园圃，洁其庭宇，伐安丘、高密之木，以修补破败，为苟完之计。而园之北，因城以为台者旧矣，稍葺而新之，时相与登览，放意肆志焉。南望马耳、常山，出没隐见，若近若远，庶几有隐君子乎？而其东则卢山，秦人卢敖之所从遁也。西望穆陵，隐然如城郭，师尚父、齐桓公之遗烈，犹有存者。北俯潍水，慨然太息，思淮阴之功，而吊其不终。台高而安，深而明，夏凉而冬温。雨雪之朝，风月之夕，余未尝不在，客未尝不从。撷园蔬，取池鱼，酿秫酒，瀹脱粟而食之，曰：乐哉游乎！

方是时，余弟子由适在济南，闻而赋之，且名其台曰"超然"，以见余之无所往而不乐者，盖游于物之外也。

阅读书目：

《苏轼散文精品选》，陕西人民出版社，1995年版。

2013年5月

唯美的欢娱

——唐宋名篇音乐朗诵会《宋人弦歌》序

今夜，让我们沿着时光之河向回航行，在一千年前的长江上岸。展现在我们眼前的，是祖国历史上一个著名的王朝，它辉煌到了极点，又屈辱到了极点，留下的是不尽的怀念，不尽的惋惜。

绵延了三百余年的宋朝，前半期统一而繁荣，后半期丧权而偏安，有太多的欢笑，也有太多的眼泪，而这欢笑和眼泪，共同催放了中国文学的一朵奇葩——宋词。

我们来到了北宋的首都汴京，由今日的开封，怎能想象它当年的奢华。通衢大道上，香车宝马奔驰，游人熙来攘往。举目四望，到处是雕楼画阁，绣户朱帘。深街小巷内，燕馆歌楼密布，达数万家之多。最不寻常的是，满城的青楼、歌厅、茶坊、酒肆，响彻管弦丝竹之声，一片燕歌莺舞的景象。出入这些场所的，有普通市民，也有达官贵人。宋王朝给士大夫的生活待遇之优厚，没有一个朝代比得上，使他们得以优游岁月，宴饮唱和之风盛行。无论在公共娱乐场所，还是在私人宴会，歌伎是重要的角色，弦歌是必有的节目。曲调是现成的，文人骚客竞相为之填词，每有佳作问世，很快唱遍江北江南。

今天的人也许难以相信，在隋、唐、宋三朝，漫长的近七百年间，中国曾经是一个流行音乐大国，来自中亚、西域的明快热烈的印度系音乐传入中国，倾倒朝野，而低缓的中国古乐则受到了冷落，大部分用于某些祭祀仪式。唐宋两朝设有教坊，实际上是宫廷乐团兼国家音乐学院，专门排演、教习、创作流行音乐。宋朝还设有大晟府，翻译成现代汉语，可以叫国家音乐总署，兼具国家音乐出版社的职能，编集和刊行流行的曲谱。正是在这浓烈的音乐氛围中，词的创作成了文坛第一时尚，词的艺术达到了历史的顶峰，宋词成了足可与唐诗、元曲媲美的中国文学瑰宝。

词的作者是文人学士，唱者大多是妙龄歌女，其间就有了一种微妙的关系。没有一种文学体裁像词这样深深地受到女性的熏陶。有一首词写道："月如眉，浅笑含双靥，低声唱小词。"让美女在花前月下吟唱的小词，自然应该是情意缠绵的了。因此，在相当长的时间里，词的主题不外是伤春悲秋、离情别绪、男欢女爱，风格则以柔美婉约为正宗。词和诗之间有了一种不成文的分工，诗言志而词言情，诗须庄重而词求妩媚。一切儿女情长、英雄气短的情思，不能诉之于诗文的，在词中都得到了尽兴的宣泄。词致力于表达委婉悱恻的情感，描摹深微细腻的心绪，把一种精致的审美趣味发挥到了极致。在文以载道的古代中国，宋词也许是绝无仅有的唯美文学，它的文字、意境和音乐的美，没有一个文学品种比得上。

当然，婉约不是宋词唯一的风格。首先是苏轼，然后是辛弃疾，向词中吹进了强劲的豪放之风。在他们影响下，词与诗的界限被打破，词的题材大大拓宽，演变成了一种既可言情也可咏志的新诗体。靖康之变后，南宋词人在婉约中多了山河破碎的哀怨，在豪放中多了壮志未酬的悲伤。

　　宋词是音乐的产儿、流行歌曲的歌词。可惜的是，当年的曲谱均已失传，在历史的流传中，宋词早已脱离音乐，只被当作文学来欣赏。这是中国音乐史的巨大损失，作为音乐的宋人弦歌已成千古之谜，留给我们的是不尽的遗憾，不尽的想象。

2007年7月

明月几时有

——苏轼词赏析

水调歌头

明月几时有？把酒问青天。不知天上宫阙，今夕是何年。我欲乘风归去，又恐琼楼玉宇，高处不胜寒。起舞弄清影，何似在人间！

转朱阁，低绮户，照无眠。不应有恨，何事长向别时圆？人有悲欢离合，月有阴晴圆缺，此事古难全。但愿人长久，千里共婵娟。

在全部宋词中，这一首《水调歌头》也许是传诵最广、最脍炙人口的。苏东坡不愧是大文豪，中秋赏月怀人，原是最常见的题材，到了他的笔下，偏能不同凡响，赏月赏得这样壮思逸飞，怀人怀得这样胸怀宽广。上阕赏月，他身上玄想的哲人问"明月几时有"，他身上浪漫的诗人"欲乘风归去"，而最后的心愿却是平实的"何似在人间"。下阕由赏月而怀人，他身上多愁善感的诗人怨月亮"长向别时圆"，他身上豁达的哲人用"此事古难全"来开导，而最后的心愿也是平实的"但愿人长久"。苏东坡是哲人、诗人，但归根到底是一个真性情的常人，这正是他最可爱的地方。

苏词以豪放著称，但又岂是豪放这个词概括得了的。他的作品的魅力来自他的人格的魅力，他兼有大气魄和真性情，这两种品质统一在同一人身上极为难得，使他笔下流出的文字既雄健又空灵，既豪迈又清旷，不但境大，而且格高。读他的作品，我们如同登高望远，真觉得天地宽阔而人生美好。

卜算子·黄州定惠院寓居作

缺月挂疏桐，漏断人初静。谁见幽人独往来，缥缈孤鸿影。
惊起却回头，有恨无人省。拣尽寒枝不肯栖，寂寞沙洲冷。

飘忽得像一个梦，又清晰得像一幕哑剧。词中的那个幽人是谁？是一位相识的女子，是作者自己，还是一个虚构的意象？不知道，只知道我们的心为之战栗，充满了忧伤的同情。

江城子·乙卯正月二十日夜记梦

十年生死两茫茫。不思量，自难忘。千里孤坟，无处话凄凉。纵使相逢应不识，尘满面，鬓如霜。

夜来幽梦忽还乡。小轩窗，正梳妆。相顾无言，惟有泪千行。料得年年肠断处，明月夜，短松冈。

这是一首传诵千古的悼亡词，句句无比沉痛，句句无比真实，句句有千钧之力。苏轼悼念的是去世十年的爱妻，却准确地写出了每一个曾经痛失爱侣、亲人、挚友的人的共同心境。

生者与逝者，无论从前多么相爱相知，现在已经生死隔绝，彼此都茫然不知对方的情形了。"两茫茫"是一个基本境况，笼罩着彼此的一切关系。生者的生活仍在继续，未必天天想念逝者，但这绝不意味着忘却。不忘却又能怎样，世界之大，找不到一个可以向逝者诉说的地方。即使有相逢的可能，双方都不是从前的样子了，不会再相识。这正是"两茫茫"造成的绝望境地。梦见了从前在一起时的熟悉情景，"两茫茫"的意识又立刻发生作用，把从前的温馨浸透在现在的哀伤之中。料想那逝者也是如此，年复一年地被隔绝在永恒的沉默之中。

念奴娇·赤壁怀古

大江东去，浪淘尽、千古风流人物。故垒西边，人道是、三国周郎赤壁。乱石穿空，惊涛拍岸，卷起千堆雪。江山如画，一时多少豪杰！

遥想公瑾当年，小乔初嫁了，雄姿英发。羽扇纶巾，谈笑间，樯橹灰飞烟灭。故国神游，多情应笑我、早生华发。人生如梦，一尊还酹江月。

和那一首咏月的《水调歌头》一样，这一首咏史的《念奴娇》也堪称宋词中最伟大的作品，同样的笔力雄健，同样的境界高旷。不同的是，这一首更多地展现了苏轼英雄本色的一面，气势更为磅礴。在赤壁这个地点怀古，眼前的景是大江、乱石、惊涛，所怀的古是智胜赤壁之战的风流将才周瑜，现实中的雄景与历史上的豪杰交相辉映。想到自己的英雄之志未得施展，不免自嘲。但是，不同于辛弃疾的愤激，苏轼毕竟有哲人的辽阔眼界，能比一切英雄功业站得更高。"大江东去，浪淘尽、千古风流人物。"再风流的人物也会被时间的浪涛卷走。纵然"江山如画"，终究"人生如梦"，所以不必把功业看得太重要。"一尊还酹江月"，是祭历史上的豪杰，也是祭自己和一切人的普通人生。

2007年7月

物是人非事事休

——李清照词赏析

武陵春

风住尘香花已尽，日晚倦梳头。物是人非事事休，欲语泪先流。

闻说双溪春尚好，也拟泛轻舟。只恐双溪舴艋舟，载不动、许多愁。

若要推中国古今第一才女，大约非李清照莫属。她的大部分作品已散失，流传下来的只有几十首词和诗，郑振铎先生曾感叹道，这个损失不亚于希腊失去了女诗人萨福的大部分作品。不过，流传下来的几乎都是精品，已经足够我们为她举办一台专场朗诵音乐会了。

李清照的词以大手笔写小女子情态，清丽又大气，在两宋词坛上独具一格。最好的抒情诗人，第一情感真实，绝不无病呻吟，第二语言质朴，绝不刻意雕琢。李清照正是这样，善于用口语化的寻常语言表达深刻的人生感受。在这一点上，能和她媲美的词人，也就李煜、苏轼、辛弃疾三人而已。

生活在两宋之交的这位贵族女子，一生被靖康之变斩为两截，前半生
是天堂，后半生是地狱。人到中年，她接连遭遇北方家国沦陷、恩爱丈夫
病故、珍贵收藏失尽的灾难，由名门才女沦落为乱世流民，从此凄凉而孤
单地消度残年。然而，正是在人生的逆境中，她的创作进入了最佳状态。
比如这一首《武陵春》，我们所看到的，完全不是一个词人在遣词造句，
而是一个尝尽人世辛酸的女人在自言自语，句句都从心底里流出来。面对
狂风后的满地落花，她心灰意懒，了无生趣。她生命中的花朵也已经被狂
风打尽，她的余生似乎注定不会有新的花朵开放了。她的境况用一句话概
括，就是"物是人非事事休"，这个哀伤的旋律贯穿在她后期的全部作品
之中。她没有想到的是，这些作品正是她生命中最美丽的花朵，会永远开
放在人类艺术的花园里。

醉花阴

薄雾浓云愁永昼，瑞脑消金兽。佳节又重阳，玉枕纱橱，半夜凉初透。
东篱把酒黄昏后，有暗香盈袖。莫道不销魂，帘卷西风，人比黄花瘦。

这首词是李清照前期的名作，因思念两地分居的丈夫而写。丈夫也是
文人，收到后欲一比高低，废寝忘食三昼夜，写了五十几首词，把这一首
混在里面，请一位朋友品评。那位朋友读后说，有三句绝佳。这三句是："莫
道不销魂，帘卷西风，人比黄花瘦。"

李清照真为女性争光。

一剪梅

红藕香残玉簟秋。轻解罗裳，独上兰舟。云中谁寄锦书来？雁字回时，月满西楼。

花自飘零水自流。一种相思，两处闲愁。此情无计可消除，才下眉头，却上心头。

写相思之情"无计可消除，才下眉头，却上心头"，妙趣横生，使整首词活了起来。

2007年7月

春花秋月何时了

——李煜词赏析

相见欢

无言独上西楼，月如钩，寂寞梧桐深院锁清秋。

剪不断，理还乱，是离愁，别是一般滋味在心头。

句句明白，没有一个生字。句句凝练，没有一个废字。寥寥几笔，情景毕现。这才叫大家小品，能让人过目不忘，回味无穷。

浪淘沙

帘外雨潺潺，春意阑珊，罗衾不耐五更寒。梦里不知身是客，一晌贪欢。

独自莫凭栏，无限江山，别时容易见时难。流水落花春去也，天上人间。

虞美人

春花秋月何时了，往事知多少。小楼昨夜又东风，故国不堪回首月明中。

雕栏玉砌应犹在，只是朱颜改。问君能有几多愁，恰似一江春水向东流。

历史经常发生误会。像李后主这样一个人，原是一位天生的诗人，心灵极单纯，情感极真挚，艺术天赋极高，对政治毫无兴趣，可是阴错阳差，偏偏在亡国前当上了皇帝，他的人生就注定是一出悲剧了。然而，他到底是一位天生的诗人，无论在后唐的帝位上，还是做了大宋的臣虏，写的词都充满性灵，从不作帝王家语，而是作为一个最真实的人，诉说自己最真实的心情。他的人，他的作品，最鲜明的特点就是一个"真"字。尤其入宋后的作品，真个是满纸血泪，字字催人泪下。

然而，我们看到，尽管情境凄楚，他的词却丝毫不让人感到局促压抑，反而是清新明朗，王国维形容为"神秀"，非常准确。他用素淡的白描写出了深沉的感情，语言本色，风格含蓄，情味隽永，如同一位天生丽质的素衣女郎。

真正的大诗人，他的心灵与宇宙的生命息息相通，所表达的绝不限于一己的悲欢，而是能够由个人的身世体悟人生的普遍真相。"春花秋月何时了，往事知多少。"面对自然景物的周而复始和时光的永恒流逝，我们人人都会怀念自己人生中那些一去不返的珍贵往事。"别时容易见时难。"何止沦陷的江山如此，我们都可能经历相似的悲痛和无奈，与自己珍爱的人或事一朝诀别。李煜的心既敏感又博大，这使得他的作品虽然情感缠绵，却有开阔的境界。

四十二岁生日那一天，在软禁的小楼里，李煜让歌女唱这首以"春花秋月何时了"开头的《虞美人》，宋太宗知道了，断定他对大宋怀有二心，命令他服毒药自杀。在漫长的专制社会中，这是许多诗人的命运，他们的作品仅从狭隘政治的角度被理解，因此而遭到迫害乃至被杀害。

2007年7月

却道天凉好个秋

——辛弃疾词赏析

青玉案·元夕

东风夜放花千树。更吹落，星如雨。宝马雕车香满路。凤箫声动，玉壶光转，一夜鱼龙舞。

蛾儿雪柳黄金缕，笑语盈盈暗香去。众里寻他千百度，蓦然回首，那人却在，灯火阑珊处。

节庆热闹而欢腾，可是，有谁知道热闹反衬下的寂寞、欢腾映照下的孤独？眼看花枝招展的游女们嬉笑着走过，一队队都消失在灯火辉煌的背景中了，那个寻找了一百次、一千次的人仍然没有出现。无意中回头，却发现那个人茕茕孑立，站在灯火最冷清的地方。

那个人是谁？有人说，是作者的意中人，一位脱俗的女子。有人说，是作者自况，寄寓了高洁的怀抱。其实，无论哪一说成立，作品的意蕴是一致的，都是对孤高人品的赞美。我们也许可以引申说，不管人世多么热闹，每一个人都应该保持一个内在的宁静的"自我"，这个"自我"是永远值得"众里寻他千百度"的。

鹧鸪天

陌上柔桑破嫩芽，东邻蚕种已生些。平冈细草鸣黄犊，斜日寒林点暮鸦。

山远近，路横斜，青旗沽酒有人家。城中桃李愁风雨，春在溪头荠菜花。

这首《鹧鸪天》是辛弃疾乡居田园词的代表，把乡村景物写得细致真实，让人历历在目。

请注意最后两句。春的源头在乡村，而不在城市。英国诗人库柏也曾写道："上帝创造了乡村，人类创造了城市。"在今天大规模城市化的进程中，我们不妨反省一下，我们是否毁掉了上帝的作品，截断了春的源头？

丑奴儿·书博山道中壁

少年不识愁滋味，爱上层楼。爱上层楼，为赋新词强说愁。

而今识尽愁滋味，欲说还休。欲说还休，却道天凉好个秋。

在辛弃疾的几百首词中，这一首传诵最广。它的确是一首绝妙好词，言简而意赅，语浅而情深，表达了普遍的人生感受。

年少之时，我们往往容易无病呻吟，夸大自己的痛苦，甚至夸耀自己的痛苦。究其原因，大约有二。其一，是对人生的无知，没有经历过大痛苦，就把一点儿小烦恼当成了大痛苦。其二，是虚荣心，在文学青年身上尤其突出，把痛苦当作装饰和品位，显示自己与众不同。只是到了真正饱经沧桑之后，我们才明白，人生的小烦恼是不值得说的，大痛苦又是不可说的。我们把痛苦当作人生本质的一个组成部分接受下来，带着它继续生活。如果一定要说，我们就说点别的，比如天气。"却道天凉好个秋"——这个结尾意味深长，是不可说之说，是辛酸的幽默。

西江月·遣兴

醉里且贪欢笑，要愁那得工夫。近来始觉古人书，信着全无是处。

昨夜松边醉倒，问松"我醉何如"？只疑松动要来扶，以手推松曰"去"！

辛弃疾是一个有勇有谋的真英雄，胸怀抗金复国的大志，但英雄无用武之地，长年赋闲乡居。他又是一个能文能武的全才，被压抑的无穷精力就向文学中释放，成了宋代最高产的词人，留传至今的词作有六百多首。他无意做文人，只是要抒发胸臆，有感即发，创作的心态十分自由，无事不可入词，嬉笑怒骂皆成文章，题材非常广阔。风格也是多种多样，"夜半狂歌悲风起"的慷慨悲壮是主旋律，但也有"茅檐低小，溪上青青草"的朴素清新，"小楼春色里，幽梦雨声中"的纤丽婉约。

这首小令也表现了辛词的一种特色，通篇口语，像一篇短小的散文。评家认为，苏轼以诗入词，辛弃疾以散文入词，是解放词体的两位大改革家。

人们常说酒后失态，其实酒后往往露出了平时被掩饰的真态。你看在这首词里，活脱脱一个硬汉子辛弃疾，无论上阕的发牢骚，还是下阕的醉话，都充满傲气。

2007年7月

人生贵在行胸臆

——读袁中郎全集

一

读袁中郎全集，感到清风徐徐扑面，精神阵阵爽快。

明末的这位大才子一度做吴县县令，上任伊始，致书朋友们道："吴中得若令也，五湖有长，洞庭有君，酒有主人，茶有知己，生公说法石有长老。"开卷读到这等潇洒不俗之言，我再舍不得放下了，相信这个人必定还会说出许多妙语。

我的期望没有落空。

请看这一段："天下有大败兴事三，而破国亡家不与焉。山水朋友不相凑，一败兴也。朋友忙，相聚不久，二败兴也。游非及时，或花落山枯，三败兴也。"

真是非常飘逸。中郎一生最爱山水，最爱朋友，难怪他写得最好的是游记和书信，不过，倘若你以为他只是个耽玩的倜傥书生，未免小看了他。《明史》记载，他在吴县任上"听断敏决，公庭鲜事"，遂整日"与士大夫谈说诗文，以风雅自命"，可见极其能干，游刃有余。但他是真个风雅，天性耐不得官场俗务，终于辞职。后来几度起官，也都以谢病归告终。

在明末文坛上，中郎和他的两位兄弟是开一代新风的人物。他们的风格，用他评其弟小修诗的话说，便是"独抒性灵，不拘格套，非从自己胸臆流出，不肯下笔"。其实，这话不仅说出了中郎的文学主张，也说出了他的人生态度。他要依照自己的真性情生活，活出自己的本色来。他的潇洒绝非表面风流，而是他的内在性灵的自然流露。性者个性，灵者灵气，他实在是个极有个性、极有灵气的人。

二

每个人一生中，都曾经有过一个依照真性情生活的时代，那便是童年。孩子是天真烂漫，不肯拘束自己的。他活着整个儿就是在享受生命，世俗的利害和规矩暂时还都不在他眼里。随着年龄增长，染世渐深，俗虑和束缚愈来愈多，原本纯真的孩子才被改造成了俗物。

那么，能否逃脱这个命运呢？很难，因为人的天性是脆弱的，环境的力量是巨大的。随着童年的消逝，倘若没有一种成年人的智慧及时来补救，几乎不可避免地会失掉童心。所谓大人先生者不失赤子之心，正说明智慧是童心的守护神。凡童心不灭的人，必定对人生有着相当的彻悟。

所谓彻悟，就是要把生死的道理想明白。名利场上那班人不但没有想明白，只怕连想也不肯想。袁中郎责问得好："天下皆知生死，然未有一人信生之必死者……趋名骛利，唯曰不足，头白面焦，如虑铜铁之不坚，信有死者，当如是耶？"对名利的追求是无止境的，官做大了还想更大，钱赚多了还想更多。"未得则前涂为究竟，涂之前又有涂焉，可终究钦？已得则即景为寄寓，寓之中无非寓焉，故终身驰逐而已矣。"在这终身的驰逐中，不再有工夫做自己真正感兴趣的事，接着连属于自己的真兴趣也没有了，那颗以享受生命为最大快乐的童心就这样丢失得无影无踪了。

事情是明摆着的：一个人如果真正想明白了生之必死的道理，他就不会如此看重和孜孜追逐那些到头来一场空的虚名浮利了。他会觉得，把有限的生命耗费在这些事情上，牺牲了对生命本身的享受，实在是很愚蠢。人生有许多出于自然的享受，例如爱情、友谊、欣赏大自然、艺术创造，等等，其快乐远非虚名浮利可比，而享受它们也并不需要太多的物质条件。在明白了这些道理以后，他就会和世俗的竞争拉开距离，借此为保存他的真性情赢得了适当的空间。而一个人只要依照真性情生活，就自然会努力去享受生命本身的种种快乐。用中郎的话说，这叫作："退得一步，即为稳实，多少受用。"

当然，一个人彻悟了生死的道理，也可能会走向消极悲观。不过，如果他是一个热爱生命的人，这一前途即可避免。他反而会获得一种认识：生命的密度要比生命的长度更值得追求。从终极的眼光看，寿命是无稽的，无论长寿短寿，死后都归于虚无。不只如此，即使用活着时的眼光做比较，寿命也无甚意义。中郎说："试令一老人与少年并立，问彼少年，尔所少之寿何在，觅之不得。问彼老人，尔所多之寿何在，觅之亦不得。少者本无，多者亦归于无，其无正等。"无论活多活少，谁都活在此刻，此刻之前的时间已经永远消逝，没有人能把它们抓在手中。所以，与其贪图活得长久，不如争取活得痛快。中郎引惠开的话说："人生不得行胸臆，纵年百岁犹为夭。"就是这个意思。

<h2 align="center">三</h2>

我们或许可以把袁中郎称作享乐主义者，不过他所提倡的乐，乃是合乎生命之自然的乐趣，体现生命之质量和浓度的快乐。在他看来，为了这样的享乐，付出什么代价也是值得的，甚至这代价也成了一种快乐。

有两段话，极能显出他的个性的光彩。

在一处他说"世人所难得者唯趣"，尤其是得之自然的趣。他举出童子的无往而非趣，山林之人的自在度日，愚不肖的率心而行，作为这种趣的例子。然后写道："自以为绝望于世，故举世非笑之不顾也，此又一趣也。"凭真性情生活是趣，因此遭到全世界的反对又是趣，从这趣中更见出了怎样真的性情！

另一处谈到人生真乐有五，原文太精彩，不忍割爱，照抄如下：

"目极世间之色，耳极世间之声，身极世间之鲜，口极世间之谭，一快活也。堂前列鼎，堂后度曲，宾客满席，男女交舄，烛气薰天，珠翠委地，金钱不足，继以田土，二快活也。箧中藏万卷书，书皆珍异。宅畔置一馆，馆中约真正同心友十余人，人中立一识见极高，如司马迁、罗贯中、关汉卿者为主，分曹部署，各成一书，远文唐、宋酸儒之陋，近完一代未竟之篇，三快活也。千金买一舟，舟中置鼓吹一部，妓妾数人，游闲数人，泛家浮宅，不知老之将至，四快活也。然人生受用至此，不及十年，家资田产荡尽矣。然后一身狼狈，朝不谋夕，托钵歌妓之院，分餐孤老之盘，往来乡亲，恬不知耻，五快活也。"

前四种快活，气象已属不凡，谁知他笔锋一转，说享尽人生快乐以后，一败涂地，沦为乞丐，又是一种快活！中郎文中多这类飞来之笔，出其不意，又顺理成章。世人常把善终视作幸福的标志，其实经不起推敲。若从人生终结看，善不善终都是死，都无幸福可言。若从人生过程看，一个人只要痛快淋漓地生活过，不管善不善终，都称得上幸福了。对于一个洋溢着生命热情的人来说，幸福就在于最大限度地穷尽人生的各种可能性，其中也包括困境和逆境。极而言之，乐极生悲不足悲，最可悲的是从来不曾乐过，一辈子稳稳当当，也平平淡淡，那才是白活了一场。

中郎自己是个充满生命热情的人，他做什么事都兴致勃勃，好像不要命似的。爱山水，便说落雁峰"可值百死"。爱朋友，便叹"以友为性命"。他知道"世上希有事，未有不以死得者"，值得要死要活一番。读书读到会心处，便"灯影下读复叫，叫复读，僮仆睡者皆惊起"，真是忘乎所以。他爱女人，坦陈有"青娥之癖"。他甚至发起懒来也上瘾，名之"懒癖"。

关于癖，他说过一句极中肯的话："余观世上语言无味面目可憎之人，皆无癖之人耳。若真有所癖，将沉湎酣溺，性命死生以之，何暇及钱奴宦贾之事。"有癖之人，哪怕有的是怪癖、恶癖，终归还保留着一种自己的真兴趣、真热情，比起那班名利俗物来更是一个活人。当然，所谓癖是真正着迷，全心全意，死活不顾。譬如巴尔扎克小说里的于洛男爵，爱女色爱到财产、名誉、地位、性命都可以不要，到头来穷困潦倒，却依然心满意足，这才配称好色，那些只揩油不肯做半点牺牲的偷香窃玉之辈是不够格的。

四

一面彻悟人生的实质，一面满怀生命的热情，两者的结合形成了袁中郎的人生观。他自己把这种人生观与儒家的谐世、道家的玩世、佛家的出世并列为四，称作适世。若加比较，儒家是完全入世，佛家是完全出世，中郎的适世似与道家的玩世相接近，都在入世出世之间。区别在于，玩世是入世者的出世法，怀着生命的忧患意识逍遥世外，适世是出世者的入世法，怀着大化的超脱心境享受人生。用中郎自己的话说，他是想学"凡间仙，世中佛，无律度的孔子"。

明末知识分子学佛参禅成风，中郎是不以为然的。他"自知魔重"，"出则为湖魔，入则为诗魔，遇佳友则为谈魔"，舍不得人生如许乐趣，绝不肯出世。况且人只要生命犹存，真正出世是不可能的。佛祖和达摩舍太子位出家，中郎认为这是没有参透生死之理的表现。他批评道："当时便在家何妨，何必掉头不顾，为此偏枯不可训之事？似亦不圆之甚矣。"人活世上，如空中鸟迹，去留两可，无须拘泥区区行藏的所在。若说出家是为了离生死，你总还带着这个血肉之躯，仍是跳不出生死之网的。若说已经看破生死，那就不必出家，在网中即可做自由跳跃。死是每种人生哲学不可回避的根本问题。中郎认为，儒道释三家，至少就其门徒的行为看，对死都不甚了悟。儒生"以立言为不死，是故著书垂训"，道士"以留形为不死，是故锻金炼气"，释子"以寂灭为不死，是故耽心禅观"，他们都企求某种方式的不死。而事实上，"茫茫众生，谁不有死，堕地之时，死案已立"。不死是不可能的。

那么，依中郎之见，如何才算了悟生死呢？说来也简单，就是要正视生之必死的事实，放下不死的幻想。他比较赞赏孔子的话："朝闻道，夕死可矣。"一个人只要明白了人生的道理，好好地活过一场，也就死而无憾了。既然死是必然的，何时死，缘何死，便完全不必在意。他曾患呕血之病，担心必死，便给自己讲了这么一个故事：有人在家里藏一笔钱，怕贼偷走，整日提心吊胆，频频查看。有一天携带着远行，回来发现，钱已不知丢失在途中何处了。自己总担心死于呕血，而其实迟早要生个什么病死去，岂不和此人一样可笑？这么一想，就宽心了。

总之，依照自己的真性情痛快地活，又抱着宿命的态度坦然地死，这大约便是中郎的生死观。

未免太简单了一些！然而，还能怎么样呢？我自己不是一直试图对死进行深入思考，而结论也仅是除了平静接受，别无更好的法子？许多文人，对于人生问题做过无穷的探讨，研究过各种复杂的理论，在兜了偌大圈子以后，往往回到一些十分平易质实的道理上。对于这些道理，许多文化不高的村民野夫早已了然于胸。不过，倘真能这样，也许就对了。罗近溪说："圣人者，常人而肯安心者也。"中郎赞"此语抉圣学之髓"，实不为过誉。我们都是有生有死的常人，倘若我们肯安心做这样的常人，顺乎天性之自然，坦然于生死，我们也就算得上是圣人了。只怕这个境界并不容易达到呢。

阅读书目：

《袁宏道集笺校》，钱伯城笺校，上海古籍出版社，1981年版。

1992年3月

第九辑

昨天和今天的大家

读鲁迅的不同眼光

我第一次通读鲁迅的作品，是在"文化大革命"开始不久的1967年。那时候，我的好友郭世英因为被学校里的"造反派"当作"专政"的对象，受到孤立和经常的骚扰，精神上十分苦闷，有一位朋友便建议他做一件可以排遣苦闷的事——编辑鲁迅语录。郭世英欣然从命，并且拉我一起来做。在几个月的时间里，我们兴致勃勃地投入了这项工作，其步骤是各人先通读全集，抄录卡片，然后两人对初选内容展开讨论，进行取舍和分类。我们的态度都很认真，在前海西街的那个深院里，常常响起我们愉快而激烈的争吵声。我们使用的全集是他父亲的藏书，上面有郭沫若阅读时画的记号。有时候，郭世英会指着画了记号的某处笑着说："瞧，尽挑毛病。"他还常对我说起一些掌故，其中之一是，他听父亲说，鲁迅那首著名的《自题小像》的主题并非通常所解释的爱国，而是写鲁迅自己的一段爱情心史的。当然，在当时的政治环境里，这些话只能私下说说，传出去是会惹祸的。

鲁迅在中国大陆的命运十分奇特。由于毛泽东的推崇，他成了不容置疑的旗帜和圣人。在"文化大革命"初期，民间盛行编辑语录，除了革命领袖之外，也只有鲁迅享有被编的资格了。当时社会上流传的鲁迅语录有好多种，一律突出"革命"主题，被用作批"走资派"和打派仗的武器。与它们相比，我和郭世英的不但内容丰富得多，而且视角也是超脱的。可惜的是，最后它不但没有出版，而且那厚厚的一摞稿子也不知去向了。

现在我重提往事，不只是出于怀旧，而是想说明一个事实：即使我们这些当时被看作不"革命"的学生，也是喜欢鲁迅的。在大学一年级时，我曾问郭世英最喜欢哪个中国现代作家，郭沫若的这个儿子毫不犹豫地回答："鲁迅。"可是，正是因为大学一年级时的思想表现，他被判作按照"内部矛盾"处理的"反动"学生，并因此在"文化大革命"中被"造反派"整死，时在编辑鲁迅语录一年之后。郭世英最喜欢的外国作家是尼采和陀思妥耶夫斯基，而我们知道，鲁迅也是极喜欢这两人的。由于受到另一种熏陶，我们读鲁迅作品也就有了另一种眼光。在我们的心目中，鲁迅不只是一个疾恶如仇的社会斗士，更是一个洞察人生之真实困境的精神先知。后来我对尼采有了更多的了解，也就更能体会鲁迅喜欢他的原因了。虚无及对虚无的反抗，孤独及孤独中的充实，正是这两位巨人的最深邃的相通之处。

近一二十年来，对于鲁迅的解读渐见丰富起来，他的精神的更深层面越来越被注意到了。鲁迅不再是中国现代文学史上的"唯一者"，他从宝座上走下来，开始享受到作为一个真正的伟人应有的权利，那就是不断被重新解释。而这意味着，没有人据有做出唯一解释的特权。我当然相信，鲁迅若地下有知，他一定会满意这样的变化，因为他将因此而获得更多的真知音，并摆脱掉至今尚未绝迹的那些借他的名字唬人的假勇士。

阅读书目：

《鲁迅全集》，人民文学出版社，1972年版。

2001年8月

《李白与杜甫》内外

　　"文化大革命"中，郭沫若接连失去了两个儿子，其中之一的世英是我的好友。世英死后不久，我从北大毕业，被分配到洞庭湖区的一个军队农场劳动。农场的生活十分单调，汪洋的洞庭湖把我们与外界隔绝，每天无非是挖渠、种田和听军队干部训话，加上我始终沉浸在世英之死的哀痛中，心情是很压抑的。在那一年半里，与郭家的通信成了我的最大安慰。

　　有一回，我给建英寄了一些我在农场写的诗，其中一首由李白诗句点化而来。诗写得并不好，我当时的诗大多强作豪迈，意在使自己振作。但是，建英回信转述了郭老的鼓励，夸我很有诗才，并说郭老又写给他一首李白的诗："划却君山好，平铺湘水流。巴陵无限酒，醉杀洞庭秋。"问我一个问题：君山那样好，为什么要铲却它呢？我的回答是：就像"槌碎黄鹤楼""倒却鹦鹉洲"一样，"划却君山"也是李白的豪言，未必要有什么目的。建英在下一封信中揭破谜底：铲平君山是为了造田种稻米，把米做成酒，就"醉杀洞庭秋"了。

　　后来我收到于立群寄给我的《李白与杜甫》一书，才知道郭老当时正在研究李白。在这部书中，郭老不指名地把我对上述谜语的解答和他的反驳也写了进去。同一书中还第一次发表了他写的一首词，正是他曾经抄录给我的《水调歌头·游采石矶》。离京前夕，我到他家告别，他拿出这幅大约四开大的墨迹，为我诵读了一遍，盖章后送给了我。"借问李夫子：愿否与同舟？"我很喜欢这个意境。可惜的是，于立群顾忌到我所要去的军队农场的政治环境，建议我不要带去，我便把这幅字留在郭家了。

《李白与杜甫》初版于1971年，我不知道郭老是从何时开始构思这部书的，有一点似乎可以肯定：该书的大部分写作及完稿是在他连丧二子的1968年之后。可以想见，当时他的心境是多么低郁，这种心境在他给我的信里也有曲折的表达。他在一封信中写道："非常羡慕你，你现在走的路才是真正的路。可惜我'老'了，成了一个一辈子言行不一致的人。"接着提到了世英："我让他从农场回来，就像把一棵嫩苗从土壤中拔起了的一样，结果是什么滋味，我深深领略到了。你是了解的。"世英原是北大学生，因"思想问题"而被安排到一所农场劳动，两年后转学到北京农业大学，"文化大革命"中被那里的"造反派"迫害致死。在另一封信中，因为我曾叹息自己虽然出胎生骨的时间不长，脱胎换骨却难乎其难，郭老如此写道："用你的话来说，我是'出胎生骨的时间'太长了，因而要脱胎换骨近乎不可能了。在我，实在是遗憾。"这些因"文化大革命"遭际而悔己一生之路的悲言是异常真实的，我从中读出了郭老对当时中国政治的无奈和绝望。他在这样的心境下研究李白，很可能也是感情上的一种寄托。他褒扬李白性格中天真脱俗的一面，批评其看重功名的一面，而最后落脚在对李白临终那年写的《下途归石门旧居》一诗的诠释上。他对这首向来不受重视的诗评价极高，视之为李白的觉醒之作和一生的总结，说它表明"李白从农民的脚踏实地的生活中看出了人生的正路",从而向"尔虞我诈、钩心斗角的整个市侩社会""诀别"了。姑且不论这种解释是否牵强,或者说,正因为有些牵强,我们岂不更可以把它看作作者自己的一种觉醒和总结? 联系到他给我的信中的话,我能体会出其中隐含着的愤懑:政治如此黑暗,善良的人的唯一正路是远离政治,做一个地道的农民。也正是在同一意义上,我理解了他写给我的这句"豪言壮语":"希望你在真正的道路上,全心全意地迈步前进。在泥巴中扎根越深越好,越久越好。扎穿地球扎到老! "

如果不算若干短小的诗词,《李白与杜甫》的确是郭老的封笔之作。不管人们对这部书的扬李抑杜立场有何不同意见,重读这部书,我仍由衷地钦佩郭老以八十之高龄,在连遭丧子惨祸之后,还能够把一部历史著作写得这样文情并茂,充满活力。近些年来,对于郭沫若其人其学的非议时有耳闻,我不否认作为一个真实的人,他必有其弱点和失误,但我同时相信,凡是把郭沫若仅仅当作一个政治性人物加以评判的论者,自己便是站到了一种狭隘的政治性立场上,他们手中的那把小尺子是完全无法衡量中国现代文化史上这位广有建树的伟人的。

阅读书目:

郭沫若:《李白与杜甫》,人民文学出版社,1972年版。

1997年5月

一个真诚的理想主义者

——读吴宓《文学与人生》

一

二十世纪三十年代，清华大学一位教授给学生开设了一门题为《文学与人生》的课程。他在教案上列出了这门课程的目标，其第一条是：

"把我自己的——我的所读所闻，我的所思所感，我的直接和间接人生经验中的——最好的东西给予学生。"

读到这话，我不禁肃然起敬，知道自己面对的不只是一位文学教授，而更是一个真诚的人，他的课程不只是传授知识，而更是一种严肃的精神活动。

"文学与人生"似乎是一个早被说烂了的题目，何以如此牵扯吴宓先生的感情呢？读下去我发现，在这门课程中，他谈得最多的不是文学，而是哲学，不过不是书本上的哲学，而是通过半生阅读和思考所形成的他自己的哲学人生观。于是我愈加明白，吴宓首先是一个认真的人生思考者，他的文学研究是在他的人生思考的轨道上，并且作为这种思考的重要组成部分展开的。

因此，"文学与人生"就不是他的专业领域内诸多学术课题中的一个，而是体现了他的毕生追求的志业之所在，难怪他要全身心地投入了。

吴宓之研究文学，是把文学当作人生的"表现"和"精髓"，"通过文学来研究人生"。抱着这个目的，他便把凡是表现了人生之精髓的作品都视为文学。这样的文学是广义的，不仅包括诗、小说、戏剧等，也包括历史和哲学著作，乃至于一切文字作品。这样的文学又是狭义的，必须是"世上最精美的思想和言论"（M.安诺德语），而非徒具文学体裁的外表便可以充数的。综合这两个方面，他心目中的文学就是古今中外文史哲的一切精品。他认为，唯有熟读这些"每个善良聪明的男女都应阅读的基本好书"，博学精研，合观互成，方可通晓人生全体之真相，达到借文学研究人生的目的。

吴宓所说的文学，实际上是指人类文化宝库中的那些不朽之作。如同天才不可按专业归类一样，这些伟大作品也是不可按学科归类的。永恒的书必定表现了人生的某些永恒内涵，因而具有永恒的价值。然而，在浮躁的现代生活中，人们浮在人生的表面，不复关心永恒，于是只读谋职所需的专业书和用以解闷的消遣书，冷落了这些永恒的书。有感于此，在二十世纪三十年代的美国，由吴宓的导师白璧德领导的新人文主义文学批评运动和由赫钦斯等人代表的永恒主义教育思潮便起而提倡回到古典名著，但收效甚微。那么，就让过眼烟云的人去读过眼烟云的书和报纸吧，而像吴宓这样关心人生永恒问题的人自会"以'取法乎上'四字为座右铭"，"非极佳之书不读"，做永恒的书的知音，在寂寞中"与古今东西之圣贤哲士通人名流共一堂而为友"。

对于文学和人生，吴宓皆从大处着眼。他说："在人生中重要的不是行为，也不是结果，而是如此行为的男女的精神和态度。"同样，"在艺术与文学中，重要的不是题材，而是处理"。因此读书"首须洞明大体，通识全部，勿求细节"，注意作品所表现的"作家对人生和宇宙的整体观念，而非他对特定人、事的判断"。可见无论在人生中，还是在文学中，吴宓看重的均是贯穿其中的整体的人生哲思，正是这种哲思把文学与人生也贯通了起来，把文学研究变成了探索人生的一种方式。

其实，吴宓所表达的无非是一种古典的人文信念。按照这种信念，治学的目的不在获取若干专门知识，而在自身的精神完善，好的学者不只是某个领域的专家，甚至也不只是文史哲的通才，而更是具备人生识见的智者。这种信念是东西方古典人文传统所共有的，而在功利日重和分工日细的现代却式微了。但是，某些基本的真理只会遭到忽视，不会过时。我相信，不论学术如何进展，孔子所云"古之学者为己"永远是治学的正道。背离这个正道，治学和做人脱节，仅仅寄居在学术的一枝一节上讨生活，或追逐着时髦的一流一派抢风头，是决计成不了大气候的。

二

吴宓的哲学观点并不复杂，大致袭用了柏拉图以来西方传统形而上学把世界划分为本体界和现象界的模式。他爱用的表述是"一"与"多"。事实上，不论古今东西，凡具形而上性质的宇宙观都不脱这二分的模式。但是，正如吴宓所说："每人必须在自己的灵魂中重建哲学的真理。"在他的灵魂中，这个"一"与"多"的公式的确经过了重建，获得了新的生命，成了他据以建立自己的全部人生观的基石。

至少自十九世纪中叶以来，立足于世界二分模式的西方传统形而上学呈现出了崩溃之势，遭到了许多思想家的批判。如此看来，吴宓在哲学上似乎是一个落伍者。然而，问题在于，世界的二分模式不只是逻辑虚构物，它在人性中有着深刻的根源。如果人类站在尘世不再仰望头顶的星空，沉湎于物欲不再敬畏心中的道德律，人类会是什么样子？摆脱了对绝对之物的形而上追问，哲学又会是什么样子？宣告"上帝死了"的尼采不是也在盼望"超人"诞生吗？

　　吴宓正是站在价值论立场上来运用世界的二分模式的。在他那里，"一"的真正含义是指绝对精神价值，"二"的真正含义是指现实世界和社会中的相对价值。与此相对应，便有两种人生。一种是永生、理想的人生，即守住"多"中之"一"，修"天爵"，追求仁义忠信。另一种是浮生、世俗的人生，即自溺于"多"而遗忘"一"，修"人爵"，追求功名富贵。他向往的是前者，自云兼识"一"与"多"，且知"一"存在于"多"之中，但"宓之态度及致力之趋向"则注重于"一"，所以"宓之总态度可名为理想主义"，而"其他名词或派别均不足以代表宓"。

　　理想主义（idealism）一词可有二义。一是与实利主义（materialism）相对立，指注重精神生活达到价值，视精神生活的满足为人生真正幸福之所在。二是与虚无主义（nihilism）相对立，指信仰某种绝对价值，这种信仰与对某宗教某学说的信奉并无必然联系，一个不是任何教条的信徒的人仍可有执着的精神追求。说到底，理想主义是一种精神素质，凡具此素质的人，必孜孜以求"一"，无论是否求得，都仍是理想主义者。

　　在吴宓身上就有这样的精神素质，他之成为理想主义者，实出于天性不得不然。他必须相信"浮象"中有"至理"，"世间有绝对之善恶是非美丑"，借此信念，他才感到"虽在横流之中，而犹可得一立足点"，"虽当抑郁懊伤之极，而精神上犹有一线之希望"。吴宓对现代人的精神危机有着清醒的认识，不止一次指出："学术思想之淆乱，精神之迷离痛苦，群情之危疑惶骇，激切鼓荡，信仰之全失，正当之人生观之不易取得，此非特吾国今日之征象，盖亦全世之所同也。""宗教信仰已失，无复精神生活。全世皆然，不仅中国。"正是痛感这"博放之世"的"偏于多"，他才力主"须趋重一以救区失"，亟欲为自己也为国人"取得一贯之精神及信仰"。

二十世纪以来，在中国的土地上，各种社会变革思潮迭起，不外乎资本主义和社会主义两端。然而，富国强兵也罢，共产平权也罢，着眼点均在政治和经济的改造。一切社会运动都不涉及绝对价值的问题，不能为精神提供形而上层次的信仰。吴宓认为，"社会改革者的失误"在于试图由"多"达到"一"，这当然是不可能的。情况也许正好相反，无论知识分子接受再教育，还是文人下海，结果都是精神的贫困化。在任何时代，智者的使命都在于超越社会潮流而关注人类精神的走向，灵魂的寻求都是每个人必须独立完成的事情。

在一个普遍重实利轻理想的时代，像吴宓这样一位真诚的理想主义者难免会感觉孤独的痛苦了。但他毫不动摇，"甘为时代之落伍者"。在孤独中，他用孟子的穷达之论自勉。他运用"一"与"多"的理论，对这个命题有独到的发挥。他指出，首先，这个命题指的是"一"，而非"多"。"独善"和"兼善"是"对同一个人的品质的描述，而非供人选择的不同（例如两种）生活"。事实上，贯穿于两者之中的是同样的理想主义精神。其次，"独善"是"原初意向""真正目的"，"兼善"则是"自然后果""始所未料的结果"。我很赞赏他的这个解释。中国知识分子对社会政治进程往往有强烈的使命感和参与意识，以拯救天下为己任，这大约是来自集学与仕于一身的儒家传统吧。然而，依我之见，至少一部分知识分子不妨超脱些，和社会进程保持一定距离，以便在历史意识和人生智慧的开阔视野中看社会进程。也就是说，首先要自救，在躁动中保持静观沉思，在芸芸众生中做智者（而不是导师或领袖），守护好人类和人生的那些永恒的基本价值。这样的人的存在本身就会对社会进程产生制约作用，至少会对人类的精神走向产生良好的影响。在这个意义上，自救就是救世，独善其身收到了兼善天下的效果。即使收不到也无憾，因为导师无弟子不成其为导师，领袖无民众不成其为领袖，对于智者来说，独善却是性之必然，即使天下无一人听他，他仍然是一个智者。

三

当然，一个健全的理想主义者是不该脱离实际和逃避现实的，因而终归面临着如何处理理想与实际、"一"与"多"的关系这个重大问题。所谓实际或"多"，概括地说，包括事功、实利、情欲三个方面。吴宓的解决办法，一言以蔽之，便是"中庸"。他运用"一"与"多"的公式对儒家经典多有独到发挥，"中庸"又是一例。

孔子说："执其两端，用其中于民。"据此，"中庸"即"执两用中"。"两端"究竟何所指？一般认为，是指"过"与"不及"。但这样就会产生一个问题：衡量"过"和"不及"的标准又是什么？只能是"中"，陷入了循环论证。吴宓独释"两端"为"一"与"多"，准此，"执两用中"就是"一＋多"，而非"多中之一＋多中之另一"，"中庸"就是"一与多之间居中"，而非"多与多之间的中心点"。这个解释是否符合孔子的原意，姑且不论，却是能自圆其说的，对于吴宓也是很重要的，因为它坚持了理想主义。按照这个解释，"中庸"即是守住理想，以理想为"最终标准"，同时方便变通，应用理想于实际，这叫作"守经而达权"。

例如在事功方面，吴宓自己是极努力的，除教学和著述外，还劳苦奔走，自费贴补，苦心营办《学衡》杂志，而目的只在贯彻自己的理想。至于努力的结果如何，则不必太看重。他以古印度神曲中"行而无著"和曾文公"不问收获，但问耕耘"之语自勉，鼓励自己"强勉奋斗，不计成功之大小，至死而止"。坚持理想而不求理想之必定实现，努力事功而不执着事功之成败，这种态度就是"中庸"。事实上，理想之为绝对精神价值，原本就不可能完全变为现实，否则就不成其为理想了。但是，它的作用并不因此稍减，有了它，事功之相对价值才有了根据和目标。

又如义与利的关系，吴宓强调，义属于"一"和理想，利属于"多"和实际。"理想必取全真，而实际应重适宜。"在义的领域，包括思想、道德、文艺、爱情等，"必须用理想标准，力求高美"。在利的领域，包括衣食、名位、事务、婚姻等，"可但就实际取样，得此便足"。孔子注重理想生活，对于实际生活则随遇而安，无可无不可，这就是在义利问题上的中庸态度。市侩唯利是图，毫无理想，苦行僧枯守理想，绝对排斥物欲，伪君子既无理想，又诅咒物欲，均不合中庸之道。一个有着充实的精神生活的人，对待身外之物自会有一种淡泊的态度，既不刻意追求，也不刻意拒斥，能吃苦也能享受，贫富皆不改其志。他真正看轻了得失，以至于对得和失都泰然处之了。

在吴宓看来，"义"并非抽象的"理"，也包括真挚的"情"，是真情与至理的统一。他给自己树立的目标是"情智双修"，或曰"情理兼到"。不过，这里的"情"指一种类似于宗教感情的诚爱之心，而非情欲。情欲却是属于"多"的范畴的。灵魂为"一"，肉体为"多"，中庸即是重灵魂生活而顺肉体之自然，禁欲和纵欲皆为偏执。他对性爱的分析十分有趣。他说，任何男人与任何女人之间的关系均是相对的，都在"多"之中。因此，一男爱一女，一男爱多女，一女爱多男，多男爱多女，或同时，或先后，这种种情形形而上学地说都同样是有道理的。由此使恋爱极不稳定，如沙上筑屋，常是轮盘式、三角式、交织式，很少是互相式的，遂导致痛苦和悲哀。吴宓自己是一个经历了失恋痛苦和离婚悲剧的人，所以这番话不仅是出于理性思考，而且包含着身世之叹。事实上，世上确无命定姻缘，男女之爱充满着偶然和变易的因素，造成了无数恩怨。因此，爱情上的理想主义是很难坚持到底的。多数人由于自身经验的教训，会变得实际起来，唯求安宁，把注意力转向实利或事功。那些极执着的理想主义者往往会受幻灭感所驱，由情入空，走向虚无主义，如拜伦一样玩世不恭，或如贾宝玉一样看破红尘。吴宓也是一个极执着的理想主义者，但他不肯放弃理想，试图在爱情上也寻求"一多并在"的中庸，于是提出"由情入道""由情悟道"，即"由爱情入宗教"，"借人生的痛苦经历而逐步理解和信仰上帝的世界"。可是，作为一个本无基督教信仰的中国人，又生在西方人也惊呼"上帝死了"的时代，这条路能走通吗？抑或他所说的"宗教"和"上帝"别有所指？

四

宗教植根于人的天性和人生的基本处境，绝非科学进步和社会改造能够使之消灭的。人生的某些根本缺陷是永恒的，没有任何力量可以使人免除生老病死之苦。诚如吴宓所说："众生的共同状态，即'人生'，是不幸的。虽不断努力（娱乐，消遣，以试图忘却，浪漫之爱仅其一耳），亦从不满意；人无'安宁'——作为幸福和仅仅来自上帝的那种'安宁'。"无论何人，只要执意在短暂的人生中求永生，在人生的不完善中求完善，他便已经具有一种宗教倾向了。宗教乃理想主义之极致，理想主义者所相信的绝对精神价值不过是神的同义语罢了。在此意义上，吴宓恰当地自道有"宗教精神"。

真正的宗教精神只关涉个人的灵魂，与世俗教派无关。我很赞赏吴宓的话："盖宗教之功固足救世，然其本意则为人之自救。"一个人如果不是因为灵魂中发生危机而求自救，无论他怎样具备救世的热情，宗教始终是外在于他的东西。

然而，灵魂渴求信仰，世道亟需宗教，便会有宗教的信仰了吗？可惜并不。恰恰相反，愈是渴求信仰的灵魂愈是难以盲信，而要在信仰业已沦丧的时代人工培植宗教更是缘木求鱼。请听吴宓的自白："吾虽信绝对观念之存在，而吾未能见之也。吾虽日求至理，而今朝所奉为至理者，固犹是浮象，其去至理之远近如何，不可知也……于此则须虚心，则须怀疑。然徒虚心怀疑而无信仰，则终迷惘消极而无所成就而已。故吾须兼具信仰与怀疑，二者互相调剂而利用之。""究极论之，道德理想功业，无非幻象。人欲有所成就，有所树立，亦无非利用此幻象，所谓弄假成真，逢场作戏而已。"原来，他之所以信仰，是因为他必须有信仰，不能无信仰，无信仰会导致对人生抱迷惘消极的态度，而这是他万万不愿意的。至于所信仰的理想、至理、绝对观念究竟是否存在，他是怀疑的。不但怀疑，而且明确其为"浮象""幻象"。但他要"利用"之，借以勉励自己在人生中有所作为。

前面说到，作为理想主义者，吴宓视理想为根本，而把实际看作理想的应用，也就是利用实际以贯彻理想。现在又说利用理想，理想成了手段，岂不自相矛盾？似乎是的，但矛盾只是表面的，其中有一以贯之的东西，就是他的理想主义人生态度。他之所以明知理想是幻象而仍姑妄信之，正是因为他无论如何不肯放弃理想主义人生态度。即使理想连同实际的喋喋不休是幻象，他仍然要利用它们来追求一种理想的人生，这种追求是完全真实的。当然，一个执着的理想主义者竟清醒地看到理想仅是幻象，无疑透出了悲观的底蕴，但这乃是信仰崩溃时代一切理想主义的共同悲剧，几乎无人能够幸免。

既然吴宓在宗教中所寻求的是可以为理想人生提供根据的根本信念，他对宗教的外壳就不必在意了。他看得明白，人之信何教何派大抵出于事境之偶然和先入为主，并不太重要。鉴于受中国文化传统的熏陶，儒教已是他的先入之见，他表示将终身依从儒教。但是，他又看得明白，儒学不成其为宗教，只是道德学说。然而，既然世界处于宗教衰败的时代，不得已而求其次，道德也许是唯一可行的选择了。当他把道德当作自救和救世之道时，一种广义的宗教信念仍是他的内在动力。他相信宇宙间必有至善存在，这个信念鼓舞着他为建立道德兢兢工作，成为一个他恰如其分自命的"具有浪漫主义气质的现实主义道德家"。绝对价值的存在是必要的假设，一个人如果没有宁信其有的宗教精神或曰浪漫气质，怎么可能从事任何真正的精神事业呢？

吴宓所欲建立的道德是广义的，与人文主义同义。按照他的理解，人文主义即"个人的教养或完善"，为此须研习人类一切文化精品。这就回到了本文开头所阐述的他的古典人文信念。从这种信念出发，他反对存"中西门户之见"，主张"兼取中西文明之精华，而熔铸之、贯通之"。在他之前，辜鸿铭、蔡元培、梁启超、梁漱溟、张君劢等人均已走入这个融合中西文化之精华的思路。在我看来，这个思路的合理是一目了然的。我确信人性和人生基本境况是不变的，人类不分古今东西都面临着某些永恒的根本问题，对这些问题的思考构成了一切精神文化的核心。当然，对于每个人来说，如何融会贯通却是要他独立完成的事情，并且必定显出文化背景和价值取向的差别。说句老实话，我已听厌了不断老调重弹的中西文化讨论，既不相信全盘西化，也不相信儒学复兴，并且也不相信可以人为地造就一种东西合璧、普遍适用的新文化、新人生观。当务之急不是制订救世的方案，而是启迪自救的觉悟，不是建立统一的价值体系，而是鼓励多元精神价值的真诚追求。如果有更多的人注重精神生活，热爱全人类文化遗产，认真思考人生问题，那么，不管思考的结果怎样纷异，都是中国文化乃至中华民族前途的福音。我们已经有了许多热衷于文化讨论的学者，缺少的是真诚的儒者、释者、基督徒、人文主义者等，一句话，真诚的理想主义者。读完吴宓的《文学与人生》，掩卷沉思，我明白这本书使我如此感动的原因之所在了。

阅读书目：

吴宓:《文学与人生》，清华大学出版社，1993年版。

1993年8月

古驿道上的失散

——读杨绛《我们仨》

　　杨绛先生出新书，书名叫《我们仨》。书出之前，已听说她在写回忆录并起好了这个书名，当时心中一震。这个书名实在太好，自听说后，我仿佛不停地听见杨先生说这三个字的声音，像在拉家常，但满含自豪的意味。这个书名立刻使我感到，这位老人在给自己漫长的一生做总结时，人世的种种沉浮荣辱都已淡去，她一生一世最重要的成就只是这个三口之家。可是，这个令她如此自豪的家，如今只有她一人存留世上了。在短短两年间，女儿钱瑗和丈夫钱锺书先后病逝。我们都知道这个令人唏嘘的事实，却不敢想象那时已年近九旬的杨先生是如何渡过可怕的劫难的，现在她又将如何回首凄怆的往事。

　　回忆录分作三部。其中，第二部是全书的浓墨，正是写那一段不堪回首的日子的。第一部仅几百字，记一个真实的梦，引出第二部的"万里长梦"。第三部篇幅最大，回忆与钱先生结缡以来及有了女儿后的充满情趣的岁月。前者只写梦，后者只写实，唯有第二部的"万里长梦"，是梦非梦，亦实亦虚，似真似幻。作者采用这样的写法，也许是要给可怕的经历裹上一层梦的外衣，也许是真正感到可怕的经历像梦一样不真实，也许是要借梦说出比可怕的经历更重要的真理。

长梦始于钱先生被一辆来路不明的汽车接走，"我"和阿瑗去寻找，自此一家人走上了一条古驿道，在古驿道上相聚，直至最后失散。这显然是喻指从钱先生住院到去世——其间包括钱瑗的住院和去世——的四年半历程。古驿道上的氛围扑朔迷离乃至荒诞，很像是梦境。然而，"我"在这条道上奔波的疲惫和焦虑是千真万确的，那正是作者数年中奔波于家和两所医院之间境况的写照。一家三口在这条道上的失散也是千真万确的，"梦"醒之后，三里河寓所里分明只剩她孑然一身了。为什么是古驿道呢？因为这是一条自古以来人人要走上的驿道，在这条道上，人们为亲人送行，后亡人把先亡人送上不归路。这条道上从来是一路号哭和泪雨，但在作者笔下没有这些。她也不去描绘催人泪下的细节或裂人肝胆的场面，她的用笔一如既往地节制，却传达了欲哭无泪的大悲恸。

杨先生的确以"我们仨"自豪："我们仨是不寻常的遇合"，"我们仨都没有虚度此生，因为是我们仨"。这样的话绝不是寻常家庭关系的人能够说出的。这样的话也绝不是有寻常生命态度的人能够说出的。给她的人生打了满分的不是钱先生和她自己的卓著文名，而是"我们仨"的遇合，可见分量之重，从而使最后的失散更显得不可思议。第二部的标题是"我们仨失散了"，第三部的首尾也一再出现此语，这是从心底发出的叹息，多么单纯，又多么凄惶。读整本书时，我听到的始终是这一声仿佛轻声自语的叹息："我们仨失散了，失散了，就这么轻易地失散了……"

失散在古驿道上，这是人世间最寻常的遭遇，但也是最哀痛的经验。

《浮生六记》中的沈复和陈芸，一样的书香人家、恩爱夫妻，到头来也是昨欢今悲，生死隔绝。中道相离也罢，白头到老也罢，结果都是一样的。夫妇之间，亲子之间，情太深了，怕的不是死，而是永不再聚的失散，以至于真希望有来世或者天国。佛教说诸法因缘生，教导我们看破无常，不要执着。可是，千世万世只能成就一次的佳缘，不管是遇合的，还是修来的，叫人怎么看得破。更可是，看不破也得看破，这是唯一的解脱之道。我觉得钱先生一定看破了，女儿病危，他并不知情，却忽然在病床上说了这样神秘的话："叫阿圆回去，叫她回到她自己家里去。"杨先生看破了没有？大约正在看破。《我们仁》结尾的一句话是："我清醒地看到以前当作我们家的寓所，只是旅途上的客栈而已。家在哪里，我不知道。我还在寻觅归途。"很可能所有仍正常活着的人都不知道家究竟在哪里，但是，其中有一些人已经看明白，它肯定不在我们暂栖的这个世界上。

阅读书目：

杨绛：《我们仁》，生活·读书·新知三联书店，2003年版。

2003年7月

读《务虚笔记》的笔记

一、小说与务虚

《务虚笔记》是史铁生迄今为止创作的第一部长篇小说，发表已两年，评论界和读者的反应都不算热烈，远不及他以前的一些中短篇作品。一个较普遍的说法是，它不像小说。这部小说的确不太符合人们通常对小说的概念，我也可以举出若干证据来。例如，第一，书名本身就不像小说的标题。第二，小说中的人物皆无名无姓，没有外貌，仅用字母代表，并且在叙述中常常被故意混淆。第三，作者自己也常常出场，与小说中的人物对话，甚至与小说中的人物相混淆。

对于不像小说的责备，史铁生自己有一个回答："我不关心小说是什么，只关心小说可以怎样写。"

可以怎样写？这取决于为什么要写小说。史铁生是要通过写小说来追踪和最大限度地接近灵魂中发生的事。在他看来，凡是有助于实现这个目的的手法都是允许的，小说是一个最自由的领域，应该没有任何限制，包

268

括体裁的限制，不必在乎写出来的还是不是小说。

就小说是一种精神表达而言，我完全赞同这个见解。对于一个精神探索者来说，学科类别和文学体裁的划分都是极其次要的，他有权打破由逻辑和社会分工所规定的所有这些界限，为自己的精神探索寻找和创造最恰当的表达形式。也就是说，他只须写他真正想写的东西，写得让自己满意，至于别人把他写出的东西如何归类，或者竟无法归类，他都无须理会。凡真正的写作者都是这样的精神探索者，他们与那些因为或者为了职业而搞哲学、搞文学、写诗、写小说等的人的区别即在于此。

我接着似乎应该补充说：就小说作为一种文学体裁而言，在乎不在乎是一回事，是不是则是另一回事。自卡夫卡以来的现代小说虽然大多皆蒙不像小说之责备，却依然被承认是小说，则小说好像仍具有某种公认的规定性，正是根据此规定性，我们才得以把现代小说和古典小说都称作小说。

在我的印象里，不论小说的写法怎样千变万化，不可少了两个要素，一是叙事，二是虚构。一部作品倘若具备这两个要素，便可以被承认为小说，否则便不能。譬如说，完全不含叙事的通篇抒情或通篇说理不是小说，完全不含虚构的通篇纪实也不是小说。但这只是大略言之，如果认真追究起来，叙事与非叙事之间（例如在叙心中之事的场合）、虚构与非虚构之间（因为并无判定实与虚的绝对尺度）的界限也只具有相对的性质。

现代小说的革命并未把叙事和虚构推翻掉，却改变了它们的关系和方式。大体而论，在传统小说中，"事"处于中心地位，写小说就是编（"虚构"）故事，小说家的本领就体现在编出精彩的故事。所谓精彩，无非是离奇、引人入胜、令人心碎或感动之类的戏剧性效果，虚构便以追求此种效果为最高目的。至于"叙",不过是修辞和布局的技巧罢了,叙事艺术相当于诱骗艺术,巧妙的叙即成功的骗,能把虚构的故事讲述得有声有色,使读者信以为真。在此意义上,可以把传统小说定义为逼真地叙虚构之事。在现代小说中,处于中心地位的不是"事",而是"叙"。好的小说家仍然可以是编故事的高手,但也可以不是,比编故事的本领重要得多的是一种独特的叙事方式,它展示了认识存在的一种新的眼光。在此眼光下,实有之事与虚构之事之间的界限不复存在,实有之事也成了虚构,只是存在显现的一种可能性,从而意味着无限多的别种可能性。因此,在现代小说中,虚构主要不是编精彩的故事,而是对实有之事的解构,由此而进窥其后隐藏着的广阔的可能性领域和存在之秘密。在此意义上,可以把现代小说定义为对实有之事的虚构式叙述。

我们究竟依据什么来区分事物的实有和非实有呢?每日每时,在世界上活动着各种各样的人,发生着各种各样的事,不妨说这些人和事都是实有的,其存在是不依我们的意识而转移的。然而,我们不是以外在于世界的方式活在世界上的,每个人从生到死都活在世界之中,并且不是以置身于一个容器中的方式,而是融为一体,即我在世界之中,世界也在我之中。所谓融为一体并无固定的模式,总是因人而异的。对我而言,唯有那些进入了我的心灵的人和事才构成了我的世界,而在进入的同时也就被我的心灵改变。这样一个世界仅仅属于我,而不属于任何别的人。它是否实有呢?如果答案是否定的,则我们就必须进而否定任何实有的世界之存在,因为现象纷呈是世界存在的唯一方式,在它向每个人所显现的样态之背后,并不存在着一个自在的世界。

不存在自在之物——西方哲学跋涉了两千多年才得出的这个认识，史铁生凭借自己的悟性就得到了。他说：古园中的落叶，有的被路灯照亮，有的隐入黑暗，往事或故人就像那落叶一样，在我的心灵里被我的回忆或想象照亮，而闪现为印象。"这是我所能得到的唯一的真实。""真实并不在我的心灵之外，在我的心灵之外并没有一种叫作真实的东西原原本本地待在那儿。"我们也许可以说，这真实本身已是一种虚构。那么，我们也就必须承认，世界唯有在虚构中才能向我们真实地显现。

相信世界有一个独立于一切意识的本来面目，这一信念蕴含着一个假设，便是如果我们有可能站到世界之外或之上，也就是站在上帝的位置上，我们就可以看见这个本来面目了。上帝眼里的世界是什么样的呢？这也正是史铁生喜欢做的猜想，而他的结论也和西方现代哲学相接近，便是：即使在上帝眼里，世界也没有一个本来面目。作为造物主，上帝看世界必定不像我们看一幅别人的画，上帝是在看自己的作品，他一定会想起自己有过的许多腹稿，知道这幅画原有无数种可能的画法，而只是实现了其中的一种罢了。如果我们把既有的世界看作这实现了的一种画法，那么，我们用海德格尔的"存在"概念所喻指的就是那无数种可能的画法、上帝的无穷创造力，亦即世界的无数种可能性。作为无数种可能性中的一种，既有的世界并不比其余一切可能性更加实有，或者说更不具有虚构的性质。唯有存在是源，它幻化为世界，无论幻化成什么样子都是一种虚构。

第一，存在在上帝（＝造化）的虚构中显现为世界。第二，世界在无数心灵的虚构中显现为无数个现象世界。准此，可不可以说，虚构是世界之存在的本体论方式？

据我所见，史铁生可能是中国当代最具有自发的哲学气质的小说家。身处人生的困境，他一直在发问，问生命的意义，问上帝的意图。对终极的发问构成了他与世界的根本关系，也构成了他的写作的发源和方向。他从来是一个务虚者，小说也只是他务虚的一种方式而已。因此，毫不奇怪，在自己的写作之夜，他不可能只是一个编写故事的人，而必定更是一个思考和研究着某些基本问题的人。熟悉哲学史的读者一定会发现，这些问题皆属于虚的、形而上的层面，是地道的哲学问题。不过，熟悉史铁生作品的读者同时也一定知道，这些问题又完完全全是属于史铁生本人的，是在他的生命史中生长出来而非从哲学史中摘取过来的，对于他来说有着性命攸关的重要性。

取"务虚笔记"这个书名有什么用意吗？史铁生如是说："写小说的都不务实啊。"写小说即务虚，这在他看来是当然之理。虽然在事实上，世上多的是务实的小说，这不仅是指那些专为市场制作的文学消费品，也包括一切单为引人入胜而编写的故事。不过，我们至少可以说，这类小说不属于精神性作品。用小说务虚还是务实，这是不可强求的。史铁生曾把文学描述为"大脑对心灵的巡查、搜捕和捉拿归案"，心灵中的事件已经发生，那些困惑、发问、感悟业已存在，问题在于去发现和表达它们。那些从来不发生此类事件的小说家当然就不可能关注心灵，他们的大脑就必然会热衷于去搜集外界的奇事逸闻。

应该承认，具体到这部小说，"务虚笔记"的书名也是很切题的。这部小说贯穿着一种研究的风格，所研究的中心问题是人的命运问题，因此不妨把它看作对人的命运问题的哲学研究。当然，作为小说家，史铁生务虚的方式不同于思辨哲学家，他不是用概念，而是通过人物和情节的设计来进行他的哲学研究的。不过，对于史铁生来说，人物和情节不是目的，而只是研究人的命运问题的手段，这又是他区别于一般小说家的地方。在阅读这部小说时，我常常仿佛看见在写作之夜里，史铁生俯身在一张大棋盘上，手下摆弄着用不同字母标记的棋子，聚精会神地研究着它们的各种可能的走法及其结果。这张大棋盘就是他眼中的生活世界，而这些棋子则是活动于其中的人物，他们之所以皆无名无姓，是因为他们只是各种可能的命运的化身，是作者命运之思的符号，这些命运可能落在任何一个人身上。

看世界的两个相反角度是史铁生反复探讨的问题，他还把这一思考贯穿于对小说构思过程的考察。作为一个小说家，他在写作之夜所拥有的全部资源是自己的印象，其中包括活在心中的外在遭遇，也包括内在的情绪、想象、希望、思考、梦等，这一切构成了一个仅仅属于他的主观世界。他所面对的则是一个假设的客观世界，一张未知的有待研究的命运地图。创作的过程便是从印象中脱胎出种种人物，并把他们放到这张客观的命运地图上，研究他们之间各种可能的相互关系。从主观的角度看，人物仅仅来自印象，是作者的一个经历、一种心绪的化身。从客观的角度看，人物又是某种可能的命运的化身，是这种命运造成的一种情绪，或者说是一种情绪对这种命运的一个反应。一方面是种种印象，另一方面是种种可能的命运，两者之间排列组合，由此演化出了人物和情节的多种多样的可能性。

于是，我们看到了这部小说的一个显著特点，便是结构的自由和开放。在结构上，小说包含三个层次，一是故事本身，二是对人的命运的哲学性思考，三是对小说艺术的文论性思考。这三个层次彼此交织在一起。作者自由地出入于小说与现实、叙事与思想之间。他讲着故事，忽然会停下来，叙述自己的一种相关经历，或者探讨故事另一种发展的可能。他一边构思故事，一边在思考故事的这个构思过程，并且把自己的思考告诉我们。作为读者，我们感觉自己不太像在听故事，更像是在参与故事的构思，借此而和作者一起探究人的命运问题。

二、命运与猜谜游戏

在史铁生的创作中，命运问题是一贯的主题。这也许和他的经历有关。许多年前，脊髓上那个没来由的小小肿物使他年纪轻轻就成了终身残疾，决定了他一生一世的命运。从那时开始，他就一直在向命运发问。命运之成为问题，往往始于突降的苦难。当此之时，人首先感到的是不公平。世上生灵无数，为何这厄运偏偏落在我的头上？别人依然健康，为何我却要残疾？别人依然快乐，为何我却要受苦？在震惊和悲愤之中，问题直逼那主宰一切人之命运的上帝，苦难者誓向上帝讨个说法。

然而，上帝之为上帝，就在于他是不需要提出理由的，他为所欲为，用不着给你一个说法。面对上帝的沉默，苦难者也沉默下来了。弱小的个人对于强大的命运，在它到来之前不可预卜，在它到来之时不可抗拒，在它到来之后不可摆脱，那么，除了忍受，还能怎样呢？

但史铁生对于命运的态度并不如此消极，他承认自己有宿命的色彩，可是这宿命不是"认命"，而是"知命"，"知命运的力量之强大，而与之对话，领悟它的深意"。抗命不可能，认命又不甘心，"知命"便是在这两难的困境中生出的一种智慧。所谓"知命"，就是跳出一己命运之狭小范围，不再孜孜于为自己的不幸遭遇讨个说法，而是把人间整幅变幻的命运之图当作自己的认知对象，以猜测上帝所设的命运之谜为乐事。做一个猜谜者，这是史铁生以及一切智者历尽苦难而终于找到的自救之途。作为猜谜者，个人不再仅仅是苦难的承受者，他同时也成了一个快乐的游戏者，而上帝也由我们命运的神秘主宰变成了我们在这场游戏中的对手和伙伴。

曾有一位评论家对史铁生的作品做了一番弗洛伊德式的精神分析，断言由瘫痪引起的性自卑是他的全部创作的真正秘密之所在。对于这一番分析，史铁生相当豁达地写了一段话："只是这些搞心理分析的人太可怕了！我担心这样发展下去人还有什么谜可猜呢？而无谜可猜的世界才真正是一个可怕的世界呢！好在上帝比我们智商高，他将永远提供给我们新谜语，我们一起来做这游戏，世界就恰当了。开开玩笑，否则我说什么呢？老窝已给人家掏了去。"读这段话时，我不由得对史铁生充满敬意，知道他已经上升到了足够的高度，作为一个以上帝为对手和伙伴的大猜谜者，他无须再去计较那些涉及他本人的小谜底的对错。

史铁生之走向猜谜，残疾是最初的激因。但是，他没有停留于此。人生困境之形成，身体的残疾既非充分条件，亦非必要条件。凭他的敏于感受和精于思索，即使没有残疾，他也必能发现人生固有的困境，从而成为一个猜谜者。正如他所说，诗人面对的是上帝布下的迷阵，之所以要猜斯芬克司之谜是为了在天定的困境中得救。这使人想起尼采的话："倘若人不也是诗人、猜谜者、偶然的拯救者，我如何能忍受做人！"猜谜何以就能得救，就能忍受做人了呢？因为它使一个人获得了一种看世界的新的眼光和角度，以一种自由的心态去面对人生的困境，把困境变成了游戏的场所。通过猜谜游戏，猜谜者与自己的命运，也与一切命运拉开了一个距离，借此与命运达成了和解。那时候，他不再是一个为自己的不幸而哀叹的伤感角色，也不再是一个站在人生的困境中抗议和号叫的悲剧英雄，他已从生命的悲剧走进了宇宙的喜剧之中。这就好比大病之后的复元，在经历了绝望的挣扎之后，他大难不死，竟然获得了前所未有的精神上的健康。在史铁生的作品中，我们便能鲜明地感觉到这种精神上的健康，而绝少上述那位评论家所渲染的阴郁心理。那位评论家是从史铁生的身体的残疾推导出他必然会有阴郁心理的，我愿把这看作心理学和逻辑皆不具备哲学资格的一个具体证据。

命运的一个最不可思议的特点就是，一方面，它好像是纯粹的偶然性，另一方面，这纯粹的偶然性却成了个人不可违抗的必然性。一个极偶然、极微小的差异或变化，很可能会导致有天壤之别的不同命运。命运意味着一个人在尘世的全部祸福，对于个人至关重要，却被上帝极其漫不经心、不负责任地决定了。由个人的眼光看，这不能不说是荒谬的。为了驱除荒谬感，我们很容易走入一种思路，便是竭力给自己分配到的这一份命运寻找一个原因、一种解释，例如，倘若遭到了不幸，我们便把这不幸解释成上帝对我们的惩罚（"因果报应"之类）或考验（"天降大任"之类）。在这种宿命论的亦即道德化的解释中，上帝被看作一位公正的法官或英明的首领，他的分配永远是公平合理的或深谋远虑的。通过这样的解释，我们否认了命运的偶然性，从而使它变得似乎合理而易于接受了。这一思路基本上是停留在为一己的命运讨个说法上，并且自以为讨到了，于是感到安心。

命运之解释还可以有另一种思路，便是承认命运的偶然性，而不妨揣摩一下上帝在分配人的命运时何以如此漫不经心。史铁生的《小说三篇》之三《脚本构思》堪称此种揣摩的一个杰作。人生境遇的荒谬原来是根源于上帝自身境遇的荒谬，关于这荒谬的境遇，史铁生提供了一种极其巧妙的说法：上帝是无所不能的，独独不能做梦，因为唯有在愿望不能达到时才有梦可做，而不能做梦却又说明上帝不是无所不能的。为了摆脱这个困境，上帝便令万物入梦，借此而自己也参与了一个如梦的游戏。上帝因全能而无梦，因无梦而苦闷，因苦闷而被逼成了一个艺术家，偶然性便是他的自娱的游戏，是他玩牌之前的洗牌，是他的即兴的演奏，是他为自己编导的永恒的戏剧。这基本上是对世界的一种审美的解释，通过这样的解释，我们在宇宙大戏剧的总体背景上接受了一切偶然性，而不必孜孜于为每一个具体的偶然性寻找一个牵强的解释了。当一个人用这样的审美眼光去看命运变幻之谜时，他自己也必然成了一个艺术家。这时他不会再特别在乎自己分配到了一份什么命运，而是对上帝分配命运的过程格外好奇。他并不去深究上帝给某一角色分配某种命运有何道德的用意，因为他知道上帝不是道德家，上帝如此分配纯属心血来潮。于是令他感兴趣的便是去捕捉上帝在分配命运时的种种动作，尤其是导致此种分配的那些极随意也极关键的动作，并且分析倘若这些动作发生了改变，命运的分配会出现怎样不同的情形，如此等等。他想要把上帝发出的这副牌以及被上帝洗掉的那些牌一一复原，把上帝的游戏当作自己的研究对象，在这研究中获得了一种超越个人命运的游戏者心态。

当我们试图追溯任一事件的原因时，我们都将发现，因果关系是不可穷尽的，由一个结果可以追溯到许多原因，而这些原因又是更多的原因的结果，如此以至于无穷。因此，对因果关系的描述必然只能是一种简化，在这简化之中，大量的细节被忽略和遗忘了。一般人安于这样的简化，小说家却不然，小说的使命恰恰是要抗拒对生活的简化，尽可能复原那些被忽略和遗忘的细节。在被遗忘的细节中，也许会有那样一种细节，其偶然的程度远远超过别的细节，仿佛与那个最后的结果全然无关，实际上却正是它悄悄地改变了整个因果关系，对于结果的造成起了至关重要的作用。在以前的作品中，史铁生对于这类细节表现出了浓厚的兴趣，醉心于种种巧妙的设计。例如，在《宿命》中，主人公遭遇了一场令其致残的车祸，车祸的原因竟然被追溯到一只狗放了个响屁。通过这样的设计，作者让我们看到了结果之重大与原因之微小之间的不相称，从而在一种戏谑的心情中缓解了沉重的命运之感。

在《务虚笔记》中，史铁生对命运之偶然性的研究有了更加自觉的性质。命运之对于个人，不只是一些事件或一种遭遇，而且也是他在人间戏剧中被分配的角色，他的人生的基本面貌。因此，在一定的意义上可以说，命运即人。基于这样的认识，史铁生便格外注意去发现和探究生活中的那样一些偶然性，它们看似微不足道，却在不知不觉中开启了不同的人生之路，造就了不同的人间角色。在这部小说中，作者把这样的偶然性名之为人物的"生日"。不同的"生日"意味着人物从不同的角度进入世界，角度的微小差异往往导致人生方向截然不同。这就好像两扇紧挨着的门，你推开哪一扇也许纯属偶然，至少不是出于你自觉的选择，但从两扇门会走进两个完全不同的世界中去。

小说以一个回忆开头：与两个孩子相遇在一座古园里。所有的人都曾经是这样的一个男孩或一个女孩，人世间形形色色的人物和迥然相异的命运都是从这个相似的起点分化出来的。那么，分化的初始点在哪里？这是作者的兴趣之所在。他的方法大致是，以自己的若干童年印象为基础，来求解那些可能构成为初始点的微小差异。

例如，小巷深处有一座美丽幽静的房子，家住灰暗老屋的九岁男孩（童年的"我"）对这座房子无比憧憬，在幻想或者记忆中曾经到这房里去找一个同龄的女孩，这是作者至深的童年印象，也是书中反复出现的一个意象。如果这个男孩在离去时因为弯身去捡从衣袋掉落的一件玩具，在同样的经历中稍稍慢了一步，听见了女孩母亲的话（"她怎么把外面的野孩子带了进来"），他的梦想因此而被碰到了另一个方向上，那么，他日后就是画家Z，一个迷恋幻象世界而对现实世界怀着警惕之心的人。如果他没有听见，或者听见了而并不在乎，始终想念着房子里的那个女孩，那么，他日后就是诗人L，一个不断追寻爱的梦想的人。房子里的那个女孩是谁呢？也许是女教师O，一个在那样美丽的房子里长大的女人必定也始终沉溺在美丽的梦境里，终于因不能接受梦境的破灭而自杀了。也许是女导演N，我认识的女导演已近中年，我想象她是九岁女孩时的情形，一定是住在那样美丽的房子里，但她从母亲那里继承了坚毅而豁达的品格，因而能够冷静地面对身世的沉浮，终于成为一个事业有成的女人。然而，在诗人L盲目而狂热的初恋中，她又成了模糊的少女形象T，这个形象最后在一个为了能出国而嫁人的姑娘身上清晰起来，使诗人倍感失落。又例如，WR，一个流放者，一个立志从政的人，他的"生日"在哪一天呢？作者从自己的童年印象中选取了两个细节，一个是上小学时为了免遭欺负而讨好一个"可怕的孩子"，另一个是"文化大革命"中窥见奶奶被斗而惊悉奶奶的地主出身，两者都涉及内心的屈辱经验。"我"的写作生涯便始于这种屈辱经验，而倘若有此经历的这个孩子倔强而率真，对那"可怕的孩子"不是讨好而是回击，对出身的耻辱不甘忍受而要洗雪，那么，他就不复是"我"，而成为决心向不公正宣战的 WR 了。

作者对微小差异的设计实际上涉及两种情形：一是客观的遭遇有一点微小的不同，导致了截然不同的结果；二是对同样的遭遇有不同的反应，也导致了截然不同的结果。客观的遭遇与一个人生活的环境有关，对遭遇的主观反应大致取决于性格。如果说环境和性格是决定一个人的命运的两个主要因素，那么，在作者看来，个人对这两个因素都是不能支配的。

从生活的环境看，每个人生来就已被编织在世界之网的一个既定的网结上，他被如此编织并无因果脉络可寻，乃是"上帝即兴的编织"。即使人的灵魂是自由的，这自由的灵魂也必定会发现，它所寄居的肉身被投胎在怎样的时代、民族、阶层和家庭里，于它是彻头彻尾的偶然性，它对此是完全无能为力的。而在后天的生活中，人与人之间的一切相遇也都是偶然的，这种种偶然的相遇却组成了一个人的最具体的生活环境，构筑了他的现实生活道路。

我们对自己的性格并不比对环境拥有更大的决定权。"很可能这颗星球上的一切梦想，都是由于生命本身的密码"，一个人无法破译自己生命的密码，而这密码却预先规定了他对各种事情的反应方式。也许可以把性格解释为遗传与环境，尤其是早年环境相互作用的产物，而遗传又可以追溯到过去世代的环境之作用，因此，宏观地看，性格也可归结为环境。

由命运的偶然性自然而然会产生一个问题：既然人不能支配自己的命运，那么，人是否要对这自己不能支配的命运承担道德责任呢？作者借叛徒这样一个极端的例子对此进行了探讨。葵花林里的那个女人凭借爱的激情，把敌人的追捕引向自己，使她的恋人得以脱险。她在敌人的枪声中毫无畏惧，倘若这时敌人的子弹射中了她，她就是一个英雄。但这个机会错过了，而由于她还没有来得及锤炼得足够坚强，终于忍受不住随后到来的酷刑而成了一个叛徒。这样一个女人既可以在爱的激情中成为英雄，也可以在酷刑下成为叛徒，但命运的偶然安排偏偏放弃了前者而选择了后者。那么，让她为命运的这种安排承担道德责任而遭到永世的惩罚，究竟是否公正？

综上所述，我们看到了史铁生研究命运问题的两个主要结果：一是与命运和解，从广阔的命运之网中看自己的命运；二是对他人宽容，限制道德判断，因为同样的命运可能落在任何人头上。

三、残缺与爱情

《务虚笔记》问世后，史铁生曾经表示，他不反对有人把它说成一部爱情小说。他解释道，他在小说中谈到的"生命的密码"，那隐秘地决定着人物的性格并且驱使他们走上了不同的命运之路的东西，是残缺也是爱情。那么，残缺与爱情，就是史铁生对命运之谜的一个比较具体的破译了。

残缺即残疾，史铁生是把它们用作同义词的。有形的残疾仅是残缺的一种，在一定的意义上，人人皆患着无形的残疾，只是许多人对此已经适应和麻木了而已。生命本身是不圆满的，包含着根本的缺陷，在这一点上无人能够幸免。史铁生把残缺分作两类：一类是个体化的残缺，指孤独；另一类是社会化的残缺，指来自他者的审视的目光，由之而感受到了差别、隔离、恐惧和伤害。我们一出生，残缺便已经在我们的生命中隐藏着，只是必须通过某种契机才能暴露出来，被我们意识到。在一个人的生活历程中，那个因某种契机而意识到了人生在世的孤独、意识到了人与人之间的差别和隔离的时刻是重要的，其深远的影响很可能将贯穿终生。在《务虚笔记》中，作者在探寻每个人物的命运之路的源头时，实际上都是追溯到了他们生命中的这个时刻。人物的"生日"各异，却都是某种创伤经验，此种安排显然出于作者的自觉。无论在文学中，还是在生活中，真正的个性皆诞生于残缺意识的觉醒，凭借这一觉醒，个体开始从世界中分化出来，把自己与其他个体相区别，逐渐成为独立的自我。

有残缺便要寻求弥补，"恰是对残缺的意识，对弥补它的近乎宗教般痴迷的祈祷"，才使爱情呈现。因此，在残缺与爱情两者中，残缺是根源，它造就了爱的欲望。不同的人意识到残缺的契机、程度、方式皆不同，导致对爱情的理解和寻爱的实践也不同，由此形成了不同的命途。

所谓寻求弥补，并非通常所说的在性格上互补。这里谈论的是另一个层次上的问题，残缺不是指缺少某一种性格或能力，于是需要从对方身上取长补短。残缺就是孤独，寻求弥补就是要摆脱孤独。当一个孤独寻找另一个孤独时，便有了爱的欲望。可是，两个孤独到了一起就能够摆脱孤独了吗？有两种不同的孤独。一种是形而上的孤独，即人发现自己的生存在宇宙间没有根据，如海德格尔所说的"嵌入虚无"。这种孤独当然不是任何人间之爱能够解除的。另一种是社会性的孤独，它驱使人寻求人间之爱。然而，正如史铁生指出的，寻求爱就不得不接受他人目光的判定，而他人的目光还判定了你的残缺。因此，"海盟山誓仅具现在性，这与其说是它的悲哀，不如说是它的起源"。他人的不可把握，自己可能受到的伤害，使得社会性的孤独也不能真正消除。由此可见，残缺是绝对的，爱情是相对的。孤独之不可消除，残缺之不可最终弥补，使爱成了永无止境的寻求。在这条无尽的道路上奔走的人，最终就会看破小爱的限度，而寻求大爱，或者——超越一切爱，而达于无爱。

对于爱情的根源，可以有两种相反的解说，一种是因为残缺而寻求弥补，另一种是因为丰盈而渴望奉献。这两种解说其实并不互相排斥。越是丰盈的灵魂，往往越能敏锐地意识到残缺，越有强烈的孤独感。在内在丰盈的衬照下，方见人生的缺憾。反之，不谙孤独也许正意味着内在的贫乏。一个不谙孤独的人很可能自以为完满无缺，但这与内在的丰盈完全是两回事。

在实际生活中，我们可以看到不同的排列组合：

1. 完满者爱残缺者。表现为征服和支配，或怜悯和施舍，皆不平等。

2. 残缺者爱完满者。表现为崇拜或依赖，亦不平等。

3. 完满者爱完满者。双方或互相欣赏，或彼此较量，是小平等。

4. 残缺者爱残缺者。分两种情形：（1）相濡以沫，同病相怜，是小平等；（2）知一切生命的残缺，怀着对神的谦卑，以大悲悯之心而爱，是大平等。此项包含了爱的最低形态和最高形态。

在《务虚笔记》中，女教师O与她不爱的前夫离婚，与她崇拜的画家Z结合。此后，一个问题始终折磨着她：爱的选择基于差异，爱又要求平等，如何统一？她因这个问题而自杀了。O的痛苦在于，她不满足于4（1），而去寻求2，又不满足于2，而终于发现了4（2）。可是，性爱作为世俗之爱确是基于差异的，所能容纳的只是小平等或者不平等，容纳不了大平等。

要想实现大平等，只有放弃性爱，走向宗教。O不肯放弃性爱，所以只好去死。

在小说中，作者借诗人L这个人物对于性爱问题进行了饶有趣味的讨论。诗人是性爱的忠实信徒，如同一切真正的信徒一样，他的信仰使他陷入了莫大的困惑。他感到困惑的问题主要有二。其一，既然爱情是美好的，多向的爱为什么不应该？作者的结论是，不是不应该，而是不可能。那么，其二，在只爱一个人的前提下，多向的性吸引是否允许？作者的结论是，不是允许与否的问题，而是必然的，但不应该将之实现为多向的性行为。

让我们依次来讨论这两个问题。

诗人曾经与多个女人相爱。他的信条是爱与诚实，然而，在这多向的爱中，诚实根本行不通，他不得不生活在谎言中。每个女人都向他要求"最爱"，都要他证明自己与别的女人的区别，否则就要离开他。其实他自己向每个女人要求的也是这个"最爱"和区别，设想一下她们也是一视同仁地爱多个男人而未把他区别出来，他就感到自己并未真正被爱，为此而受不了。性爱的现实逻辑是，每一方都向对方要求"最爱"，即一种与对方给予别人的感情有别的特殊感情，这种相互的要求必然把一切"不最爱"都逼成"不爱"，而把"最爱"限定为"只爱"。

至此为止，多向的爱之不可能似乎仅是指现实中的不可能，而非本性上的不可能。也就是说，不可能只是因为各方都不能接受对方的爱是多向的，于是不得不互相让步。如果撇开这个接受的问题，一人是否可能爱上多人呢？爱情的专一究竟有无本性上的根据？史铁生认为有，他的解释是：孤独创造了爱情，多向的爱情则使孤独的背景消失，从而使爱情的原因消失。我说一说对他的这一解释的理解——

人因为孤独而寻求爱情。寻求爱情，就是为自己的孤独寻找一个守护者。他要寻找的是一个忠实的守护者，那人必须是一心一意的，否则就不能担当守护他的孤独的使命。为什么呢？因为每一个孤独都是独特的，而在一种多向的照料中，它必丧失此独特性，沦为一种一般化的东西了。形象地说，就好比一个人原想为自己的孤独寻找一个母亲，结果却发现是把它送进了托儿所里，成了托儿所阿姨所照料的众多孩子中的一个普通孩子。孤独和爱情的寻求原本凝聚了一个人的沉重的命运之感，来自对方的多向的爱情则是对此命运之感的蔑视，把本质上的人生悲剧化作了轻浮的社会喜剧。与此同理，一个人倘若真正是要为自己的孤独寻找守护者，他所要寻找的必是一个而非多个守护者。他诚然可能喜欢甚至迷恋不止一个异性，但是，在此场合，他的孤独并不真正出场，毋宁说是隐藏了起来，躲在深处旁观着它的主人逢场作戏。唯有当他相信自己找到了一个人，他能够信任地把自己的孤独交付那人守护之时，他才是认真地在爱。所以，在我看来，所谓爱情的专一不是一个外部强加的道德律令，只应从形而上的层面来理解其含义。按照史铁生的一个诗意的说法，即爱情的根本愿望是"在陌生的人山人海中寻找一种自由的盟约"。

诗人L后来吸取了教训，不再试图实行多向的爱情，而成了一个真诚的爱者，最爱甚至只爱一个女人。然而，作为"好色之徒"，他仍对别的可爱女人充满性幻想，作为"诚实的化身"，他又向他的恋人坦白了这一切。于是，他受到了恋人的"拷问"，结果是他理屈，恋人则理直气壮地离开了他。

"拷问"之一——

我们是在美术馆里极其偶然地相遇的。我迷路了，推开了右边的而不是左边的门，这才有我们的相遇。如果没有遇到我，你一定会遇到另一个女人的。结论：我对于你是一个偶然，女人对你来说才是必然。推论：你对我有的只是情欲，不是爱情。进一步的推论：你说只爱我是一个谎言。

这一"拷问"的前半部分无可辩驳，诗人和这位恋人的相遇的确完全是偶然的。可是，在这世界上，谁和谁的相遇不是偶然的呢？分歧在于对偶然的评价。在茫茫人海里，两个个体相遇的概率只是千千万万分之一，而这两个个体终于极其偶然地相遇了。我们是应该因此而珍惜这个相遇呢，还是因此而轻视它们？假如偶然是应该被蔑视的，则首先要遭到蔑视的是生命本身，因为在宇宙永恒的生成变化中，每一个生命诞生的概率几乎等于零。然而，倘若一个偶然诞生的生命竟能成就不朽的功业，岂不更证明了这个生命的伟大？同样，世上并无命定的情缘，凡缘皆属偶然，好的情缘的魔力岂不恰恰在于，最偶然的相遇却唤起了最深刻的命运之感？诗人的恋人显然不懂得珍惜偶然的价值。

"拷问"的后半部分涉及了爱情的复合结构。在精神的、形而上的层面上，爱情是为自己的孤独寻找一个守护者。在世俗的、形而下的层面上，爱情又是由性欲发动的对异性的爱慕。现实中的爱情是这两种冲动的混合，表现为在异性世界里寻找那个守护者。在异性世界里寻找是必然的，找到谁则是偶然的。所以，恋人所谓的"我对于你是一个偶然，女人对你来说才是必然"确是事实。但是，她的推论却错了。因为当诗人不只是把她作为一个异性来爱慕，而且认定她就是那个守护者之时，这就已经是爱情而不仅仅是情欲了。爱情与情欲的区别就在于是否包含了这一至关重要的认定。当然，诗人的恋人可以说：既然这一认定是偶然的，因而是完全可能改变的，我怎么能够对此寄予信任呢？我们不能说她的不信任没有道理，于是便有了"拷问"之二和诗人的莫大困惑。

"拷问"之二——

你对别的女人的性幻想没有实现，只是因为你不敢。（申辩："不是不敢，是不想，不想那样做，也不想那样想。"）如果能实现，我和她们的区别还有什么呢？（"可我并不想实现，这才是区别。我只要你一个，这就是证明。"）幻想之为幻想，不是"不想"实现，而只是"不能"或"尚未"实现。

诗人糊涂了。他无力地问："曾经对你来说，我与别的男人的区别是什么？"回答是铿锵有力的："看见他们就想起你，看见你就忘记了他们。"她大义凛然地离开了他。作者问：这就是"看见你就忘记了他们"吗？

作者在这里显然是同情诗人而批评恋人的。借用他在散文《爱情问题》中一个更清晰的表达，他对此问题的分析大致是：（1）性是多指向的，与爱的专一未必不可共存；（2）她把自己仅仅放在了性的位置上，在这个位置上她与别的女人才是可比的；（3）他没有因众多的性吸引而离开她，她却因性嫉妒而离开了他，正证明了他立足于爱而她立足于性。

可是，诗人用什么来证明自己对恋人的感情是爱情，而不只是多向情欲中之一向，与其他诸向的区别仅在它是实现了的一向而已？作者认为，这样的证明已经存在，有多向的性幻想而不去实现、不想去实现，这本身就是爱的证明。使爱情受到质疑的不是多向的性吸引，而是多向的性行为。作者并非站在道德的立场上反对多向的性行为，他的理由完全是审美性质的。他说，性行为中的呼唤和应答，渴求和允许，拆除防御和互相敞开，极乐中忘记你我仿佛没有了差别的境界，凡此种种，使性行为的形式与爱同构，成为爱的最恰当的语言。正是在性行为中，人用肉体淋漓尽致地表达了摆脱孤独的愿望。在此意义上，"是人对残缺的意识，把性炼造成了爱的语言，把性爱演成心魂相互团聚的仪式"。性是"上帝为爱情准备的仪式"。因此，爱者绝不可滥用这种仪式，滥用会使爱失去了最恰当的语言。

在我看来，史铁生为贞洁提出了最有说服力的理由。性是爱侣之间示爱的最热烈也最恰当的语言，对于他们来说，贞洁之所以必要，是为了保护这语言，不让它被污染从而丧失了示爱的功能。所以，如果一个人真的在爱，他就应该自愿地保持贞洁。反过来说，自愿的贞洁也就能够证明他在爱。然而，深入追究下去，问题要复杂得多。诗人的恋人有一句话在逻辑上是不容反驳的，难怪把诗人说糊涂了：幻想之为幻想，不是"不想"实现，而只是"不能"或"尚未"实现。如果说爱情保证了一个人不把多向的性幻想付诸实现，那么，又有什么能保证爱情呢？如果爱情本身是不可靠的，那么，我们怎么能相信它所保证的东西是可靠的呢？一旦爱情发生变化，那些现在"不想"实现的性幻想岂不就有了实现的理由？事实上，确实没有任何东西能够保证爱情。问题在于，使爱情区别于单纯情欲的那个精神内涵，即为自己的孤独寻找一个守护者的愿望，其实是不可能在某一个异性身上获得最终的实现的，否则就不成其为形而上的了。作为不可能最终实现的愿望，不管当事人是否觉察和肯否承认，它始终保持着开放性，而这正好与多向的性兴趣在形式上相吻合。因此，恋爱中的人完全不能保证，他一定不会从不断吸引他的众多异性中发现另一个人，与现在这个恋人相比，那人才是他梦寐以求的守护者。也因此，他完全无法证明，他对现在这个恋人的感情是真正的爱情而不是化装为爱情的情欲。

也许爱情的困难在于，它要把性质截然不同的两种东西结合在一起，反而使它们混淆不清了。假如一个人看清了那种形而上的孤独是不可能靠性爱解除的，于是干脆放弃这徒劳的努力，把孤独收归己有，对异性只以情欲相求，会如何呢？把性与爱拉扯在一起，使性也变得沉重了。诚如史铁生所说，性作为爱的语言，它不是赤裸地表白爱的真诚、坦荡，就是赤裸地宣布对爱的蔑视和抹杀。那么，把性和爱分开，不再让它宣告爱或不爱，使它成为一种中性的东西，是否轻松得多？失恋以后，诗人确实这样做了，他与一个个女人上床，只要性，不说爱，互相都不再问"区别"，都没有历史，试图回到乐园，如荒原上那些自由的动物。但是，结果却是更加失落，在无爱的性乱中，被排除在外的灵魂越发成了无家可归的孤魂。人有灵魂，灵魂必寻求爱，这注定了人不可能回到纯粹的动物状态。那么，承受性与爱的悖论便是人的无可避免的命运了。

四、自我与世界

自我与世界的关系是一个最重要的哲学问题。一切哲学的努力，都是在寻求自我与世界的某种统一。这种努力大致朝着两个方向。其一是追问认识的根据，目的是要在作为主体的自我与作为客体的世界之间寻找一条合法的通道。其二是追问人生的根据，目的是要在作为短暂生命体的自我与作为永恒存在的世界之间寻找一种内在的联系。我说史铁生具有天生的哲学素质，证据之一是他对这个最重要的哲学问题的执着的关注，在他作品的背景中贯穿着有关的思考。套用正、反、合的模式，我把他的思路归纳为：认识论上的唯我论（正题），价值论上的无我论（反题），最后试图统一为本体论上的泛我论（合题）。

在认识论上，史铁生是一个旗帜鲜明的唯我论者。他说：我只能是我，这是一个不可逃脱的限制，所以世界不可能不是对我来说的世界。我找不到也永远不可能找到非我的世界。在还没有我的时候这个世界就已经存在——这不过是在有我之后我听到的一种传说。到没有了我的时候这个世界会依旧存在下去——这不过是在还有我的时候我被要求同意的一种猜测。我承认按此逻辑，除我之外的每个人也都有一个对他来说的世界，因此，譬如说现在有五十亿个世界，但是对我来说，这五十亿个世界也只是我的世界中的一个特征罢了。

所有这些都表述得十分精彩。认识论上的唯我论是驳不倒的，简直是颠扑不破的，因为它实际上是同语反复，无非是说：我只能是我，不可能不是我。即使我变成了别人，那时候也仍然是我，那时候的我也不可能把我意识为一个别人。这就是维特根斯坦所说的"语言的界限意味着我的世界的界限"，在此程度内世界只能是我的世界。这一主体意义上的自我不属于世界，而是世界的一种界限。我只能作为我来看世界，但这个我并不因此而膨胀成了整个世界，相反是"缩小至无延展的点"，即一个看世界的视点了。所以，维特根斯坦说，严格贯彻的唯我论是与纯粹的实在论一致的。

与哲学上作为主体的自我不同，心理学上的自我是指人的欲望。如果一个人因为世界是我的世界这一认识论的真理便认为世界仅仅为满足我的欲望而存在，他就是混淆了这两个自我的概念。同样，一切对唯我论的道德谴责也无一不是出于此种混淆。在史铁生那里，我们看不到这种混淆。对于作为欲望的自我，他基本上是以一种超脱的眼光看轻其价值。

在《务虚笔记》中，我们可以发现史铁生面对命运之谜有两种相反的心情。大多数时候，他兴致勃勃地玩着猜谜的游戏。但是，正当他玩得似乎很投入时，有时忽然会流露出一种厌倦之情。例如，他琢磨着几位女主人公命运互换的可能性，突然带点儿自嘲的口吻写道："甚至谁是谁，谁一定是谁，这样的逻辑也很无聊。亿万个名字早已在历史中湮灭了，但人群依然存在……"小说中两次出现同一个景象、同一种思绪：我每天都看到一群鸽子，仿佛觉得几十年中一直是那一群，可事实上它们已经生死相继了若干次，生死相继了数万年。人山人海也是一样，其中的每一个人都将死去，但始终有一个人山人海在那里喧嚣踊跃。相同的人间戏剧在永远地上演着，一个只上场片刻的演员究竟被派给了什么角色，实在不值得认真。其实也没法认真，作者在散文《角色》中告诉我们：产科的婴儿室里有一排新生儿，根据人间戏剧的需要，他们未来的角色大致上已经有了一个分配的比例，其中必有人要扮演倒霉的角色，那么，谁应该去扮演，和为什么？这个问题不可能有一个美满的答案，所以就不要徒劳地去寻找答案吧。散文《我与地坛》的结尾语把这个意思说得更精辟："宇宙以其不息的欲望将一个歌舞炼为永恒。这个欲望有怎样一个人间的姓名，大可忽略不计。"

好吧，我们姑且承认作为欲望的自我只是造化即宇宙大欲望手中的一个暂时的工具，我们应该看破这个自我的虚幻，千万不要执着。可是，在这个自我之外，岂不还有一个自我，不妨称之为宗教上的自我，那便是灵魂。如果说欲望是旋生旋灭的，则灵魂是指向永恒的，怎么能甘心自己被轻易地一次性地挥霍掉？关于灵魂，我推测它很可能是作为主体的自我与作为欲望的自我的一个合题。试想一个主体倘若有欲望，最大的欲望岂不就是永恒，即世界永远是我的世界，而不能想象有世界却没有了我？有趣的是，史铁生解决永恒问题的思路正好与此暗合，由唯我和无我走向了颇具宗教意味的泛我。早在《我与地坛》中，他就如此描写：有一天，我老了，扶着拐杖走下山去，从某一处山洼里势必会跑上来一个欢蹦的孩子，抱着他的玩具。接着自问："当然，他不是我。但是，那不是我吗？"在《务虚笔记》的最后一章，作者再次提到小说开头所回忆的那两个孩子。这一章的标题是"结束或开始"，暗示人间戏剧的轮回，而在这轮回中，所有的人都是那两个孩子，那两个孩子是所有的角色。不言而喻，那两个孩子也就是"我"。《务虚笔记》的结尾："那么，我又在哪儿呢？"上帝用欲望造就了一个永劫的轮回，这永劫的轮回使"我"诞生，"我"就在这样的消息里，这样的消息就是"我"。当然，这个"我"已经不是一个有限的主体或一个有限的欲望了，而是一个与宇宙或上帝同格的无限的主体和无限的欲望。就在这与宇宙大化合一的境界中，作为灵魂的自我摆脱了肉身的限制而达于永恒了。

阅读书目：

史铁生：《务虚笔记》，上海文艺出版社，1996年版。

1998年8月

智慧和信仰

——读史铁生《病隙碎笔》

三年前，在轮椅上坐了三十个年头的史铁生的生活中没有出现奇迹，反而又有新的灾难降临。由于双肾功能衰竭，从此以后，他必须靠血液透析维持生命了。当时，一个问题立刻使我——我相信还有其他许多喜欢他的读者——满心忧虑：他还能写作吗？在瘫痪之后，写作是他终于找到的活下去的理由和方式，如果不能了，他怎么办呀？现在，仿佛是作为一个回答，他的新作摆在了我的面前。

史铁生把他的新作题作《病隙碎笔》，我知道有多么确切。他每三天透析一回。透析那一天，除了耗在医院里的工夫外，坐在轮椅上的他往返医院还要经受常人想象不到的折腾，是不可能有余力的了。第二天是身体和精神状况最好（能好到哪里啊！）的时候，唯有那一天的某一时刻他才能动一会儿笔。到了第三天，血液里的毒素重趋饱和，体况恶化，写作又成奢望。大部分时间在受病折磨和与病搏斗，不折不扣是病隙碎笔，而且缝隙那样小得可怜！

然而，读这本书时，我在上面却没有发现一丝病的愁苦和阴影，看到的仍是一个沐浴在思想的光辉中的开朗的史铁生。这些断断续续记录下来的思绪也毫不给人以细碎之感，倒是有着内在的连贯性。这部新作证明，在自己的"写作之夜"，史铁生不是一个残疾人和重病患者，他的自由的心魂漫游在世界和人生的无疆之域，思考着生与死、苦难与信仰、残缺与爱情、神命与法律、写作与艺术等重大问题，他的思考既执着又开阔，既深刻又平易近人，他的"写作之夜"依然充实而完整。对此我只能这样来解释：在史铁生身上业已形成了一种坚固的东西，足以使他的精神历尽苦难而依然健康，备受打击而不会崩溃。这是什么东西呢？是哲人的智慧，还是圣徒的信念，抑或两者都是？

常常听人说，史铁生之所以善于思考，是因为残疾，是因为他被困在轮椅上，除了思考便无事可做。假如他不是一个残疾人呢，人们信心十足地推断，他就肯定不会成为现在这个史铁生——他们的意思是说，不会成为这么一个优秀的作家或者这么一个智慧的人。在我看来，没有比这更加肤浅的对史铁生的解读了。当然，如果不是残疾，他也许不会走上写作这条路，但也可能走上，这不是问题的关键。关键在于，他的那种无师自通的哲学智慧绝不是残疾解释得了的。一个明显的证据是，我们在别的残疾人身上很少发现这一显著特点。当然，在非残疾人身上也很少发现。这至少说明，这种智慧是和残疾不残疾无关的。

关于残疾，史铁生自己有一个清晰的认识："人所不能者，即是限制，即是残疾。"在此意义上，残疾是与生俱来的，对所有的人来说都是这样。看到人所必有的不能和限制，这是智慧的起点。两千多年前，苏格拉底就是因为知道人之必然的无知，而被阿波罗神赞为最智慧的人的。众所周知，苏格拉底就不是一个残疾人。我相信，史铁生不过碰巧是一个残疾人罢了，如果他不是，他也一定能够由生命中必有的别的困境而觉悟到人的根本限制。

人要能够看到限制，前提是和这限制拉开一个距离。坐井观天，就永远不会知道天之大和井之小。人的根本限制就在于不得不有一个肉身凡胎，它被欲望支配，受有限的智力指引和蒙蔽，为生存而受苦。可是，如果我们总是坐在肉身凡胎这口井里，我们也就不可能看明白它是一个根本限制。所以，智慧就好像某种分身术，要把一个精神性的自我从这个肉身的自我中分离出来，让它站在高处和远处，以便看清楚这个在尘世挣扎的自己所处的位置和可能的出路。

从一定意义上说，哲学家是一种分身有术的人，他的精神性自我已经能够十分自由地离开肉身，静观和俯视尘世的一切。在史铁生身上，我也看到了这种能力。他在作品中经常把史铁生其人当作一个旁人来观察和谈论，这不是偶然的。站在史铁生之外来看史铁生，这几乎成了他的第二本能。这另一个史铁生时而居高临下俯瞰自己的尘世命运，时而冷眼旁观自己的执迷和嘲笑自己的妄念，当然，时常也关切地走近那个困顿中的自己，对他劝说和开导。有时候我不禁觉得，如同罗马已经不在罗马一样，史铁生也已经不在那个被困在轮椅上的史铁生的躯体里了。也许正因为如此，肉身所遭遇的接二连三的灾难就伤害不了已经不在肉身中的这个史铁生了。

看到并且接受人所必有的限制，这是智慧的起点，但智慧并不止于此。如果只是忍受，没有拯救，或者只是超脱，没有超越，智慧就会沦为冷漠的犬儒主义。可是，一旦寻求拯救和超越，智慧又不会仅止于智慧，它必不可免地要走向信仰了。

其实，当一个人认识到人的限制、缺陷、不完美是绝对的，困境是永恒的，他已经是在用某种绝对的完美之境作参照系了。如果只是把自己和别人做比较，看到的就只能是限制的某种具体形态，譬如说肉体的残疾。俗话说，人比人，气死人，以自己的残缺比别人的肢体齐全，以自己的坎坷比别人的一帆风顺，所产生的只会是怨恨。反过来也一样，以别人的不能比自己的能够，以别人的不幸比自己的幸运，只会陷入浅薄的沾沾自喜。唯有在把人与神做比较时，才能看到人的限制之普遍，因而不论这种限制在自己或别人身上以何种形态出现，都不馁不骄，心平气和。对人的限制的这样一种宽容，换一个角度来看，便是面对神的谦卑。所以，真正的智慧中必蕴含着信仰的倾向。这也是哲学之所以必须是形而上学的道理之所在，一种哲学如果不是或明或暗地包含着绝对价值的预设，它作为哲学的资格就颇值得怀疑。

进一步说，真正的信仰也必是从智慧中孕育出来的。如果不是太看清了人的限制，佛陀就不会寻求解脱，基督就无须传播福音。任何一种信仰倘若不是以人的根本困境为出发点，它作为信仰的资格也是值得怀疑的。因此，譬如说，如果有一个人去庙里烧香磕头，祈求佛为他消弭某一个具体的灾难，赐予某一项具体的福乐，我们就有理由说他没有信仰，只有迷信。或者，用史铁生的话说，他是在向佛行贿。又譬如说，如果有一种教义宣称能够在人世间消灭一切困境，实现完美，我们也就可以有把握地断定它不是真信仰，在最好的情形下也只是乌托邦。还是史铁生说得好：人的限制是"神的给定"，人休想篡改这个给定，必须接受它。"就连耶稣，就连佛祖，也不能篡改它。不能篡改它，而是在它之中来行那宏博的爱愿。"一切乌托邦的错误就在于企图篡改神的给定，其结果不是使人摆脱了限制而成为神，而一定是以神的名义施强制于人，把人的权利也剥夺了。

《病隙碎笔》中有许多对于信仰的思考，皆发人深省。一句点睛的话是："所谓天堂即是人的仰望。"人的精神性自我有两种姿态。当它登高俯视尘世时，它看到限制的必然，产生达观的认识和超脱的心情，这是智慧。当它站在尘世仰望天空时，它因永恒的缺陷而向往完满，因肉身的限制而寻求超越，这便是信仰了。完满不可一日而达到，超越永无止境，彼岸永远存在，如此信仰才得以延续。所以，史铁生说："皈依并不在一个处所，皈依是在路上。"这条路没有一个终于能够到达的目的地，但并非没有目标，走在路上本身即是目标存在的证明，而且是唯一可能和唯一有效的证明。物质理想（譬如产品的极大丰富）和社会理想（譬如消灭阶级）的实现要用外在的可见的事实来证明，精神理想的实现方式只能是内在的心灵境界。所以，凡是坚持走在路上的人，行走的坚定就已经是信仰的成立。

最后，我要承认，我一边写着上面这些想法，一边却感到不安：我是不是站着说话不腰疼？一个无情的事实是，不管史铁生的那个精神性自我多么坚不可摧，他仍有一个血肉之躯，而这个血肉之躯正在被疾病毁坏。在生理的意义上，精神是会被肉体拖垮的，我怎么能假装不懂这个常识？上帝啊，我祈求你给肉身的史铁生多一点健康，这个祈求好像近似史铁生和我都反对的行贿，但你知道不是的，因为你一定知道他的"写作之夜"对于你也是多么宝贵的。

阅读书目：

史铁生：《病隙碎笔》，陕西师范大学出版社，2002年版。

2002年1月

培养心灵的神圣工作

——推荐《傅雷家书》

在我的记忆里，《傅雷家书》是改革开放后最早出版并且被当时的青年人热心传阅的少数几种书之一。此书出版后不久，傅雷翻译的《傅译传记五种》和《约翰·克里斯多夫》也相继出版，并且同样被青年人热心传阅。可以毫不夸张地说，在二十世纪八十年代，傅雷是许多知识青年的心灵教父，人们饥渴地从他的家书和译著中汲取营养，这已经成为那一代人精神成长史中最美好的记忆之一。

译林出版社最近推出新版《傅雷家书》，我相信它一定也能和今天的青年人以及拥有年轻心灵的成年人深深地结缘。在《贝多芬传》译序中，傅雷写道："现在，当初生的音乐界只知训练手的技巧，而忘记了培养心灵的神圣工作的时候，这部《贝多芬传》对读者该有更深刻的意义。"套用这句话，我们可以说，今天人们只知训练各种谋生和表面成功的技巧，恰恰忘记了"培养心灵的神圣工作"，当此之时，无论对于成长中的青年人，还是对于望子成龙的父母们，这部以培养孩子心灵为主旨的家书岂不更具有深刻的现实意义？

家书始自1954年，止于1966年，主要对象是在国外的傅聪。现在我自己是两个孩子的父亲，重读这部家书，对其中洋溢着的父爱有了真切的感受。傅雷教子极严，有时几乎不近人情，儿子离开后，他为此深感内疚，常在信中自责，说自己"可怜过了四十五岁，父性才真正觉醒"，向傅聪如此倾诉："孩子，我要怎样地拥抱你才能表示我的悔恨和热爱呢！"他的信写得极认真，谈艺术，谈人生，充满真知灼见，讨论钢琴演奏，指点日常生活，皆细致入微。他盼望傅聪也做相应的交流，但傅聪毕竟年轻，有时不能体会父亲的心情，疏于回复，以至于他发出了这样的恳求："我们历来问你讨家信，就像讨情一般。你该了解你爸爸的脾气，别为了写信的事叫他多受委屈，好不好？"无数读者希望和作为名人的他通信，偏偏自己最渴望书信切磋的这个儿子很少利用这么好的条件，几乎令他唏嘘。读到这些内容，我心里都会发出一声叹息：一个多么痴情的父亲！平心而论，傅聪写信也很认真，只是在数量上不能和老爸相比罢了。傅雷是如此珍惜这些信，将它们分类抄写，原信已在"文化大革命"中被毁，幸好有抄本，我们今天能够读到被编入了新版中的傅聪的信。

傅雷不但是一个痴情的父亲，而且是一位伟大的父亲。他通过家书在儿子身上所做的，正是"培养心灵的神圣工作"。这部家书是爱的教育的教科书，今天的家长们从中可以看到，怎样才是真正爱孩子，有爱无教不是真正的爱，爱的教育就是培养心灵，就是在心灵层面上和孩子成为知心的朋友。对于今天的青年人来说，这部家书又是人生和艺术的启蒙书，从中可以学习如何让自己的心灵丰富而高贵。你们不要叹息自己没有一个像傅雷这样的伟大父亲，一切教育本质上都是自我教育，你们首先必须自己来做培养自己心灵这项神圣的工作，在这个过程中，傅雷以及一切伟大的心灵都是你们的导师。

傅雷是一位难得的通才，懂音乐，懂绘画，懂诗歌，懂文学，在本书中有大量会心之论，可供爱艺术的读者品味。傅雷谈艺术绝不限于艺术，他注重的是心灵，因此每个关注心灵的读者也都能由之得到启示。不过，在这里，我想撇开专门性的内容，仅就本书中涉及人生和艺术的普遍性论点做一个不完全的提示和少许的发挥：

1. 做人第一。无论做学问，还是弄艺术，顶要紧的是"人"，要把一个"人"尽量发展。"一个纯粹投身艺术的人，他除了艺术和个人的人格，已别无所求。"人格卓越是成就任何伟大事业的前提和终极目的。

2. 融会贯通。为学最重要的是"通"，"通"才会有灵性，不拘泥、不迂腐、不酸、不八股，才能有气象、胸襟、目光。"通"才能成为"大"。

3. 学习的自主性。学音乐，学生本人首先要具备条件，"心中没有的人，再经名师指点也是枉然的"。这一点其实对一切高级的学习都是适用的。

4. 感受和思考比技巧重要。音乐主要是用你的脑子，把你朦胧的感情分辨清楚。凡是一天到晚闹技巧的，一辈子也休想梦见艺术。这一点对一切精神创造也都是适用的。

5. 恰当面对人生的浮沉。"人一辈子都在高潮低潮中浮沉，唯有庸碌的人，生活才如死水一般；或者要有极高的修养，方能廓然无累，真正地解脱。只要高潮不过分使你紧张，低潮不过分使你颓废，就好了。我们只求心理相当平衡，不至于受伤而已。"人不可平庸，也不必高超，作为普通人，心情不随外在遭遇大起大落即可。

6. 理性地对待感情创伤。不要让它刻骨铭心地伤害自己，"要像对着古战场一般地存着凭吊的心怀"。逝去的感情事件，不论快乐还是痛苦，都把它们当作人生中的风景。

书中还有许多精彩的话，摘不胜摘，但有一句绝不可遗漏。傅聪信中引王国维语："词人者，不失其赤子之心者也。"傅雷回信说："赤子之心这句话，我也一直记住的。赤子便是不知道孤独的。赤子孤独了，会创造一个世界，创造许多心灵的朋友！"说得真好，准确地阐释了艺术家和艺术创作的性质：艺术家是单纯的赤子，在复杂的功利世界里不免孤独，于是通过艺术创作创造了一个更好的世界和许多心灵的朋友。今日傅雷夫妇的墓碑上镌刻着十二个手书的字，便是从这段话里摘出的，我们仿佛听见傅雷的赤子之心在恒久地宣告艺术的胜利——

赤子孤独了，会创造一个世界。

阅读书目：

《傅雷家书》，译林出版社，2016年版。

2017年6月

在失语和言说之间

——读苗强《沉重的睡眠》

　　翻开《沉重的睡眠》，读了开头的几首诗，我就赶紧把书合上了。我意识到，这不是一本寻常的诗集，我不能用寻常的方式来读它。作者必定有一些极其重要的事情要讲述，这些事情对于他是性命攸关的，他首先和主要是在向自己讲述，所以必须用最诚实的语言，没有一个字是为所谓的修辞的效果准备的。这是一个沈阳人或一个中国人写的诗吗？当然不是。天地间有一种纯粹的诗，它们的作者是没有国别的，它们的语言也是不分语种的。在存在的至深处，人和语言都回到了本质，回到了自身，一切世俗的区分不再有意义。然而，作者毕竟是一个中国人，这在我的阅读经验中属于例外，我又不能不感到惊奇。

　　那么，是不是脑出血和由之导致的失语症创造了这个奇迹呢？我无法猜度命运之神的诡谲的心思，只知道它在降予灾难时十分慷慨，在显示奇迹时却非常吝啬。同样的疾病夺去了许多人的聪明，而并没有给他们灵感。我相信，发生在苗强身上的事情很可能是，一个一直在进行着的内在过程被疾病加速和缩短了，一下子推至极端，得到了辉煌的完成。不然的话，这个过程也许会很漫长，甚至会在外在生活的干扰下转向和终止。

人们也许会在苗强的诗中读出哲理，但是，他写的绝不是哲理诗。他的表达是超越所谓的抽象思维和形象思维的二分法的，——顺便说说，这个二分法绝对是那些与哲学和诗都无缘的头脑臆造出来的。他的表达同时是抽象和形象、玄思和想象、思辨和视觉。他的构思往往十分奇特，但同时你会惊讶于它的准确。一个人唯有在自己内心发现了存在的真理或存在的荒谬，才能这样表达。在他的诗里，你找不到一个生僻的词，他用那些普通的词有力地表达了独特的思绪和意象。他的语言富有质感和节奏感，你能感到这种特质不是外在的，而是来自一个沉浸于内在生活的人的执着和陶醉，他分明是在自吟自唱，享受着他对存在和语言的重大发现。

苗强的诗的主题，他所关注的问题，都是纯粹精神性的。他的确是一个纯粹的诗人。我在这里略举几例——

诗人是什么？是一个盲人旅行家，他"被某种无限的观念驱使，不知疲倦地周游世界"，同时又"鄙夷一切可见的事物，一切过眼烟云的东西"。（第十一首）诗人当然不能逃避现实，但可以忽略它，"就像一个穿过一片树林的人，他一棵树也没有看到……他也许更关心脚下的道路，但在那一刻，谁也不能阻止他走在空中"。（第十七首）

因为诗人生活在另一个世界里，有着另一个自我。作者患病后，朋友说他以前的诗像谶语。他的感觉是：只是现实中的我中了谶，"而诗中的另一个我，照例在虚构的精神生活中沉沦或者上升，根本不受影响"。只要诗能长存于世间，"那么是不是谶语，以及作者是谁，都不重要了，这些诗选中我做它们的作者，纯属偶然"。（第七十二首）

自我之谜是作者经常表达的一个主题。比如：没完没了地下着雪，我躲在玻璃窗后，看见有个邮差上路了（这个邮差是我），去报告雪的消息，让那患有怀乡病的人立刻赶回家乡（那患有怀乡病的人是我）。（第一首）不但有另一个自我，而且有许多个自我，这许多个自我之间的陌生和关切令人迷茫。

　　可是，自我又是虚无，自我的本质令人生疑。疾病使作者更强烈地感受到了这一点，因为"几乎是一夜之间，另一个人完全取代了我"（第一百零一首）。"我只是我自己的一部分，甚至可能是最小的一部分"，我的大部分"是虚无，或者是抵御虚无的欲望"。（第三十六首）虚无居住在我身上，所谓康复就是它不断地缩小自己，隐藏起来，逐渐被遗忘。"事实上，我就像一枚硬币，虚无始终占据其中的一面，另一面的我以前对此一无所知。"（第八十二首）

　　与虚无相关的是时间："我的家就像一个钟表匠的家，到处陈列着残酷流逝的时间。""我也是一种流逝的途径"，但在众多陈列的时间中，我又是"在残酷流逝中的诘问"。（第十三首）

　　对疾病的感受：一个不会走路的人，把目光长久地停留在空中，和候鸟成为远亲，成为地上受伤的石头。（第六首）春天来了，整个的我打开了，"而病人是折叠的，即使打开了，也显露出折叠久了的痕迹"（第四十五首）。可是，疾病又是一个据点，是最后的隐身处。（第十八首）疾病使"我进入一种紧张的内心生活"，"生命停泊在疾病里日益壮大"。（第五十七首）

　　失语症使作者更加明白了语言的价值："那些与事物一一对应的词语都被一一瓦解，因此事物太孤单，太虚幻，不真实。"（第九首）"我好像是个残缺不全的词语，不知道意义何在，而那些完好无损的语词，既熟悉又陌生，仿佛有了它们，我的一生会殷实而富足。"（第六十八首）对于诗人来说，语言构成了世界的另一极，是对抗自我之虚无和事物之虚幻的力量："我一遍遍地穿过虚空，就像一个渔民，怀着巨大的喜悦慢慢地拉起渔网，我总是从虚空中拉出某种宝物。"（第六十六首）

苗强在病后总结说："对我来说，失语症和语言炼金术构成了语言对立的两极。"其实这话对于一切纯粹的诗人都是适用的。诗人并不生活在声色犬马的现实世界里，他在这个世界里是一个异乡人和梦游者，他真正的生活场所是他的内在世界，他孜孜不倦地追寻着某种他相信是更本质也更真实的东西。这种东西在现成的语言中没有对应之物，因此他必然常常处于失语的状态。可是，他不能没有对应之物，而语言是唯一的手段，他只能用语言来追寻和接近这种东西。所以，他又必然迷恋语言炼金术，试图自己炼制出一种合用的语言。在这个意义上，诗人每写出一首他自己满意的诗，都是一次从失语症中的恢复，是从失语向言说的一次成功突进。

在中国当代诗坛上，苗强的诗是一个例外，但这个例外证明了诗的普遍真理。

阅读书目：

苗强：《沉重的睡眠》，黑龙江美术出版社，2002年版。

2002年6月

自由的灵魂

——读王小波作品

在中国文坛上，一个声音突然响起，令人耳目一新，仅仅三年，又猝然中止了。不管人们是否喜欢这个声音，都不难听出它的独特，以至于会觉得它好像并不属于中国文坛。事实上，王小波之于中国文坛，也恰似一位游侠，独往独来，无派无门，尽管身手不凡，却难寻其师承渊源。

我与王小波并不相识，甚至读他的作品也不多。直到他去世后，我才知道他其实是一个很勤奋、很多产的作家。然而，即使我读过的他的作品不多，也足以使我对这位风格与我迥异的作家怀有一种特别的敬意了。他的文章写得恣肆随意，非常自由，常常还满口谐谑，通篇调侃，一副顽皮相。如今调侃文字并不罕见，难得的是调侃中有一种内在的严肃，鄙俗中有一种纯正的教养，这正是我读他的作品的印象。

在读者中，王小波有"怪才""歪才"之称。我倒觉得，他的"怪"正是因为他太健康，他的"歪"正是因为他太诚实。因为健康，他对生活有一种正常的感觉，因为诚实，他又要把自己的感觉说出来。他很像《皇帝的新衣》里的那个小孩，别人也看见皇帝光着身子，但他们宁愿相信皇帝的伟大，不愿相信自己的眼睛，他却不但相信自己的眼睛，而且把自己所看到的如实说了出来。在皇帝巡游的庄严场合，这种举止是有些"怪"而且"歪"的。譬如他的一部小说写性，我认为至少在中国当代小说中是写得最好的，对性有一种非常健康和诚实的态度，并且使读者也感到性是一件健康的、可以诚实地对待的事情。他没有像某些作者那样把性展示为一种抒情造型，或一种色情表演，这两者都会让我们感到肉麻。不过我想，如果他肉麻一些，就不会有人说他"怪"而且"歪"了。

乍看起来，王小波好像有些玩世不恭，他喜欢挖苦各种事、各种现象。但是，他肯定不是一个虚无主义者，骨子里也许是很老派的，在捍卫一些相当传统的价值。他不遗余力抨击的是愚昧和专制，可见他是站在启蒙的立场上的，怀抱的仍是五四先辈的科学和民主的信念。不过，这仍然是表面现象。他也不是一个科学主义者和民主主义者，他之所以捍卫科学和民主，并不是因为科学和民主有自足的价值。在他心目中，世上只有一样东西具有自足的价值，那就是智慧。他所说的智慧，实际上是指一种从事自由思考并且享受其乐趣的能力。这就透露了他的理性立场背后蕴含着的人文关切，他真正捍卫的是个人的精神自由。所以，倘若科学成为功利，民主成为教条，他同样会感到智慧受辱，并起而反对。我相信这种对智慧的热爱源于一种健康的精神本能，由此本能导引而能强烈地感受灵魂自由的快乐和此种自由被剥夺的痛苦。"文化大革命"中后一种经验烙印至深，使他至今对一切可能侵害个人精神自由的倾向极为警惕。正因为此，他相当无情地嘲笑了"人文精神"和"新儒学"鼓吹者们的救世奢望。

王小波在表达自己的观点时常常是旗帜鲜明的，有时似乎是相当极端的。我不能说他没有偏见，他自己大约也不这样认为，他的基本主张不是反对一切偏见，而是反对任何一种哪怕是真理的意见自命唯一的真理，企图一统天下。他真正不肯宽容的是那种定天下于一尊的不宽容立场。他也很厌恶诸如虚伪、做作、奴气之类的现象，我想这在一个崇尚精神自由的人看来是很自然的，因为在这样的人看来，凡此种种都是和自己过不去，自己剥夺自己的精神自由。一个精神上真正自由的人当然是没有必要用这些手段掩饰自己或讨好别人的。我在王小波的文章中未尝发现狂妄自大，而这正是一般好走极端的人最易犯的毛病，这证实了我的一个直觉：他实际上不是一个走极端的人，相反是一个对己、对人都懂得把握住分寸的人。他不乏激情，但一种平常心的智慧和一种罗素式的文明教养在有效地调节着他的激情。

正值创作鼎盛时期的王小波突然撒手人寰，人们为他的早逝悲哀，更为文坛的损失惋惜。最令我难过的却是世上智慧的人本来不多，现在又少了一个，这是比文坛可能遭受的损失更使我感到可惜的。是的，王小波是智慧的，他拥有他最看重的这种品质。在悼念他的时候，我能献上的赞美不过如此，但愿顽皮的他肯笑纳，而不把这归入他一向反感的浪漫夸张。

阅读书目：

王小波：《我的精神家园》，文化艺术出版社，1997年版。

1997年5月

第十辑

文津荐书

一个纯粹、干净的图书奖

国家图书馆自2004年设立文津图书奖，每年评奖一次，迄今已是第四届。作为评委，我连续四年参加了评审工作，心中有一些感触。其实我是很不喜欢当评委的，以前当过别的奖的评委，不久就推辞掉了。但是，对于国家图书馆设立的这个奖，我怀有深深的敬意，以当它的评委为荣。为什么呢？因为我亲身感受到，这个奖有两个我喜欢的特点，一是纯粹，二是干净。

文津图书奖是纯粹的。现在有各种图书奖和图书排行榜，多两种情形，或由官方举办，或由媒体和出版商共同举办。文津图书奖是谦卑的，不能也不想让自己成为政绩的筹码。它又是廉洁的，不能也不想用自己谋取经济的利益。当然，在很大程度上，这是由主办单位的性质决定的，国家图书馆既非权力机构，亦非经济组织，而是公益性的文化设施，其职能是向公众提供图书阅读方面的服务。因此，以图书为本位，看重图书本身的品质，也就成了文津图书奖的理所当然的选择，它心目中的对象是那些到图书馆来寻求精神食粮的普通读者，要向他们推荐真正值得一读的好书。这样的价值取向，体现了国家图书馆应有的独立立场。

文津图书奖是干净的，基本上做到了公开、公平、公正。国家图书馆的态度非常明确，为了防止对评审过程和结果产生干扰，这个奖决不接受任何赞助。像走后门、拉选票这类勾当，即使有谁想搞，也几乎无从下手。我本人感到，这个奖的确非常安静，没有人因为我是评委而找上门来。事实上，所有获奖者几乎都是在得到通知时才知道自己获奖了，并且有一个共同感觉，就是觉得很突然、很意外。是啊，没有申请，更没有公关，怎么就得了这么一个由国家图书馆颁发的层次相当高的奖？和那种费尽心机弄到的奖相比，这个礼物多么可爱，这样得奖的感觉多么美妙！每当看见获奖者脸上的惊喜，我心中不禁生出小小的得意和莫大的满足。

国家图书馆设立文津图书奖的目的是向公众推荐好书，因此，在选择参评图书时，必须考虑可读性和普及性。但是，这并不意味着忽略了思想性。在评审时，评委们十分重视那些由严肃学者所写的关注重大现实问题的著作，以此表达我们的一种立场。毫无疑问，作为一个相对年轻的奖项，文津图书奖尚有诸多不足，有待于改进。不过，我认为更重要的是，随着它逐步成熟和扩大影响，一定仍要保持纯粹、干净的品格，让公众读到真正的好书，让每一个获奖者有理由为获得这个奖项而自豪。这是我对文津图书奖的最大期望。

2015年3月

公众和好书之间的桥梁

——第十届文津图书奖推荐序

第十届文津图书奖近日揭晓,从2014年中国大陆地区正式出版的汉文图书中评选出获奖图书10种,其中社科类5种,科普类3种,少儿类2种。这个比例,是本奖历届所遵循的规则。为了鼓励原创写作,本奖遵循的另一规则是原创作品的比例高于翻译作品。除此之外,各届还评选出推荐图书若干种,本届为60种。

国家图书馆自2004年设立文津图书奖,每年评选一次,迄今已是第十届。作为每届都参加的评委,我对这个奖怀有很深的感情。多年前我曾撰文表示,我之所以看重这个奖,是因为它有两个特点,一是纯粹,二是干净。令人欣慰的是,在各种图书奖和图书排行榜争抢眼球的今天,文津图书奖仍然保持了这两个特点,愈益显示了其自身的品格和价值。

作为公益性的文化设施,国家图书馆的职能是向公众提供图书阅读方面的服务。如何评价服务得好不好?我认为有两条标准。一是数量,国家图书馆理应拥有举国最丰富的藏书,向最广泛的公众开放,使任一国民能够便捷地借到想读的书。二是质量，除了环境、设备、效率等之外，质量更体现在对公众阅读的良好引导上。设立文津图书奖，围绕该奖举办获奖图书作者公开课等系列活动，就是引导公众阅读的重要举措。

一国公民的精神素质，可以从阅读风气之厚薄和阅读品位之高低见出，而提升精神素质的途径又非阅读莫属。当今每年图书出版量以数十万计，加之网络快餐文化的冲击，国家图书馆更应承担引导之使命。引导的重点，我认为主要有二，一是经受了时间检验的经典作品，它们是人类迄今为止所创造的最重要的精神财富，二是新出版的好书，它们是当代人所创造的优质的精神财富。文津图书奖致力于后一种引导，如同一座桥梁，把公众引导到适合其阅读的新出版的好书面前。所谓适合其阅读，在注重知识性和思想性的同时，必须兼顾可读性和普及性，这是本奖面向广大公众的题中应有之义。

文津图书奖是一个安静的奖项，远离媒体的喧闹和热点的炒作。这符合它的本性，因为它是国家图书馆设立的，而图书馆是知识的圣殿、精神的家园，原本就是安静的。也愿你以一颗安静的心来阅读我们推荐的书，如同坐在国家图书馆的静悄悄的阅览室里。

2015年3月

我们将给子孙留下什么？

——《城记》推荐语

在城市建设方面，我们有极其沉痛的教训。其中，最触目惊心的案例，恰恰是首都北京的明清古城遭到严重破坏。事实上，从新中国成立初期开始，围绕北京的城建规划，一直存在着两个相反方案的激烈斗争。一方面，梁思成力主把"北平城全部"作为全国重要建筑文物加以保护，与陈占祥共同提出保护旧城、在郊区另建新市区的方案。另一方面，在中央政府支持下，苏联专家和部分中国建筑师坚持以改造旧城为主导方向的方案。众所周知，终因敌不过无比强大的长官意志，梁陈方案宣告失败，导致北京的城楼和城墙先后被拆除，旧城风貌遭到了第一次严重破坏。

本书聚光于这一段历史事实，作者王军尽十余年之努力，掌握了丰富翔实的历史资料，并向几乎所有健在的当事人和知情人做了认真的调查，在此基础上，写成这本辛酸的北京城市变迁史。关于梁思成为保护北京旧城的努力及失败，此前已有许多文章谈及，但本书第一次生动具体地展现了整个过程。全书写得情真意切，令人感动，也引人深思。作者有明确的价值取向，但并不武断，他同时也充分表述了与梁陈方案对立一派的人的意见，为读者提供了分析比较的资料。本书文字流畅，图文并茂，极具可读性。

本书并非停留在为昨天的错误悲伤，读者可以感觉到，全书贯穿着强烈的现实关切，是在警示我们吸取昨天的教训，制止今天仍在犯的错误，为北京的明天负责。问题的严重性在于，在今天快速城市化的进程中，昔日的错误仍在可怕地延续。在本书的开头部分，作者对此点到为止，但足以令人震惊。在这些年的城建开发热潮中，在昨天的破坏中幸存的大片胡同、四合院、胡同里的文物建筑未能逃过劫难，已经和正在被粗暴地拆除，旧城风貌遭到了进一步破坏。考虑到这种拆毁旧城、兴建毫无特色的所谓现代国际城市的模式横行全国，本书无疑具有普遍的警世意义，它促使我们思考一个严峻的问题：如何使中国的城市化进程按照健康的可持续的方式进行，我们将给子孙留下什么？

阅读书目：

王军：《城记》，生活·读书·新知三联书店，2003年版。

2005年12月

恢复常识和记忆

——《退步集》推荐语

《退步集》是陈丹青近几年文章和言论的结集。作为一个有良好直觉的艺术家和思想者，书中处处可见作者对于生活和事物的洞见。尤为可贵的是作者的诚实，既对自己诚实，也对他人和社会诚实，敢于正视并且直言自己的所感所思。当这样一个人针对时弊发言时，不管忠言多么逆耳，都是值得我们聆听和深省的。

在不同场合，作者涉及的话题不同，若要找出一个"中心思想"，也许可以用书中一篇讲演的标题来表示，就是"常识与记忆"。恢复常识和记忆！——这一声沉痛的呼唤贯穿全书。在作者看来，当今种种怪现状，一言以蔽之，便是背离常识、抹杀记忆，而如果不恢复常识和记忆，则所谓的人文、改革、创新等响亮话语都只是奢谈。

身为艺术学院的教师，作者对于当今教育尤其艺术教育的弊病有切肤之痛。他认为，中国现行艺术教育有三个误区：素描教学、外语考试和政治考试。艺术教育的基础应是常识健全，即懂得如何观看，而非素描。外语考试淘汰了许多有艺术天赋的考生。政治课因教材的陈旧而与真正的人文教育背道而驰。这些问题导致了今天的艺术教育"上不见人文精神，下不见常识"，学生严重缺乏常识，没有文化。作者愤激地说，齐白石、黄宾虹、徐悲鸿之辈倘若活在今天，由于这些考试的关卡，很可能会失去报考油画专业的资格。

在艺术教育中，缺乏常识与丧失记忆密切相关。学习观看的重要途径是看经典原作。然而，我们的经典原作都封存在仓库里，极少在美术馆展出，使得我们的学生、艺术家与民族艺术五千年的脉络断了联系。中国画家只能看到机器复制图像，形成的是"集体伪经验"。这种情况与国外美术馆之发达和展品之充实适成鲜明对照。美术学院连年扩招，美术界高谈国际性、当代性等宏大话题，不断举办研讨会、博览会、双年展，"在这一切的热闹与喧嚣中，美术馆，作为一条无法替代的认知途径，一个国家的历史记忆，一个巨大的文化实体，却是长期悬置、长期缺席"，在作者眼中显得格外刺目。

城市建设是作者关注的另一个重点，在这方面，常识和记忆的缺失更加触目惊心。建筑设计的常识是与周边建筑及整体环境的和谐，历史记忆的保存，等等。然而，在今天的中国，这些常识往往不被顾及，无序、失控和对历史记忆的破坏的现象相当严重。作者应邀出席上海青浦区朱家角镇"新江南水乡"论坛，他的发言必定很令人扫兴，开门见山地说："江南水乡"没有了，"新江南水乡"是一个伪命题。

按理说，诸如艺术教育要尊重艺术、尊重学生的个性，城市建设要尊重环境、尊重历史的记忆，这些常识并不复杂，何以会在今天遭到如此严重的"遗忘"？作者认为，原因在于权力化。强大的"权力文化"无处不在，支配一切。它用量化、程序化的方式管理教育，迫使艺术教育不是对艺术和学生个人负责，而是向上负责。它使中国城市建设呈现的不是建筑设计，而是"权力景观"。

当今教育和城市建设中的种种弊病有目共睹，已经引起广泛不满和批评。因此，严格地说，某些基本的常识并不是被"遗忘"了，而是遭到了来自权力和金钱的蔑视。作为一个有责任心的教师和艺术家，作者并非在进行理论的分析，而只是直言不讳地把自己的亲身感受说了出来。他对阻挡这一进程的可能性持悲观态度，自我定位为顽固的"反动派"。我们不妨听一听这个"反动派"的诤言，这有助于我们正视问题的严重性，从而积极地争取乐观的前景。

阅读书目：

陈丹青：《退步集》，广西师范大学出版社，2005年版。

2007年4月

人生边上的智慧

——《走到人生边上》推荐语

杨绛96岁开始讨论哲学，所讨论的是人生最根本的问题，同时是她自己面临的最紧迫的问题。她是在为一件最重大的事情做准备。走到人生边上，她要想明白留在身后的是什么，前面等着她的又是什么。这便是本书的两大主题：人生的价值和灵魂的去向。她的心态和文字依然平和，平和中却有一种令人钦佩的勇敢和敏锐。这位可敬可爱的老人，我分明看见她在细心地为她的灵魂清点行囊，为了让这颗灵魂带着全部最宝贵的收获平静地上路。

关于人生的价值，在做了一番有趣的讨论后，杨先生的结论是：天地生人的目的绝不是人所创造的文明，而是堪称万物之灵的人本身，人生的价值就在于遵循"灵性良心"的要求修炼自己，使自己趋于完善。用这个标准衡量，杨先生质疑人类的进步，文明是大大发展了，但人之为万物之灵的"灵"的方面却无甚进步。尤使她痛心的是："当今之世，人性中的灵性良心，迷蒙在烟雨云雾间。"这位96岁的老人依然心明眼亮，对这个时代偏离神明指引的种种现象看得一清二楚：上帝已不在其位，财神爷当道，人世间只成了争权夺利、争名夺位的战场，穷人、富人有各自操不完的心，都陷在苦恼之中。

如果说人生的价值在于锻炼灵魂，那么，倘若人死之后，灵魂也随肉体一同死亡，锻炼灵魂的价值又何在？循着这个思路，杨先生转入了关于灵魂去向的讨论，她的结论是："只有相信灵魂不灭，才能对人生有合理的价值观。"然而，她是诚实而认真的，由于没有直接经验，对于灵魂是否不灭的问题，她的态度基本上是存疑。令她惊诧的是，她曾向许多比她小一辈的"先进知识分子"请教灵魂的问题，得到的回答竟完全一致，都断然否定灵魂不灭的任何可能性。由于中国两千多年传统文化的实用品格，加上几十年简单化的唯物论宣传和教育，人们对于看不见、摸不着的东西往往不肯相信，甚至毫不关心。杨先生对这种倾向勇敢地提出了挑战，尖锐地指出，"他们来自社会各界：科学界、史学界、文学界等。而他们的见解却这么一致、这么坚定，显然是代表这一时代的社会风尚，都重物质而怀疑看不见、摸不着的'形而上'境界。他们下一代的年轻人，是更加偏离'形而上'境界，也更偏重金钱和物质享受的"。凡是对我们时代的状况有深刻忧虑和思考的人都知道，杨先生的这番话多么切中时弊。这个时代有种种问题，最大的问题正是信仰的缺失。

我无法不惊异于杨先生的敏锐，这位96岁的老人实在比绝大多数比她年轻的人更年轻，心智更活泼，精神更健康。作为证据的还有附在正文后面的"注释"，真是大手笔写出的好散文啊。我们可以看出，杨先生在写这些文章时是怎样地毫不疲倦、精神饱满、兴趣盎然，遣词造句、布局谋篇是怎样地胸有成竹、收放自如，一切都在掌控之中。这些文章是一位96

岁的老人写的吗？不可能。杨先生真是年轻！

阅读书目：

杨绛:《走到人生边上》，商务印书馆，2007年版。

2008年12月

以西方科学传统为镜

——《继承与叛逆》推荐语

陈方正的《继承与叛逆——现代科学为何出现于西方》是一部研究西方科学史的重要著作，在我看来，其重要的程度，在迄今为止中国学者所写的同类著作中，当居榜首。如同副题所示，该书的宗旨是寻求"现代科学为何出现于西方"这个重大问题的答案，因而是一种以问题为核心的科学史研究，作者循此对前人的相关著述做了艰深的梳理和考究，而结论则隐含在该书的正题中。这个结论便是，现代科学是奠基于古希腊的西方科学大传统（"继承"）、经历了牛顿革命（"叛逆"）后的产物。

长期以来，国人关注的问题是：中国科技为何在近代以降落后于西方？对于这个问题，李约瑟的观点具有广泛影响。李约瑟用煌煌巨著《中国科学技术史》证明了中国古代拥有辉煌的科学技术成就，由此得出一种认识：从公元前一世纪到公元十五世纪，中国科技领先于西方，只是到了文艺复兴之后，西方科学才超过中国，原因则应求诸资本主义兴起、社会制度差异等外部因素。作者对李约瑟的这个"中国科技长期优胜论"提出了严重的疑问。他首先改变了问题的提法，"中国科技为何在近代以降落后于西方"这个提法包含了从时代变迁中寻找原因的思路，相反，"现代科学为何出现于西方"这个提法则提示了从西方本身的传统中寻找原因的思路，使得问题的实质豁然开朗。

本书中论述古希腊科学传统的篇章是最富有启发性的，西方科学的源头和现代科学之所以诞生于西方的秘密皆在于此种传统。作者指出，由毕达哥拉斯教派与柏拉图学园融合而形成的古希腊科学传统，其特征有二。其一，永生追求（宗教）与宇宙奥秘探索（科学）密切结合，圣哲往往兼为宗教家和科学家。这个特征在西方科学此后的发展中仍发生着作用，直到十七世纪，追求永生的宗教精神和探索宇宙奥秘的科学精神仍是开普勒、牛顿等科学巨人从事具体科学研究的基本动力。其二，在上述精神的主导下，产生了以严格论证为基础的数理科学，而日后的现代科学正是以这种重视理性探究的数理科学为终极基础的。相比较而言，世界其他古代文明的数学皆侧重实用型计算，大异其趣。总之，现代科学之所以在西方出现，完全是得益于这个以探索宇宙奥秘为目标、以追求严格证明的数学为基础的西方科学大传统。

在解答了这个根本问题之后，再回头来看中国科技为何在近代落后的问题，就可迎刃而解了。中国没有这个大传统，中国古代的圣哲大多与科学无关，中国古代的数学偏于实用，宇宙探索则偏于笼统，二者是分家的，中西科学的真正分水岭即在于此。

本书作者作的是西方科学史研究的文章，实际上也是以西方科学传统为镜，对中国文化传统做了深刻的反省。我本人认为，正因为此，本书对于一般的关心中西文化问题的读者也极具价值。事实上，中国科技的落后不是一个孤立的现象，我们在哲学、人文学科、社会科学等领域同样是落后的，因此，从整体上反省中国文化传统的缺陷，从而寻求变革的方向，是每一个有思想的中国人的责任。

阅读书目：

陈方正:《继承与叛逆——现代科学为何出现于西方》，生活·读书·新知三联书店，2009年版。

2009年11月

网络时代的反思

——《网民的狂欢》推荐语

如果根据传播媒介定义今天的时代，"网络时代"无疑是最确切的名称。互联网业已覆盖人类生活的几乎一切领域，在政治、经济、文化乃至人们的日常生活中产生越来越重要的作用。互联网的积极作用有目共睹，其中包括极大地提高了公众的话语权，促进了政治的民主化。但是，它的弊端也暴露多多，应该引起重视和加以反思。美国记者安德鲁·基恩2007年出版的《网民的狂欢》就是这样一部反思之作，反思的重点是互联网对文化的不良影响。

在作者看来，网络民主的最大弊端是业余者取代专家主宰了今日的文化。T.H.赫胥黎曾经戏言：倘若给猴子提供足够多的打字机，总有一天猴子可以敲出《莎士比亚全集》。作者认为，这一戏言在今天已成现实，无数台联网的电脑就是足够多的打字机，而网民就是猴子。其实，网民们在电脑上随机敲出《莎士比亚全集》的概率微乎其微，我觉得作者真正担忧的是，在网民狂欢的时代，《莎士比亚全集》不再有人阅读了。这基本上是事实。以维基百科为例，任何人都可以在这个网站上写条目，所写内容无人编辑和审核，却已成为全球网民了解新闻和信息的第三大来源，超过了CNN（美国有线电视新闻网）和BBC（英国广播公司），其浏览量在全球网站中占第17位。相反，有100名诺贝尔奖获得者和4000名专家助阵的大英百科全书网，其浏览量只占第5128位。网络的逻辑是点击率至上，致使多数人的偏好战胜了真理，带给人们的是外行的一知半解和支离破碎的文化。用户自由生成的内容成为主流，知识精英靠边站，其结果必然会威胁人类的核心文化传统。

网络对文化的威胁不止于此。因为复制和粘贴的方便，剽窃泛滥。网络上盗版猖獗，免费下载盛行，更使得独立书店、传统报纸和杂志、音乐和影像制作者的利益受到损害，市场趋于萎缩。这一切都严重地侵犯了知识产权，破坏了保护个人创作的传统。网络的策略是利用盗版和免费下载聚集人气，以此吸引广告商向网络转移。以谷歌为例，这家全球最大的网络公司不创造任何文化产品，只是把网络信息彼此链接起来，便在市场上大获成功，而其99%的收入都来自广告。

《纽约客》曾经刊登一幅漫画：两只狗并排坐在一台电脑前，其中一只把爪子放在键盘上正准备敲击，另一只惊奇地看着它。这只被看的狗解释说："在网上没人知道你是一只狗。"是的，没人知道你是谁，这种匿名上网又缺乏监管的状况，给了在网上撒谎、造谣、诽谤乃至诈骗以可乘之机。我们还可以加上网络暴力，施暴者正是凭借匿名身份才敢于肆无忌惮地对猎物展开追杀。

博客使得人人都成为写手并拥有或多或少的读者，作者对此也颇有非议，他把博客世界形容为杂货铺，批评其充斥着文字垃圾。人们纷纷在博客上公开自己的私生活和隐秘心思，作者指出这是混淆了公共领域和私人空间的界限。

在世界各地，最沉迷于网络的是年轻人，网络游戏、网络赌博、色情网站等对年轻一代造成极大的危害，网瘾使其中许多人成为虚拟世界的奴隶，丧失了真实生活的能力。

作者在列举了互联网的种种弊端之后，谈到了解决方案。他寄希望于法律，包括反盗版维权、建立网络实名制、健全未成年人保护法等。他提不出更好的办法，对此我很能理解。网络的潮流不可阻挡，也不应该阻挡，恐怕只能用法律来遏制其最突出的弊端，尽量把它纳入健康发展的轨道。

如果把本书与美国文化传播学家波兹曼的《娱乐至死》做比较，其理论深度显然不足。波兹曼对电视文化的娱乐化、平庸化本质的分析可谓入木三分，网络文化在娱乐化、平庸化的道路上走得更远，而作者在这方面的分析却基本停留在现象的层面上。我认为，本书的主要价值在于指出了问题，敲响了警钟，提醒我们对网络文化做更深刻的反思。

阅读书目：

安德鲁·基恩：《网民的狂欢》，丁德良译，南海出版公司，2010年版。

2010年11月

一个可爱的老人

——《拾贝集》推荐语

在高楼林立的北京，在一栋没有电梯的普通居民楼里，有一间小小的书室。书室仅九平方米，只有一扇朝北的小窗，终年不见阳光，一个大书架、一张小书桌、一个沙发占满了全部空间。在这间陋室里，二十余年如一日，一个可爱的老人过着简单而又充实的生活。

周有光今年106岁。虽说"人生七十古来稀"的标准早已过时，但百岁仍是绝大多数人可望不可即的目标，而超过百岁就必须说是奇迹了。周老对此幽默地说：是上帝糊涂，把我忘掉了。更大的奇迹是，在这样的高龄，他依然头脑敏锐，思维清晰，求知若渴，活力四射，其生命和精神状态之好，是许多年轻人也望尘莫及的。他每天读书看报，关心天下大事，分析时代现象，有了心得，便记录成文。有趣的是，这位"汉语拼音之父"在耄耋之年学会了电脑，他的作品都是在电脑上用他自己创建的汉语拼音敲出来的。于是，在《朝闻道集》后不久，我们又读到了这本新的结集《拾贝集》。

作为杂文、笔记、访谈的合集，本书内容广泛，可圈可点之处甚多。在这篇推荐语中，我想着重提示两方面的内容。

其一是对以往经历和现在生活状态的自述，我们从中可以领略周老的人生智慧。他经历了清朝、北洋政府、国民党政府、中华人民共和国四个时期，坦言百年间诸多风浪，最漫长、最艰难的是十四年抗战和十年"文化大革命"。可是，听他回忆他认为最苦的"文化大革命"时期，我们有时仍会忍俊不禁。比如在"五七"干校，他和林汉达奉命夜守高粱地，两个语言学家便躺在土岗上讨论起了"未亡人""遗孀""寡妇"这几个词的区别，还就这个话题开起了玩笑。"我们谈话声音越来越响，好像对着一万株高粱在讲演。"读到这里，我心想，知识分子而能纯粹是多么可爱啊。周老叙述现在生活状态的口吻是平静而喜悦的。人家说他的书室太小，他说："够了，心宽室自大，室小心乃宽。"他谈读书的快乐，说他是一个终身自学者，而"学然后知不足，老然后觉无知，这是老来读书的快乐"。物质生活上简单，精神生活上丰富，这是周老的人生观，我相信也是他不求而得的长寿秘诀之一。

其二是对全球化时代文化的见识，我们从中可以领略周老的全人类眼光。针对"三十年河西，三十年河东"东西方文化轮流坐庄之论，他指出：在全球化时代，世界各地传统文化包括东西方文化并非孤立不变的，而是相互接触和吸收，其中有普遍价值的部分融入国际现代文化，同时各地传统文化依旧存在，但要不断自我完善。准此，全球化时代是"国际现代文化和地区传统文化的双文化时代"。这个"双文化论"真是举重若轻，把学界长期纠缠的东西方文化之争一下子说清楚了，一下子解决了。他还进一步指出：作为地球村的村民，我们要进行自我教育，学习地球村的交通规则，亦即那些业已融入国际现代文化的普世价值，成为世界公民，这才是真正的"入世"。比如民主这个东西，不是一个国家的创造，而是自古至今人类政治智慧的产物，因此不是什么人要不要的问题。这些见解通情达理，在今天却仍是振聋发聩的，出自一位既饱经沧桑又生机勃勃、既睿智又勇敢的老人之口，宜乎哉。

阅读书目：

周有光:《拾贝集》，世界图书出版公司，2011年版。

2012年4月

GDP 光芒背后的另一面中国

——《工厂女孩》推荐语

在中国东南沿海，中外投资者纷至，工厂密布，各种产品源源销往全球。这里，已经成为世界工厂的主要车间，而东莞是其中最著名的一处。东莞人口上千万，八成是外来人口，其中打工者占绝大多数，而在打工者中，女工又占六至七成。这是一个数量庞大的群体，基本来自各地乡村，中国逐年推高的 GDP 中有她们的汗水和被压榨的青春，但她们本身处于无名状态，她们的生存境况似乎无人关注。

2010年，一个新疆女作家来到东莞，她把目光投向了这个群体。一开始，她试图通过采访来了解她们，很快发现这种方式只能停留在表面，于是决定打破常规的采风模式，隐瞒作家身份和研究生学历，报名做一个打工者，成为女工群体中的普通一员。二百天的时间里，她先后在一家音像带盒厂和两家电子厂打工，依据亲历亲见写出了这部血肉丰满的纪实作品《工厂女孩》。

丁燕的勇气和坚忍令人敬佩。她在接近不惑之年与年轻的打工妹为伍，每天工作十一个小时，在流水线上从事最低级别的工种，承受最单调而又极繁重的体力劳动。她在工厂食堂里排队打饭，吃粗糙的食物，晚上住在简陋、拥挤、脏乱的女工宿舍里。然而，正是因为有这样长时间的亲身体验，她才对女工的生存状态有了真实、细致、具体的感知，这种感知是再细心的旁观者也不能得到的。

自从资本主义大工厂诞生以来，许多经典作家包括马克思都曾指出，现代工厂制度的重大弊端是非人性化，把工人变成了机器的一个部件。作为一个内心需求丰富的人，丁燕对此有最强烈的感受。在带盒厂工作时，她的任务是用钳子剪去半成品上凸起的小塑料棍，这个动作要重复两千次以上，她的感觉是："现在我没有过去，没有未来，只和钳子组成一个整体，我是不存在的，只是钳子的一部分。"在注塑机旁工作，她的体会是："这种工作的恐怖不在惨烈，而在消磨。工人在车间存在的理由，只有一个：重复、重复、重复地干活，让一个简单动作，一万次乘一万次地，重复再重复！最终，工人变得和注塑机一样，一起动作、呼吸、旋转。"在拉线上工作，她的结论是："每个人都是固定的螺丝钉，每个工位都被清晰而准确地规定好身体应该采取的姿势，每个身体都被训练成没有思想的身体。"如果不是亲历，她是不可能有这些认识的。我们不能不想起富士康接连发生的跳楼事件，其实何必费心猜测，原因很显然，人不是机器，当人被当作机器时，结果不是麻木，就是精神崩溃。

当然，作为一个作家，在亲历的同时，丁燕还特别注意观察周围的女工。她具备职业性的敏锐和勤快，每有收获，就躲进女厕所迅速记录备忘。她关注不同个体的经历和命运，本书的主体部分实际上是一个个女工的生动故事，她们进城时怀抱的梦想和身陷在工厂的现实。在中国民工群体中，女性比男性更受雇主的青睐，因为她们比较听话，价格便宜，也更容易适应新的环境。丁燕注意到两代女工的不同，"70后"的梦想是打工攒钱，回乡盖房，为此能够忍辱负重，而"90后"则抱着决不回乡的决心，更注重个性张扬，渴望融入城市生活。然而，在她的笔下，那些已经打工二十多年的女工今天仍然住在贫民窟里，似乎预示了新一代打工妹的黯淡前途。她不得不悲叹："没有什么人会对女孩子们夭折的青春负责，在她们饱满的躯体内，蕴藏着最荒凉的记忆。"

本书的写法是文学性的记叙，没有太多的议论。但是，读罢本书，我们不能不思考两个重要的问题：其一，在雇用临时工的问题上，法律应该如何保障打工者尤其女性打工者劳动和休息的权利？其二，在城镇化的过程中，法律应该如何保障农村进城务工者的同等国民待遇？

阅读书目：

丁燕：《工厂女孩》，外文出版社，2013年版。

2014年4月

千古之问，自成一体

——《哲学起步》推荐语

在中国哲学界，邓晓芒是一位学术功底扎实而且有独立思想的学者。在几十年的学院生涯中，他孜孜不倦地从事德国古典哲学尤其是康德和黑格尔哲学的翻译、研究和教学，做了大量卓有成效的工作。他的求真精神和学术业绩，在哲学界的同人中获得高度评价，我本人对他也十分敬重。

《哲学起步》一书是邓晓芒阐述自己哲学思想的第一本著作，全书分为三个部分，按照"我们从哪里来，我们是谁，我们到哪里去"这个千古之问，分别论述人的本质、自我意识的本质、自由的本质三大问题。作为一本初步构建哲学体系的书，本书不是按照一般的套路，从本体论、认识论说到逻辑学、伦理学、美学，而是直入哲学的核心问题，而把上述哲学各个分支的内容融合在对核心问题的论述之中，纲举目张，自成一体，令人耳目一新。在具体的阐述中，处处可以感受到作者熟知德国古典哲学家和马克思的哲学思想，加以融会贯通，信手拈来，了无痕迹，同时也常有自己独到而新颖的见解，这些见解显然源自切身的体悟和独立的思考。本书是在作者讲学的基础上整理成的，保留了课堂教学的现场感，表述通俗生动，善于用日常语言讲解深奥的哲学道理。总之，这是一本融进了作者毕生研究心得的有分量的学术专著，也是一本值得向广大读者推荐的有质量的哲学启蒙读物。作者所开课程原本就是面向非哲学专业的学生的，《哲学起步》的书名是一个召唤，我本人乐意传递这个召唤：如果你对哲学感兴趣，就从这本书起步吧。

本届文津图书奖授予这样一位坚守学术事业并且做出贡献的学者，是一种致敬。

阅读书目：

邓晓芒：《哲学起步》，商务印书馆，2017年版。

2018年4月

爱因斯坦的世界观

——《我的世界观》推荐语

《我的世界观》是方在庆选编和翻译的一本爱因斯坦文集。收入本书的大部分文章，在以前出版的若干爱因斯坦文集的中译本里出现过，编译者本人也参与了相关的工作。本书的特点是全部文章从德语原文翻译，并且认真考订了每篇文章的原始出处和档案编号，具有学术上的严谨性。

全书分为五个部分，展示了爱因斯坦一生几个主要方面的活动和成就。第一部分"我的世界观"，是思想性论文，内容涉及哲学、宗教、道德、人生等主题。第二部分"追求和平"，是第二次世界大战期间反对战争、呼吁和平的文章。第三部分"从普鲁士科学院辞职"，是第二次世界大战初期宣布放弃德国国籍和从普鲁士科学院辞职的声明和文章。第四部分"犹太人的理想"，是爱因斯坦作为一个犹太人对犹太精神传统的阐释。第五部分"我如何创立了相对论"，是对相对论的创立过程和基本理论的阐述。

在科学领域里，爱因斯坦无疑是几百年才出一个的天才，他是牛顿之后最伟大的物理学家，这个地位至今无人能够超越。但是，他的伟大不止于此，他不但有一个智商超常的头脑，而且有一颗极其丰富和高贵的灵魂。我们从本书中可以看到，他绝不是那种拘于某个特定领域的科学工作者，而是一个对精神事物有着广泛兴趣和深刻理解的大思想家，一个对社会有着高度责任心和正义感的活跃在第一线的社会活动家。

本书的书名沿用了爱因斯坦生前一个文集的书名，若要问爱因斯坦的世界观是什么，根据本书的内容，我认为可以归纳为这样三点：第一，对体现于宇宙之中的理性之庄严抱着谦卑的态度，这是一种真正的宗教情怀，它是科学研究最强有力、最高尚的动机；第二，对于社会来说，真正有价值的是有创造性的、有情感的个人，同时他们意识到自己是人类共同体的一员，具有强烈的社会正义感和责任心；第三，精神的创造性活动凭借独立思考，这是一种内在自由，它需要外在自由加以保障，即法律对言论自由的保护和全民的宽容精神。

在本书中，有多篇文章论述教育问题，鉴于中国教育的现状，我希望读者格外重视这些文章。一切有大作为的人都是自我教育成的，爱因斯坦更是如此，他是从自己身上体悟到教育的本质的。在他的有关论述中，我想突出两个概念。一个是神圣的好奇心，即对探究未知事物的强烈兴趣，以及在这探究中获得的喜悦和满足感。另一个是内在的自由，即不受权力、社会偏见以及未经审视的常规和习惯的支配，而能进行独立的思考。如果没有这两种最重要的特质，只是学了一点专业知识，爱因斯坦说，这样的人可以成为有用的机器，却不是人格完整的人，更像是一只训练有素的狗。让我们记住这两个概念，它们是指引教育的两盏明灯。

阅读书目：

爱因斯坦:《我的世界观》，中信出版社，2018年版。

2019年4月

阅读文化的复兴

——《阅读的力量》推荐语

在今天的互联网时代，普遍存在一种担忧，就是网络导致了阅读的危机。通常的表述是，阅读呈现了碎片化、低质化的特征，甚至不再是真正的阅读。在这种担忧之中，蕴含着两个判断。其一，印刷书籍是承担严肃阅读的合适媒介，而网络不是。其二，文化精英仍会坚持印刷书籍的阅读，而沉湎于网络的大量人群只是消费大众。

在《阅读的力量》这本书里，作者富里迪通过对阅读以及阅读观点的历史进行梳理，向我们指出，事实上，类似的担忧和争论古已有之，从未平息，只是随着时代场景的变化而变换其形式而已。他的梳理给我们提供了一个广阔的历史视野，其中包括引证了不同时代围绕阅读问题的具有代表性的对立言论，有助于我们思考今天所面临的问题。

本书的副标题是"从苏格拉底到推特"，暗示了从古希腊到互联网时代，阅读始终是一个引起纷争的问题。从西方历史的角度看，有若干关键的节点。一是古希腊，由于书写材料的珍贵，只有极少数人有机会阅读书面文本，但苏格拉底已经担忧书面文本的间接性会导致误解，主张唯有直接的口头对话才能保证理解的正确。二是十五世纪古腾堡把印刷技术引入欧洲之后，书籍的传播使得阅读人口不断增加，围绕阅读利弊的争论也随之增加，但各方都承认阅读会对心智产生重大影响。三是十九世纪，小说兴起，以歌德的《少年维特之烦恼》为焦点，虚构作品对人们真实生活的影响引起道德恐慌，而沉湎于小说的阅读大众则遭到道德批判。四是二十世纪六十年代以来，数码技术兴起，网络的利弊成为关注的重点，恪守传统者持批判立场，反传统者则欢呼又一次阅读革命的到来，宣称读者摆脱了书籍的压迫，真正成为阅读的主人。

那么，作者的立场是什么？在叙述各种不同乃至相反的观点时，他的态度是审慎的，往往并不明确地表示可否。就我们今天的问题来说，争论发生在两个方面。一是关于媒介，即网络文本与印刷书籍的关系，他承认阅读文化面临严峻挑战，但原因不在技术领域，抨击网络和讴歌网络都是片面的。二是关于阅读主体，精英阅读与大众阅读的关系，他反对走极端，显然不赞成精英主义。我赞同这两点看法，阅读的利弊不取决于媒介和身份，而是取决于阅读的目的、内容和方法。作者的结论是，阅读是一种拥有其自身价值的文化修养，我们应该复兴这样的精神，这个复兴要从培养娃娃开始。

阅读书目：

弗兰克·富里迪：《阅读的力量》，北京大学出版社，2020年版。

2021年3月

第十一辑

读书小语

好读书

对今天青年人的一句忠告：多读书，少上网。你可以是一个网民，但你首先应该是一个读者。如果你不读书，只上网，你就真成一条网虫了。称网虫是名副其实的，整天挂在网上，看八卦、聊天、玩游戏，精神营养极度不良，长成了一条虫。

互联网是一个好工具，然而，要把它当工具使用，前提是你精神上足够强健。否则，结果只能是它把你当工具使用，诱使你消费，它赚了钱，你却被毁了。

书籍是人类经典文化的主要载体。电视和网络更多地着眼于当下，力求信息传播的新和快，不在乎文化的积淀。因此，一个人如果主要甚至仅仅看电视和上网络，他基本上就是一个没有文化的人。他也许知道天下许多奇闻八卦，但这些与他的真实生活毫无关系，与他的精神生长更毫无关系。一个不读书的人是没有根的，他对人类文化传统一无所知，本质上是贫乏和空虚的。我希望今天的青少年不要成为没有文化的一代人。

我承认我从写作中也获得了许多快乐，但是，这种快乐并不能代替读书的快乐。有时候我还觉得，写作侵占了我的读书的时间，使我蒙受了损失。写作毕竟是一种劳动和支出，而读书纯粹是享受和收入。

藏书多得一辈子读不完，可是，一见好书或似乎好的书，还是忍不住要买，仿佛能够永远活下去、读下去似的。

嗜好往往使人忘记自己终有一死。

对我们影响最大的书往往是我们年轻时读的某一本书，它的力量多半不缘于它自身，而缘于它介入我们生活的那个时机。那是一个最容易受影响的年龄，我们好歹要崇拜一个什么人，如果没有，就崇拜一本什么书。后来重读这本书，我们很可能会对它失望，并且诧异当初它何以使自己如此心醉神迷。但我们不必惭愧，事实上那是我们的精神初恋，而初恋对象不过是把我们引入精神世界的一个诱因罢了。当然，同时它也是一个征兆，我们早期着迷的书的性质大致显示了我们的精神类型，预示了我们后来精神生活的走向。

年长以后，书对我们很难再有这般震撼效果了。无论多么出色的书，我们和它都保持着一个距离。或者是我们的理性已经足够成熟，或者是我们的情感已经足够迟钝，总之我们已经过了精神初恋的年龄。

世人不计其数，知己者数人而已，书籍汪洋大海，投机者数本而已。

我们既然不为只结识总人口中的一小部分而遗憾，那么也就不必为只读过全部书籍中的一小部分而遗憾了。

金圣叹列举他最喜爱的书，到第六才子书《西厢记》止。他生得太早，没有读到《红楼梦》。我忽然想：我们都生得太早，不能读到我们身后许多世纪中必然会出现的一部又一部杰作了。接着又想：我们读到了《红楼梦》，可是有几人能像金圣叹之于《西厢记》那样品读？那么，生得晚何用，生得早何憾？不论生得早晚，一个人的精神胃口总是有限的，所能获得的精神食物也总是足够的。

　　好读书和好色有一个相似之处，就是不求甚解。

　　某生嗜书，读书时必专心致志，任何人不得打扰。一日，他正读海德格尔的《存在与时间》，海德格尔叩门求访。某生毅然拒之门外，读书不辍。海德格尔怏然而归。

　　学者是一种以读书为职业的人，为了保住这个职业，他们偶尔也写书。

　　作家是一种以写书为职业的人，为了保住这个职业，他们偶尔也读书。

读好书

　　严格地说，好读书和读好书是一回事，在读什么书上没有品位的人是谈不上好读书的。所谓品位，就是能够通过阅读而过一种心智生活，使你对世界和人生的思索始终处在活泼的状态。世上真正的好书，都应该能够产生这样的作用，而不只是向你提供信息或者消遣。

　　有人问一位登山运动员为何要攀登珠穆朗玛峰，得到的回答是："因为它在那里。"别的山峰不存在吗？在他眼里，它们的确不存在，他只看见那座最高的山。爱书者也应该有这样的信念：非最好的书不读。让我们去读最好的书吧，因为它在那里。

　　攀登大自然的高峰，我们才能俯视大千世界，一览众山小。阅读好书的效果与此相似，伟大的灵魂引领我们登上精神的高峰，超越凡俗生活，领略人生天地的辽阔。

　　要读好书，一定要避免读坏书。所谓坏书，主要是指那些平庸的书。

读坏书不但没有收获，而且损害莫大。一个人平日读什么书，会在内听觉中形成一种韵律，当他写作的时候，他就会不由自主地跟着这韵律走。因此，大体而论，读书的档次决定了写作的档次。

优秀的书籍组成了一个伟大宝库，它就在那里，属于一切人而又不属于任何人。你必须走进去，自己去占有适合你的那一份宝藏，而阅读就是占有的唯一方式。对于没有养成阅读习惯的人来说，它等于不存在。人们孜孜于享用人类的物质财富，却自动放弃了享用人类精神财富的权利，竟不知道自己蒙受了多么大的损失。

人类历史上产生了那样一些著作，它们直接关注和思考人类精神生活的重大问题，因而是人文性质的，同时其影响得到了许多世代的公认，已成为全人类共同的财富，因而又是经典性质的。我们把这些著作称作人文经典。在人类精神探索的道路上，人文经典构成了一种伟大的传统，任何一个走在这条路上的人都无法忽视其存在。

古往今来，书籍无数，没有人能够单凭一己之力从中筛选出最好的作品来。幸亏我们有时间这位批评家，虽然它也未必绝对智慧和公正，但很可能是一切批评家中最智慧和最公正的一位，多么独立思考的读者也不妨听一听它的建议。所谓经典，就是时间这位批评家向我们提供的建议。

我要庆幸世上毕竟有真正的好书，它们真实地记录了那些优秀灵魂的内在生活。不，不只是记录，当我读它们的时候，我鲜明地感觉到，作者在写它们的同时就是在过一种真正的灵魂生活。这些书多半是沉默的，可是我知道它们存在着，等着我去把它们一本本打开，无论打开哪一本，都必定会是一次新的难忘的经历。读了这些书，我仿佛结识了一个个不同的朝圣者，他们走在各自的朝圣路上。

智力活跃的青年并不天然地拥有心智生活，他的活跃的智力需要得到鼓励，而正是通过读那些使他品尝到了智力快乐和心灵愉悦的好书，他被引导进入了作为一个整体的人类心智生活之中。

读那些永恒的书，做一个纯粹的人。

有的人生活在时间中，与古今哲人贤士相晤谈。有的人生活在空间中，与周围邻人俗士相往还。

书太多了，我决定清理掉一些。有一些书，不读一下就扔似乎可惜，我决定在扔以前粗读一遍。我想，这样也许就对得起它们了。可是，属于这个范围的书也非常多，结果必然是把时间都耗在这些较差的书上，而总也不能开始读较好的书了。于是，对得起它们的代价是我始终对不起自己。

所以，正确的做法是，在所有的书中，从最好的书开始读起。一直去读那些最好的书，最后当然就没有时间去读较差的书了，不过这就对了。

在一切事情上都应该如此。世上可做可不做的事是做不完的，永远要去做那些最值得做的事。

许多书只是外表像书罢了。不过，你不必愤慨，倘若你想到这一点：许多人也只是外表像人罢了。

当前图书的出版量极大，有好书，但也生产出了大量垃圾，包括畅销的垃圾。对于有判断力的读者来说，这不成问题，他们自己能鉴别优劣。受害者是那些文化素质较低的人群，他们的阅读被引导和维持在了一个低水平上，而正是他们本来最需要通过阅读来提高其素质。

怎么读

人们总是想知道怎样读书，其实他们更应当知道的是怎样不读书。

一个人是有可能被过多的文化伤害的。蒙田把这种情形称作"文殛"，即被文字之斧劈伤。

我的一位酷爱诗歌、熟记许多名篇的朋友叹道："有了歌德，有了波德莱尔，我们还写什么诗！"我与他争论：尽管有歌德，尽管有波德莱尔，却只有一个我，这个我是歌德和波德莱尔所不能代替的，所以我还是要写。

开卷有益，但也可能无益，甚至有害，就看它是激发还是压抑了自己的创造力。

我在生活、感受、思考，把自己意识到的一些东西记录了下来。更多的东西尚未被我意识到，它们已经存在，仍处在沉睡和混沌之中。读书的时候，因为共鸣，因为抗争，甚至因为走神，沉睡的被唤醒了，混沌的变清晰了。对于我来说，读书的最大乐趣之一是自我发现，知道自己原来还有这么一些好东西。

在才智方面，我平生最佩服两种人：一种是有非凡记忆力的人；另一种是有出色口才的人。也许这两种才能原是一种，能言善辩是以博闻强记为前提的。我自己在这两方面相当自卑，读过的书只留下模糊的印象，谈论起自己的见解来也就只好寥寥数语，无法旁征博引。

不过，自卑之余，我有时又自我解嘲，健忘未必全无益处：可以不被读过的东西牵着鼻子走，易于发挥自己的独创性；言语简洁，不夸夸其谈，因为实在谈不出更多的东西；对事物和书籍永远保持新鲜感，不管接触多少回，总像第一次见到一样。如果我真能过目不忘，恐怕脑中不再有自己的立足之地，而太阳下也不再有新鲜的事物了。

近日读蒙田的随笔，没想到他也是记忆力差的人，并且也发现了记忆力差的这三种好处。

自我是一个凝聚点。不应该把自我溶解在大师们的作品中，而应该把大师们的作品吸收到自我中来。对于自我来说，一切都只是养料。

有两种人不可读太多的书：天才和白痴。天才读太多的书，就会占去创造的工夫，甚至窒息创造的活力，这是无可弥补的损失。白痴读书愈多愈糊涂，愈发不可救药。

天才和白痴都不需要太多的知识，尽管原因不同。倒是对于处在两极之间的普通人，知识较为有用，可以弥补天赋的不足，可以发展实际的才能。所谓"貂不足，狗尾续"，而貂已足和没有貂者是用不着续狗尾的。

在读一位大思想家的作品时，无论谴责还是辩护都是极狭隘的立场，与所读对象太不相称。我们需要的是一种对话式的理解，其中既有共鸣，也有抗争。

认真说来，一个人受另一个人（例如一位作家、一位哲学家）的"影响"是什么意思呢？无非是一种自我发现，是自己本已存在但沉睡着的东西被唤醒。对心灵所发生的重大影响绝不可能是一种灌输，而应是一种共鸣和抗争。无论一本著作多么伟大，如果不能引起我的共鸣和抗争，它对于我实际上是不存在的。

前人的思想对于我不过是食物。让化学家们去精确地分析这些食物的化学成分吧，至于我，我只是凭着我的趣味去选择食物，品尝美味，吸收营养。我胃口很好，消化得很好，活得快乐而健康，这就够了，哪里有耐心去编制每一种食物的营养成分表！

怎么读大师的书？我提倡的方法是：不求甚解，为我所用。

不求甚解，就是用读闲书的心情读，不被暂时不懂的地方卡住，领会其大意即可。这是一个受熏陶的过程，在此过程中，你用来理解大师的资源——人文修养——在积累，总有一天你会发现，你读大师的书真的像读闲书一样轻松愉快了。

为我所用，就是不死抠所谓的原义，只把大师的书当作自我生长的养料，你觉得自己在精神上有所感悟和提高就可以了。你的收获不是采摘某一个大师的果实，而是结出你自己的果实。

读大师的书，走自己的路。

读书的心情是因时因地而异的。有一些书，最适合在羁旅中、在无所事事中、在远离亲人的孤寂中翻开。这时候，你会觉得，虽然有形世界的亲人不在你的身旁，但你因此得以和无形世界的亲人相逢。在灵魂与灵魂之间必定也有一种亲缘关系，这种亲缘关系超越种族和文化的差异，超越生死，当你和同类灵魂相遇时，你的精神本能会立刻把它认出。

书籍少的时候，我们往往从一本书中读到许多东西。我们读到了书中有的东西，还读出了更多的书中没有的东西。

如今书籍愈来愈多，我们从书中读到的东西却愈来愈少。我们对书中有的东西尚且挂一漏万，更无暇读出书中没有的东西了。

读书犹如采金。有的人是沙里淘金，读破万卷，小康而已。有的人是点石成金，随手翻翻，便成巨富。

第十二辑

讲座选辑

阅读与人生 [1]

    各位同学，各位老师，今天我很高兴在这里和你们见面。4月23日是联合国教科文组织设定的世界读书日，而我们这里又可以说是中国最庄严的读书圣地——国家图书馆，在这样一个日子，在这样一个地点，我们就读书这个话题进行交流，我觉得很有意思。我自己是在前年才知道有一个世界读书日的，好像我们也是近几年才开始举办这样的活动，实际上联合国教科文组织从1995年就开始设立这样一个节日了。我本来对这样的节日有点不以为然，我知道中国有些地方也举办读书月之类的活动，我就想一个人如果他真是爱读书的话，那么还有哪一天、哪一月来读书的问题吗？为什么要设定这样一个节日呢？后来我就想，大概联合国教科文组织不会来设立一个"世界看电视日"或者"世界上网日"吧，因为不设立大家就很踊跃地在看、在上了。那么这里面可能就有这么一个问题，现在的强势媒

---

[1] 举行此讲座的时间地点：2009 年 4 月 23 日国家图书馆。根据录音和讲课提纲整理，内容有删节。

介是什么？是电视和网络，应该说已经对阅读造成了极大的冲击，有很多这样的统计数字，总的趋势是读书在人们的时间分配中所占的比例不断下降，越来越多的人不读书了。所以我想，从这一点来看，设立这样的节日是有必要的，这实际上是一个警示，是在拯救阅读，要为阅读争取更大的空间，让更多的人养成阅读的习惯。

现在我想借这个机会来谈谈我对阅读的看法，来交流一下我的阅读观。我对阅读的看法可以概括为一句话，就是直接阅读经典，这句话包含三个关键词：直接，阅读，经典。我今天就讲这三个关键词。第一个是阅读，讲为什么要读书，阅读的意义。第二个是经典，讲读什么书，我的主张是读经典。第三个是直接，讲怎么读经典，我的主张是直接读大师的原著。我的主张实际上是针对我认为的今天在阅读上所存在的问题的，在这个媒体主导的时代，我们一定要多读书，少看电视少上网，要多读经典，少读畅销书，要直接读大师的作品，少读第二手、第三手的读物。

一、为什么读：阅读的意义

第一个问题讲为什么要读书。实际上我们每个人都在读书，但是可能抱着不同的目的。第一种是实用的目的。你的专业书你总得看，比如学生要读本专业的教科书，或者走上工作岗位以后读与职业有关的书，这个占了相当一部分。第二种是消遣，业余时间随便翻翻报纸、看看书，休息头脑，消磨时光。在我看来，这两种读书都不算严格意义上的阅读，如果一个人只看专业书或者只看消遣书，还不能说这个人是有阅读生活的。那么还必须有第三种阅读，我认为是真正符合"阅读"这个词的本义的，就是作为精神生活的阅读。通过读书，你是在过精神生活，获得精神上的享受、启迪和提高，只有这样，我认为才算是养成了阅读的习惯，我才承认你是有阅读生活的。当然这三种读书未必是冲突的，尤其是从事文化职业的人，如果你真正喜欢你的工作，就完全可以统一起来，你读文史哲方面的书，既是过精神生活，又有助于你在专业领域的拓展，同时还是轻松的享受。

那么作为精神生活的阅读到底是一个什么概念呢？人和动物最根本的区别就是人是有精神属性的，人是有精神生活的。从人类来说，人类自古以来有精神追求，在这个过程中形成了精神文化方面的学科，比如哲学、宗教、人文科学、社会科学，世世代代积累了很多精神上的财富，使得人类变得越来越文明，越来越和动物不同。作为个人来说，一个人精神生活的品质越高，就越是真正作为人在生活，每个人的生活品质、人生价值实际上取决于他的精神生活的品质、他的精神素质。

一个人怎么样才能具备比较高的精神生活品质呢？个人是不可能自发地拥有精神生活的，他必须加入到人类精神生活的传统中去。这个传统在什么地方呢？很大程度上就在书籍里面，古今中外世世代代的书籍刻录了人类精神追求的轨迹，保存了人类精神生活的成果。那么个人要提高自己精神生活的品质，主要的途径就是去读这些书，你去把人类精神生活所积累的成果消化，接受成为自己的营养，这样你的精神生活品质就提高了，你的精神素质就提高了。如果说书籍是人类精神生活主要的载体，那么阅读就是过个人精神生活主要的方式。通过阅读，个人超越时空的限制，与一切时代的优秀灵魂交谈，从全人类的精神土壤中汲取营养。

可以把人类的精神生活相对地分为智力生活、情感生活、道德和信仰生活三个方面。在书籍世界中，按学科划分，与智力生活密切相关的是哲学和自然科学。哲学分两大块，一是对世界本质的沉思，二是对人生意义的寻求，前面这一块是很纯粹的智力生活。与情感生活密切相关的是文学书籍和艺术。与道德和信仰生活密切相关的是哲学中人生哲学这一大块，包括专门探究道德问题的伦理学，还有就是宗教、人文社会科学方面的书籍。历史书籍情况比较复杂，通史就可能涉及所有这三个方面，分类史比如哲学史、科学史、文学史、宗教史则按照其类别而有所侧重。我觉得读史是一个捷径，可以了解人类精神生活各个方面的基本状况。当然，这么区分是极其相对的，因为无论人类还是个人，精神生活原本就是一个整体。事实上，一本真正的好书，它可以使你各个方面的精神生活都活跃起来，同时得到智力的激励、情感的满足和灵魂的提升。

人活着到底什么东西是最值得追求的？我自己的体会是，只要得到三样东西就够了。第一是优秀，要成为一个优秀的人；第二是幸福，要有一个幸福的人生；第三是宁静，要有一颗宁静的心。那么，通过阅读，我觉得就可以得到这三样东西，这是阅读能给我们的最好礼物。

优秀，就是有好的精神素质，精神生活的三个方面都是高质量的。

首先说智力生活。阅读能使我们头脑聪明，这有两个含义。第一是通过阅读获取知识。知识就是力量，我们都知道培根的这句名言，知识当然很重要，人类依靠知识可以改变世界的面貌，个人依靠知识可以改变自己的命运。不过，我认为智力生活不仅仅是甚至主要不是获取知识，一个装满了知识的脑袋未必是一个聪明的脑袋，有时候适得其反，会是一个笨脑袋。智力品质最重要的因素是好奇心和独立思考能力，是对智力活动的热爱。什么是真正的好书？如果只是给我们一些知识，我认为这样的书它的好处是有限的。所以，第二，真正的好书应该能够激活我们的理性，使我们的智力活动保持在一个活跃的状态，你会觉得作者思考的问题太有意思了，思考本身太有意思了，你也不由自主地要去想这个问题，这样的书才是好书。一个智力活动始终保持在活跃状态的人，我就说他是一个真正聪明的人，这样的人才会是有创造性的。

其次，从情感生活来说，阅读能让我们的心灵变得丰富。人不只是有理性，人不是一架思维的机器，人在生活的时候是带着感情的，对人生会有情感层面的体验和感悟。正因为人是带着感情看世界的，才会有美或丑的感受，美感是人类的创造。深层次的情感体验和生命感悟都包含着矛盾，比如爱与孤独，美与崇高，幸福与苦难，生与死。对于心灵来说，即使看似负面的经历、痛苦的经历，因为丰富了情感的体验，加深了生命的感悟，它们也都是正面的财富。通过阅读，尤其是读文学经典，那些大文豪都是情感大师、心灵大师，对人类情感的体会和观察非常敏锐、细致、到位，通过阅读他们的作品，我们自己的体验和感悟得到了印证。从他们那里，我们还可以学习怎样作为旁观者来观察和分析自己的情感经历，从而超越这些具体的经历，加深对人性的认识。

最后，在道德和信仰方面，阅读可以给予我们帮助和指导。对于道德，我们要理解得深一些、宽一些。按照柏拉图的说法，最高的哲学概念是"善"，也就是"好"。什么样的人是好人？什么样的社会是好社会？这是道德要阐明的问题。不但哲学和宗教，而且一切伟大的文学作品，还有许多伟人的自传和传记，都告诉我们，作为个人，最重要的道德品质是善良和高贵，好人就是心地善良、灵魂高贵的人。关于社会的道德，不但哲学中的伦理学，而且社会科学特别是政治学、法学、经济学方面的著作，都有深入的探讨。社会科学领域里的大师，只要是真正的大师，绝对不会限制在自己的专业里就事论事，他一定会有一个理想目标，思考人类应该往哪个方向发展。一个基本的共识是正义，虽然对正义的理解会有差异，但都承认正义是最重要的社会道德，正义的社会才是好社会。价值观是社会科学的灵魂，社会往什么方向发展，人类和民族对此不是无能为力的，始终存在着我们往什么方向推动的问题，其中价值观起了巨大的作用。

信仰问题涉及终极价值，主要是两个问题，一个是灵和肉的问题，另外一个是生和死的问题，所有的宗教和人生哲学都是要解决这两个最大的问题。不同的宗教，不同的哲学流派，解决的路径当然很不一样，但我认为目标是一致的，就是要照料好自己的灵魂，让它不受肉体的支配，也不受死亡的困扰，获得真正的安宁。

总之，通过阅读，我们获取知识，激活理性，头脑变得聪明；通过阅读，我们体验情感，感悟生命，心灵变得丰富；通过阅读，我们明辨道德，建立信仰，灵魂变得高贵。一个人拥有聪明的头脑、丰富的心灵、高贵的灵魂，就是一个优秀的人。

阅读能使人优秀，还能使人幸福。其实，优秀本身就为幸福创造了条件，精神素质好，有高质量的精神生活，这本身就是在享受做人的幸福，人的高级属性的满足是人生幸福的主要内涵。也因为这个原因，阅读又能使人宁静。一个养成了阅读习惯的人是不太会寂寞的，他能够自得其乐，他在自己身上就有快乐的源泉。他拥有一种内在的自足和充实，所以比较能够淡泊名利，不受外界的诱惑，因为他已经拥有了好得多的东西。

据我观察，无论在哪个领域，优秀的人物往往是爱读书的，他们有一个共同的身份，就是终身的阅读者，一辈子爱读书的人。包括伟大的企业家，比如钢铁大王卡耐基，美国民办公益事业的奠基人。他十三岁失学，当一个小邮差，当时有一个退休上校，办了一个小图书馆，有四百本世界名著，向穷孩子们开放。从那个时候开始，卡耐基就爱上了阅读，这个习惯保持终生。他在自传里说，他永远感谢上校，是上校的仁慈使他发现了书籍的宝库，奠定了他一生的追求。否则的话，他也许仍能赚钱，但赚够了钱以后很可能就早早退休，享享清福，不会有更大的抱负了。

从民族来讲也是这样，一个民族的文明程度取决于国民的整体精神素质，而看国民精神素质高不高，一个明显的标志是看有没有全民阅读的风气，一个文化大国必定是阅读大国。那么，在这方面，我觉得我们民族的情况不容乐观。我最担心的是青少年一代，现在有两个东西在阻碍他们养成阅读习惯，一个是应试教育，一个是网络，他们的全部时间基本上被这两个东西占据了。这很可怕，青少年时期是对书籍产生浓厚兴趣的黄金时段，这个时期没有养成阅读习惯，以后就更难培养了。不过，我也不知道该怎么办，想不出什么好办法，只能寄希望于有良知的老师和家长，希望你们在力所能及的范围内帮助和引导孩子们。

二、读什么：经典的价值

从精神生活的角度看，可以把书分为三类。一是不可读的书，不能提供任何精神的启示、艺术的欣赏或有用的知识，只是印刷垃圾，在今日市场上比比皆是。二是可读可不读的书，读了也许不无益处，不读肯定不会有重大损失和遗憾，世上的书大多属于此类。三是必读的书，所谓必读，是就精神生活而言，就是每一个关心人类精神历程和自身生命意义的人都应该读，不读就会是一种欠缺和遗憾。

这第三类书就是通常所说的经典。既然你把阅读作为精神生活，那么就应该去找那些精神含量最高的书，最合适的读物就是经典。在人类精神探索的道路上，经典构成了一个伟大的传统，里面集中了人类最重要的、最有分量的、最具有恒久价值的精神财富。这是一个宝库，对于个人来说，这个宝库是外在于你的，它不属于任何人，但它又是属于一切人的，你完全可以走进去，自己去占有适合你的那一份宝藏。如果你不走进去，不去占有，它永远和你没有关系，对于你等于不存在。怎样去占有呢？很简单，就是去读它，这也是唯一的办法，通过阅读把它变成你的财富。

我发现这个宝库比较晚，是在上大学一年级的时候，那时候我已经17岁了。我们班的一个同学，就是郭沫若的儿子郭世英，我们成了好朋友，是他从家里搬来了许多书，许多世界文学名著，介绍给我读，使我尝到了读经典的甜头，为此我永远感谢他。上中学的时候我也爱读书，多是一般性的小册子，后来想想真是浪费时间。如果大学一年级我没有发现这个宝库，也许就一直这样下来了，一辈子没享受到，我吃了多大的亏啊，而且吃了亏还不知道，太可悲了。

所以我建议你们早早地去看这些书，越早越好，那真是享受。大师就是大师，对世界、对人生的认识和体悟，这种深刻的程度真是一般人不能及的，你看了以后再去看一般的书，哪怕是还不错的书，你都会觉得有点儿平庸了，标准在那儿啊。生命是有限的，好书都读不完，怎么能把时间浪费在都比较差的书上呢。

书的好坏，诚然要用自己的眼光去鉴别。但是，古往今来，书籍无数，现在一年出的新书就有几十万种，你怎么凭自己一个人的力量去辨别、去筛选出最好的作品来啊，你会迷失在这片汪洋大海里面的。

最好的办法是听听时间这位最智慧、最公正的批评家的建议，事实上它也已经给你提供了建议，所谓经典就是那些经过了时间检验的书。经典的价值已经得到了许多世代的公认，有的经过了两千多年的检验，比如古希腊的史诗、悲剧、哲学，有的是几百年，有的是几十年，时间的检验是相对的，但它们都得到了相当普遍的公认，是一代代爱读书、会读书的人选出来的书。

读什么书不是一件小事，书籍对人会产生潜移默化的影响，一个人的阅读趣味大致决定了他的精神品位，而纯正的阅读趣味正是在读好书中养成的。德国哲学家费尔巴哈说：人就是他所吃的东西。至少就精神食物而言，这句话是对的。你吸取什么样的精神营养，你的精神发育就会是什么样的，你净吃那些没有营养的精神食物，你在精神上就一定会发育不良。所以，越早接触经典越好，身体的发育是有阶段的，精神的发育也是有阶段的，错过了季节，发育就会受到阻碍。

当然，我不是说光读经典著作，新出的书也要读，要不我们就成了古人了。但是，你读了一批经典，把底子打得好一点，新出的书是好是坏，你就很容易识别了。我自己就感到，通过读经典，我好像有了一种内在的嗅觉，一本书我闻一闻就知道是不是好书了。总之要掌握好一个比例，以经典为主，新出的好书也可以读一些。

虽然经典在书籍的总量中只占极少数，但是绝对量仍然非常大，不可能读完，也不必读完。应该读哪些？我认为很难有一个统一的书单。未必所有的名著都适合你，你读了都会喜欢。在名著的范围内，你仍然会有一个尝试和选择的过程。重要的是一开始就给自己确立一个标准，非最好的书不读，每读一本书，一定要在精神上有收获。有了这个标准，即使你读了一些并非最适合你的书，最后也一定能够逐渐找到真正属于你的书中知己，形成你自己的书单。读最好的书，并且成为它们的知音。

我特别强调一点，就是千万不要跟着媒体跑。我觉得现在有一个奇怪的现象，一段时间里大家都读一样的书，太可笑了，阅读本来是个人的精神行为，你吃东西还有口味的不同呢，读书怎么可能都是一样的口味呢？大家都跟着媒体跑，媒体和出版商合谋，策划畅销书和排行榜，给大家开书单。我说它实际上是在引导你们进行文化消费，而不是引导你们读书。在读书这个问题上，你一定要做自己的主人，做阅读的主人，不要跟着媒体跑。如果你只读媒体推荐的书，我不承认你是一个有阅读生活的人，你只是文化市场上的消费大众而已，这多没意思啊。

三、怎么读：直接的好处

读经典，要把功夫下在读原著上，直接向大师学习，少读甚至不读那些第二手、第三手的所谓心得、解读、教辅一类的书。

为什么要直接读大师的原著呢？首先，因为原著是最可靠的，你要说捷径，这就是捷径，因为这是唯一的途径，走别的路只会离目的地越来越远，最后还是要回到这条路上来。能够回来算是幸运的，常见的是丧失了辨别力，从此迷失在错误的路上了。比如学哲学，教科书往往误导，把哲学归结为几个教条，使人离哲学就是爱智慧的本义越来越远。当然教科书可以力求准确，但毕竟是转述，常常还是转述的转述，一切转述必定受转述者的眼界和水平的限制，在第二手乃至第三手、第四手的转述中，思想的原创性递减，平庸性递增。

其次，原著是最鲜活的。我还以学哲学为例，许多人想象哲学原著一定很难读，其实你去读一读，比读教科书有意思多了。那些大哲学家，他们思考世界和人生的根本问题，他们的著作把这个思考的过程也呈现出来了，内容非常丰富。可是，在教科书里或解读中，往往只把一个所谓的体系和若干个抽象的观点拿给了你，魅力全无。原著是有血有肉的，是一个活体，教科书把它给解剖了，把它杀死了，拿给你一副骨架和一个标本。

我是研究尼采哲学的，我也翻译了一些尼采原著，看原著的时候，我真的激动啊。尼采面对的是时代最根本的问题，用他的话说就是虚无主义，用我们的话说就是信仰失落、精神危机，他就探究虚无主义的根源，在信仰失落的时代怎样才能过一种有意义的生活。在这个思考的过程中，充满精彩的见解及表达，读的时候会使你激动，促你思考。可是，到了我们的教科书里，它就告诉你，尼采哲学的体系是反动的唯意志论，主要观点是权力意志和超人，你知道了这些以后，当然会觉得索然无味。你完全不能体会读他的原著时的那种快乐，那种激动，那种促使你去思考的力量，那种开放性，这一切都没有了。

最后，原著也是最有趣的。很多大师，包括很多大哲学家，他们是很有个性的人，文字也非常好，文字本身就给你享受。我的经验告诉我，大师比追随者更加可爱也更加平易近人，这就像在现实生活中，真正的伟人总是比那些包围着他们的秘书和仆役更容易接近，困难恰恰在于怎样冲破这些小人物的阻碍。可是，在书籍世界中不存在这样的阻碍，大师就在那里，任何人想要见他们都不会遭到拒绝。古希腊哲学家亚里斯提卜曾经嘲笑说：那些不从原著学哲学的人，就好比看上了女主人，为了图省事却向女仆求爱，这就太可笑了。

　　作为普通读者，怎样来读原著呢？我提两条建议。第一，不求甚解。你不是在做学问，无论多么重要的经典，柏拉图也好，《论语》也好，你都不妨当作闲书来读，阅读的心态和方式都应该是轻松的。不要刻意求解，不要受阻于读不懂的地方，读不懂不要硬读，可以先读那些读得懂的、能够引起自己兴趣的著作和章节。在这个不求甚解的阅读过程中，你是在慢慢地受熏陶，你内在的东西在积累，你用来理解大师思想的资源在积累，有一天你会发现你越来越读得懂了。人文修养是熏染出来的，不是读一两本书就能具备的。林语堂打过一个比方，他说你看牛津、剑桥的那些大教授们，他们都是怎么教学生的？他们把学生叫来，然后跷着二郎腿，抽着大雪茄，海阔天空地聊，满屋烟雾缭绕，就这么熏啊熏，学生的人文修养就被熏出来了。

　　第二，为我所用。你读大师的作品是为了自己的精神生长，它们仅仅是你的营养，这个目标要清楚。通过汲取营养，你在精神上能够健康地生长，这就行了。读大师的书，是为了走自己的路。

　　当然还有一个具体方法的问题，我可以介绍一下我自己的读书方法，基本上是三点。第一点，读书要有计划，不要漫无边际地乱读，一段时间里有一个重点，相对集中地读某一类的书。其他的书也可以看，但不是重点，随便翻翻。第二点，在泛读的基础上有选择地精读。我读一本经典著作，一开始把它当闲书一样看一遍，看的时候会做一些记号，看完后就回过头来把做了记号的地方重读一下。如果特别喜欢某一本书，就不妨读第二遍甚至更多遍。第三点就是要做笔记。可能你们不需要，我记忆力比较差，这是我的弱点，所以我必须做笔记。笔记有两种，一种是摘录，在重读做了记号的内容时，有选择地做一些摘录。另一种是随感，就是随时把读书时的感想、思绪记下来。隔一段时间，我会重读这些摘录和随感，最好还做一个整理，比如说按照主题把相关的内容整理到一起，这样脉络就非常清楚了。

我做一个简单的归纳。我的看法就是阅读和人生的关系是怎样的呢？读书在人生中占据一个什么样的位置呢？人生的意义、人生的价值取决于一个人精神生活的品质，那么阅读就是提高人的精神生活品质的最重要的途径，读书可以使我们获得人生最美好的价值，那就是优秀、幸福和宁静。有一句人们常说的话叫作"阅读改变人生"，我觉得这句话说得很好，但是应该辨清楚改变人生的什么。我认为主要改变的不是人生的表象和外观，而是改变人生的格调、气象和境界。它带给我们的主要不是一些表面的、外在的成功，而是内在的优秀，在优秀的基础上所得到的成功才是真成功、大成功。